世界史としての
関東大震災

アジア・国家・民衆

関東大震災80周年
記念行事実行委員会【編】

日本経済評論社

凡　例

・本書は二〇〇三年八月三〇日・三一日に開催された「関東大震災八〇周年記念集会」およびその事前学習会の記録などを、編集・収録したものである。
・本書の論文・報告などは、報告者執筆によるものと、編集委員会の責任において集会の録音記録を文章化したものに分かれており、一部の論考は口語体となっている。
・本書の見出しや文章表現などについて、編集委員会の判断により修正を加えた箇所がある。
・外国の地名・人名については、その発音におおむね近いと思われるルビを付した。
・一部に差別的な表現があるが、これは原資料の記述を尊重したことによるものである。

はじめに

松尾 章一

関東大震災八〇周年記念集会の記録集をお届けいたします。七〇周年に引き続き坂本昇事務局長を中心に、新たに参加された団体・個人からなる実行委員会の二年以上にわたる献身的なご努力によって、八〇周年記念集会を成功させることができましたことを、再度、実行委員長の大役を果たせさせていただきました私は心から深く感謝申し上げます。

この集会には、被害者国である韓国・中国から、またアメリカからもすぐれた歴史研究者のご発言をいただき、充実した討論ができましたことも大きな成果でした。本書の各論稿はすべて力作ばかりで、これまでの研究成果を実証的・理論的に発展させていると確信します。七〇周年いらいこの研究と運動の中心を担ってこられた第一線の歴史研究者による「総括と展望」をご検討いただき、今後のこの研究と運動をさらに発展してくださることを切望します。

集会の発言の中で私がとくに印象深かったのは、関東大震災時の日本人の民族差別が今日もなお続いていること（マスメディアと知識人の責任）、地域民衆は加害者であり被害者であったこと、大虐殺事件の記憶をさまざまな方法で次の世代に伝えること、集団虐殺であり重大な人権侵害には時効制度は適用しないなどで、この大虐殺事件を特別視せずに、今日まで続いているホロコーストの人類史の中で再検討し直すことを私は痛感しました。

最後に、七〇周年に引き続き今回も記録集を出版していただいた日本経済評論社に深甚の謝辞を表します。

二〇〇四年七月六日

目次

はじめに

第一部　記念集会の記録

開会全体会・文化行事

開会あいさつ……松尾　章一　4

写真・文化行事……7

講演　関東大震災と現代
――震災時の朝鮮人殺害事件と国家責任・民衆責任……山田　昭次　11

シンポジウム①　世界から見た関東大震災史

韓国における在日朝鮮人と朝鮮人虐殺事件の研究状況……金　廣烈　34

近現代の韓日市民連帯と平和運動考察……李　修京　43

中国側から見た関東大震災時の虐殺事件
――王希天事件に対する一考察……楊　彪　53

質疑・討論・まとめ……山口　公一　64

シンポジウム② 朝鮮人殺害事件等の追悼・検証活動
千葉県福田・田中村事件研究の歩み ——混乱の中で殺された日本人 …… 石井雍大 72
朝鮮人犠牲者の遺骨掘り起こしと慰霊碑の建立 …… 平形千恵子 83
祖父・父一家救出と「感謝の碑」建立 …… 鄭宗碩 94
メッセージ 関東大震災八〇周年に寄せて 埼玉であったこと …… 河正雄 103
質疑・討論・まとめ …… 佐藤義弘 110

シンポジウム③ 関東大震災と現在・未来
関東大震災復興小学校と御真影奉安庫 ——天皇制教育の舞台装置 …… 東海林次男 116
阪神・淡路大震災と歴史学 ——歴史資料ネットワークの活動から …… 奥村弘 128
朝鮮人虐殺事件と「人権救済」 …… 米倉勉 149
質疑・討論・まとめ …… 榎本久人 162

総合討論・閉会全体会
総合討論 …… 逢坂英明 168
閉会集会・会務報告 …… 坂本昇 176
閉会あいさつ …… 鈴木定夫 178

第二部 事前学習会の記録

関東大震災八〇周年の意義と課題……松尾章一 182
描かれた「朝鮮人虐殺」に切り込む……新井勝紘 192
阪神・淡路大震災と現代日本の防災政策……池上洋通 204
中断された平澤の夢……藤田富士男 218
亀戸事件へいたる平澤計七の軌跡……大和田茂 225
関東大震災と中国人犠牲者 ――事件の概要と現在の教育支援活動……仁木ふみ子 234
関東大震災と憲兵隊 ――憲兵曹長林兵一郎旧蔵文書について……松尾尊兊 246

総括と展望

関東大震災史研究運動の成果と展望……坂本昇 266
近年の関東大震災史研究の動向と課題 ――現在までの十年間を対象に……田中正敬 282
会則・役員・会員加盟団体……301
あとがき……305

資料編

新聞報道に見る八〇周年の動き……………………………………坂本　昇　308
年　表——関東大震災と新聞報道　一九二三（大正一二）年……………………松尾　章一　341

第一部　記念集会の記録

開会全体会・文化行事

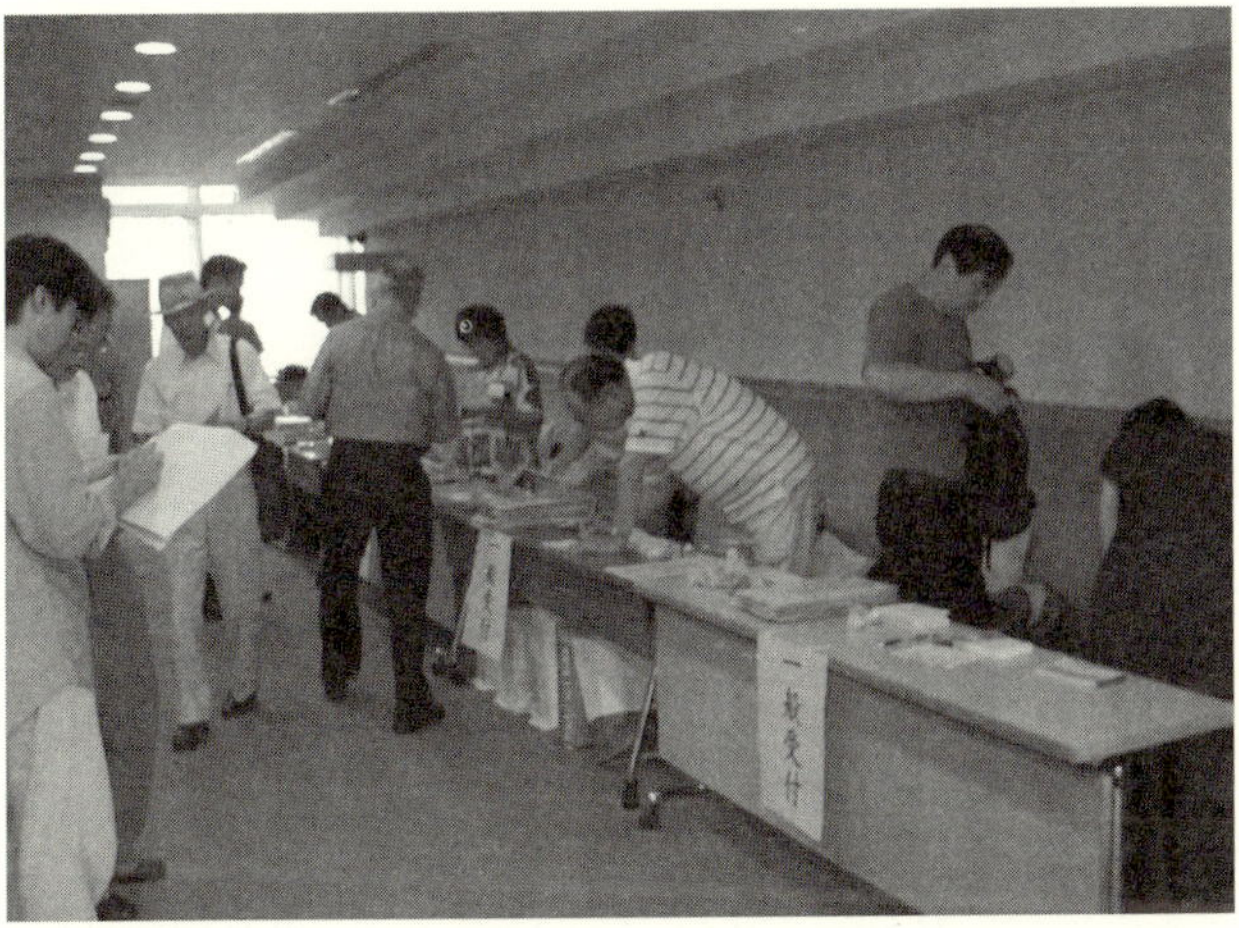

2003年８月30日と31日の２日間にわたったシンポジウムには多くの人びとが参加しました。

開会あいさつ

松尾章一
（関東大震災八〇周年記念行事実行委員会委員長）

開会にあたり実行委員会を代表し、ごあいさつをさせていただきます。まずはじめに、この集会に全国各地から、さらには外国からもご参集されたみなさまがたに心から感謝いたします。

今から八〇年前の関東大震災の中で、まったく罪のない在日韓国・朝鮮人が六千人以上、在日中国人が七百人以上も当時の天皇の軍隊・警察、さらには日本の民衆により組織された自警団によって虐殺されるという大事件が起こりました。また大正デモクラシー状況のもとで活動していた日本の社会主義・労働運動の指導者たち十数名も国家権力によって殺されました。亀戸事件・甘粕（大杉）事件です。私たちが絶対に許すことができないことは、まったくいわれなく殺されたしまった在日韓国・朝鮮人、中国人の犠牲者とそのご遺族にたいする日本歴史上の最大の恥というべき歴史的事実を、日本国家は八〇年たったいまもなおこの事実を明らかにせず、この加害責任を自覚さえしていないことです。それは日本の民衆の加害責任にもいえることです。

歴史の事実を国民に知らせない、加害責任を自覚しない、誠実な謝罪と補償をしない日本政府の基本的姿勢は、アジア・太平洋戦争のアジア諸民族にたいする戦争責任・加害責任にたいしても、まったく同じです。さらにはいわゆる「9・11同時多発テロ事件」を口実にしたアメリカのまったく一方

的なイラク侵略戦争と現在もつづいている軍事占領統治にたいする小泉政権の対応ぶりを見ても、アメリカも日本も、ベトナム戦争の教訓からなにひとつ学んではいないのではないかと私は思います。

私は七〇周年の開会あいさつで、戦前の日本は関東大震災を画期として、国家総力戦体制が準備され、「草の根のファシズム」への地ならしが進行したと述べました。最近の日本の政治・経済・思想・文化状況などを見るにつけても、ふたたびあのいまわしい暗黒の時代が再現されるのではないかという危機感を私は強く抱いております。また、日本の歴代閣僚や石原慎太郎東京都知事などの発言、さらには最近の北朝鮮の核・拉致問題や万景峰号入港をめぐる日本の新聞・テレビなどによる異常な報道ぶりをみると、あの関東大震災時の朝鮮人にたいするデマ宣伝が再現されるのではないかと思えてなりません。「歴史を忘れ、冒涜する人間は、必ず歴史から報復される」と言われています。

しかし私は悲観ばかりはしておりません。七〇周年の時よりも今度の八〇周年は、私たちに有利な条件が見られるからです。つい先日の新聞報道によれば、日本弁護士連合会が関東大震災時の朝鮮人・中国人虐殺にたいして小泉首相の謝罪と調査を求める勧告書を提出しました。明日のシンポジウムで東京弁護士会の米倉勉さんが、その経過をご報告してくださいます。冒頭に申し上げましたように、この集会に被害者である韓国と中国から、また日本と歴史的につながりの深いアメリカからもすぐれた歴史研究者が参加してくださいました。これまでのように日本歴史上ひとつの事件として、日本人だけで研究し、考えるのではなくて、本日のシンポジウムのテーマ「世界から見た関東大震災史」の視点で世界史の中に位置づけて、人類史としても深く検討することができますことを主催者として大変嬉しく心強く思っております。二度とふたたび関東大震災時のあのような悲劇を絶対にくりかえさないために、この二日間の集会を実りあるものにしようではありませんか。

写真・文化行事

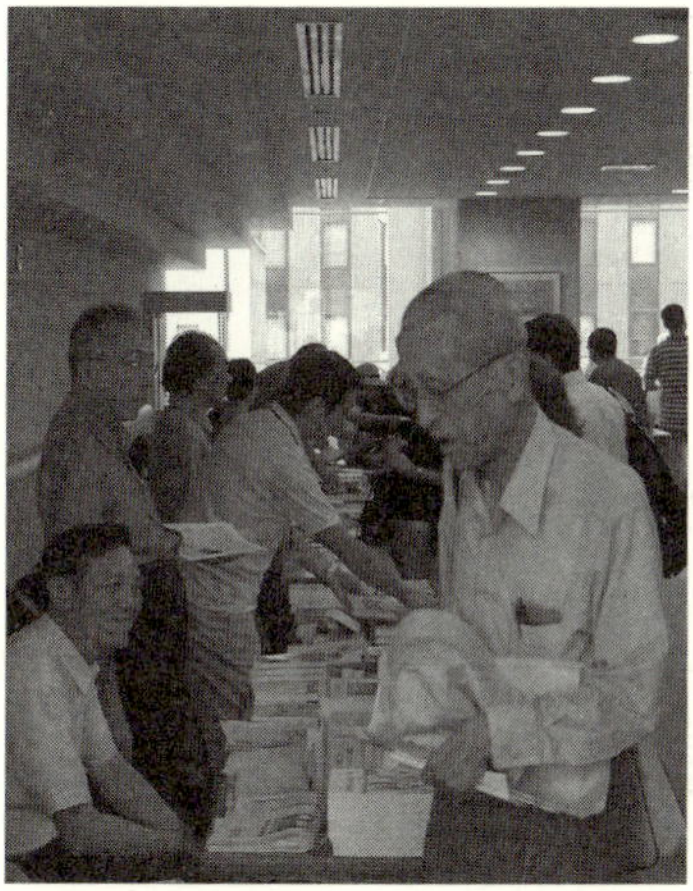

震災関連書籍の販売コーナーは大盛況でした。

関東大震災70周年記念集会に続いて、80周年記念集会でも貴重な写真や資料がパネル展示されました。

「ほうせんか」合唱団

（指揮／大西進氏・作曲家）

【メッセージ】

「荒川のうた」を歌いつづける中で、多くの犠牲者が出たこの事件のことを知りました。そしてこの悲しいできごとを追悼し、歴史学に学び後世に伝えようと努力されている多くの方々のことを知りました。

歌だけでこの重さが伝えられるかという思いもありますが、歌を通じて犠牲者を追悼し、思いを歌で伝え続けたいと「ほうせんか」の歌を捧げます。

合唱は「荒川のうた」合唱団はじめ、このことに心を寄せて集まって下さったたくさんの方々とともに歌います。

【合唱曲目】

ほうせんか　　荒川のふるさと

荒川は海へ　　天と地と海と

李松子《イソンジャ》さんによるソプラノ独唱

【メッセージ】

都内を中心にリサイタルや各種の演奏会などに出演する一方、声楽教室などで若い人たちの指導にあたっています。父親は、関東大震災時に北海道に避難して難を逃れたのですが、父の同胞が多数殺害されたことは忘れてはならないことだと思います。

毎年、荒川土手で行われている「朝鮮人殉難者追悼会」で、依頼に応じて九月の第一土曜日に歌ってきたのは、犠牲者の追悼と不幸な歴史を繰り返して欲しくないという思いからです。

【独唱曲目】

赤とんぼ　アリラン

臨津江《リムジンガン》　さとうきび畑

鳳仙花《ボンソンファ》

李松子さんによる「鳳仙花」が歌われた後、会場全員で関東大震災の犠牲者に黙祷が捧げられました。

鳳仙花《ボンソンファ》（日本語訳）

一、垣根の下に咲く鳳仙花よ
汝《な》が姿あわれなり
いと長き夏の日に
美しく咲ける頃
愛《いと》しき乙女ら
汝《なれ》を愛《め》で遊べり

二、いつしか夏の日過ぎ
秋風さわさわ吹ける頃
美しき花々　ことごとく踏みにじられ
花びら　りょうりょうと散れり
汝が姿あわれなり

（金在南《キムジェナム》『鳳仙花のうた』一九九二年、より）

講演　関東大震災と現代
――震災時の朝鮮人殺害事件と国家責任・民衆責任

山田昭次
（立教大学名誉教授）

はじめに

私は朝鮮人虐殺問題の中でも、とくに、その国家責任と民衆責任の問題に焦点を当てて話をしてみたいと思います。そこで、なぜそこに焦点を当てるかということの説明から、始めたいと思います。関東大震災が起きましたのは、一九二三（大正一二）年九月一日ですが、それからまもなく一周年を迎える一九二四年の八月下旬、私がいま見ても新鮮だなと思う言葉が新聞に登場します。そのひとつは『東京朝日新聞』の八月二八日付夕刊の「今日の問題」という欄です。この欄で記者はたった一日で首府が丸焼けになったというのは別に名誉とは思わないけれども、「それにもまして日本の不名誉は九月二日の鮮人騒ぎだ」と言っています。「鮮人」とは差別用語ですけれども、当時一般に使ったので、この記者も気が付かなかったのでしょう。九月一日にはもうデマが流され、その晩には、すでに虐殺が始まったようです。しかし、虐殺がひどくなってくるのは、九月二日からです。「九月二日の鮮人騒ぎ」とはそのことを指すのでしょう。記者はさらに、九月一日に大地震があったことは、だれもまだ忘れはしないが、「鮮人事件に至っては、忘れられんとする段か、兎もすれば暗に葬ってしまおうと努める。いよいよ以て恥の上塗である」と言っています（傍点山田）。これは言論弾圧を避けて、相手が政府だということは言っていませんが、朝鮮人虐殺責任の隠蔽に、最大限の努力を費やしたのは日本の国家です。それに対して、いよいよもって「恥の上塗」であるというのです。これは非常に大事な指摘です。それで私は事件以来八〇年の歴史を「恥の上塗八〇年」というわけです。

それからもうひとつ、『報知新聞』の八月二九日の夕刊にも注目すべき記事が出ます。この『報知新聞』というのは、報道を通じて国家の朝鮮人虐殺責任をずっと追及した、非常に数少ない新聞なのです。ほかにこれに匹敵する新聞はありません。この『報知新聞』は、「船橋無電局長や埼玉県庁の通牒など、流言の火元は官憲だと証拠だてる事はいくらでもあるが、お役人で責《せめ》を負ったものは一人もいない。結局、永遠の暗に葬られじまいである」と言いました。ここに国家の朝鮮人虐殺責任が暗に葬られじまいになることへの憂慮が示されました。

永遠の暗に葬っていく動向を非常にはっきり示したのが、この関東大震災の起こった二三年の一二月一五日の衆議院本会議での政府答弁だと思います。この時、永井柳太郎という憲政会の代議士が、非常に確実な証拠を提出しながら、政府に質問演説をしたのです。確実な証拠というのは、船橋海軍無線電信送信所から各道府県知事宛てに送られた後藤文夫内務省警保局長の電文です。この内容を簡単に言いますと、朝鮮人が東京で暴動を起こしたので、各地で厳密な取締りをせよというものです。それから、もうひとつ永井が証拠に挙げたのは九月二日に県内町村に自警団結成を命じた埼玉県の内務部長の通牒です。彼はそれらを証拠にして、政府は自警団だけを悪者にしているけれども、政府がこういった流言を流してるじゃないか、それに対して遺憾の意を表する気はないのか、朝鮮人犠牲者の遺族を慰安する道を講ずる気はないのかと、総理大臣宛てに質問演説をしたのです。首相山本権兵

衛は、最初は永井の質問に答えなかったのです。永井がもう一度立ってきちんと私の質問に答えてくれと言いますと、山本総理大臣は典型的な官僚的答弁をしました。彼の言葉をそのまま引用してみますと「政府は起りました事柄に就いて目下取調べ中でございます。最後に至りましてその事柄を当議場に愬《うった》える時もござりましょう。本日はまだその時にあらざるものと御承知を願います」といった答弁でした。しかし、それから八〇年経って今日までに、きちんと議会に訴えたことは一度もない。そこで私は「恥の上塗八〇年」の国家責任を問うのが日本の民衆責任であるといっているのです。国家は、なくても困るけど、あっても困る存在です。程度による多少良い悪いはあるけど、どんな国家だって、ほっぽらかしていると、何をやるかわからない。ですから、このような国家の責任を問うのは、民衆しかありません。国家責任を問うのが今日の民衆責任です。

その場合、私は、国家の責任を二つに分けています。第一の国家責任は、朝鮮人虐殺を導き出した責任です。それから、第二の国家責任というのは、その第一の国家責任を徹底的に隠した責任です。

従来の研究では、第一の国家責任はかなり研究されていますが、第二の国家責任はあまり追究されてきていません。研究史からいいますと、一九七〇年代からいろんな市民団体が、埼玉県、千葉県、旧東京府南葛飾郡などの各地域での朝鮮人虐殺を丹念に掘りおこして、大変よい成果をあげました。しかし、地域研究であるために、国家責任、とくに第二の国家責任の体系的研究は、残念ながらなされなかったと、私は判断しております。しかも、第一の国家責任と第二の国家責任について、当時批判した人もいました。前述の『東京朝日新聞』とか『報知新聞』がその例です。それから個人では、山崎今朝弥、石橋湛山、布施辰治などは、なかなかきちっとしたいい批判をしてます。しかし、大部分の新聞は、第一の国家責任の隠蔽政策に追随してしまったので、国家責任の隠蔽政策は見事に成功してしまったのです。ですから、「恥の上塗八〇年」を明らかにしようと思うと、第二の国家責任をきちんと追究しないといけない。私も非常に鈍才だし、ダメな人間ですから、八〇年間全部の分析はできませんが、ただ震災直後にどういうような隠蔽政策をやったのか、それから現在の我われの精神状況はどうであるか、その二点だけでも、分析してみようというわけです。

現在の精神状況というものを考えるために、私は『関東大震災下の朝鮮人虐殺―その国家責任と民衆責任』（創史社、二〇〇三年）という著書で、日本でいま、関東に残されているさまざまなお墓とか追悼碑の分析をしました。調べてみますと、戦後日本人が建てた朝鮮人犠牲者の墓碑とか追悼碑は六つあります。それから、朝鮮人と合同してつくったけれども、日本人が碑文を書いたものが三つあります。これらのうち、四つの碑には、再びこのような過ちを犯すまいという誓いが書き込まれております。これは戦前にはなかったことで、戦後の前進であると思います。戦前建てたお墓とか追悼碑にはそのような趣旨はまったく刻まれておりません。ただ朝鮮人がここで死んでしまったということが書いてあるだけです。あるいは、名前とか戒名が書いてあるくらいです。しかも虐殺対象も「無縁仏」とか「生霊」と書かれたものが多い。これでは殺した相手が朝鮮人だか、なんだか、わからなくなってしまいます。戦後のものになりますと、まだ無縁仏と書いてあるものもありますけれども、虐殺対象が朝鮮人であることを明記したものが増えてきました。これも前進です。ただ、問題なのは、日本人が建てた碑、ないしは日本人が碑文を書いた碑で、日本人が殺しましたと書いたものはまだひとつもないという現状であります。日本人が殺しましたと書いたものは、船橋に一九四七年に朝鮮人連盟千葉県本部が建てた碑、たったひとつなんです。これには「山本軍閥内閣は（中略）在郷軍人と愚民を扇動・教唆し、社会主義者と我が同胞を虐殺させた」（原文は朝鮮語）と、はっきり書いているのです。今日二一の碑がありますが、日本人が虐殺したとはっきり書いたのはこのひとつしかない、という現状です。

これら以外にも朝鮮人・韓国人が建てた碑がありますが、その後になると、彼らは日本人に遠慮してしまうのです。横浜の宝生寺に韓国居留民団神奈川県本部が一九七〇年につくった碑がありますが、この碑の碑文には、日本にやってきた韓国人が「関東大震災に因る直接又は間接の被害を受けて空しく異国の露と消えた」と書かれています。「直接又は間接」というのは何なのでしょうね。「直接」は地震でしょう。「間接」とは人災＝人間による虐殺のことでしょう。こんなまわりくどい、わかりにくい文章を、なぜ書かなければならなかったのか。在日韓国人は日本人の神経を逆なでしたくないと思って、曖昧な文章を書いたのでしょう。そこを日本人が考えてほしい、日本人の無言の圧力がこれだけ韓国人に遠慮させているんだということを察してほしいというのが私の願いです。

埼玉県の神保原や本庄、群馬県の藤岡に戦後できた碑に日本人が書いた碑文では「流言により朝鮮人がこの地において悲惨な最後を遂げた」という書き方になっています。悲惨な最後には違いなかったけれども、だれが殺さなければ悲惨な最後を遂げるわけはありません。しかし、だれが殺したかということは碑文から 省かれてしまったのです。

私も省いた気持ちはわかるような気がします。私も日本人ですから。それぞれの地域で民衆が朝鮮人を殺してしまっているから、碑文の筆者も書きづらくなってしまったのでしょう。その書きづらさはわかります。戦争責任をはっきり告白した知識人なんて、めったにいませんから。私の知っている範囲では、英文学者の中野好夫さんは、一九四七年に東大戦没学生の手記『遙かなる山河に』の出版記念会に際して自己の戦争責任を認め、手をつかんばかりに謝りました（色川大吉『わだつみの友へ』岩波書店、一九九三年）。それから、家永三郎先生は、私、直接教えていただいてよく知ってますが、先生ご自身は戦争に迎合はしなかったけれど、しかし抵抗はしなかったという、その責任感をずっと抱かれて、そして、教科書訴訟に進まれたのです。こういう知識人は非常に少ない。私の勤めた立教学院も戦争責任を告白しないで、ずっときてしまっているのです。ようやく立教学院史資料センターが設立されて、戦中の研究が始まり、二〇〇三年三月に雑誌が出ました。そこに、私も「立教学院戦争責任論覚書」という論文を書きました。戦後半世紀以上経って、やっと書けた。ですから何も、関東大震災の虐殺事件だけが虐殺した責任を曖昧にしたと、私は非難するつもりはありません。そのあたりの難しさというものは、重々承知しているつもりです。

しかしこういう問題が残ります。なぜ民衆が朝鮮人を殺したかというと、官憲がデマを流したからであります。あるいは習志野の騎兵連隊が村人に朝鮮人を殺せと渡したからであります。だから民衆が朝鮮人を虐殺したとまず書いた上で、次になぜ殺したかといえば、国家責任が浮上してくるわけですが、現状では、碑文は国家責任が浮上しようもないような格好になっています。朝鮮人を殺したことを痛みに感じて、碑やお墓をつくったのは民衆だけです。国家がやってないですから。ですから私としては、やはり、日本の民衆が有終の美を為してほしい、辛いけれども、自分が殺したと認め、そしてなぜ殺したかということについて国家責任と対決していくことで、民衆責任を果たすことが完結するのではないだろうかと私は考えています。それで今日の話でも国家責任と民衆責任というところに焦点を当てたわけであります。

そこであまり序論が長くなりますと、本論が展開しませんから、いよいよ本論に入りたいと思います。これも短い時間ですから完全に実証的に話すわけにはいきません。もしできましたら、私の著書を読んでいただきたいと思います。

朝鮮人虐殺事件に関する日本国家の第一の責任と第二の責任

〈第一の国家責任〉　朝鮮人虐殺に関する日本国家の第一の責任から述べますと、もうすでに九月一日の夕方から警察官が、朝鮮人が暴動を起こしたというデマを流しております。証拠は何かというと、当時の東京市の小学生が書いた作文に、九月の一日の夕方、警察官が言いにきたとちゃんと書かれております。それから、寺田寅彦の日記にも九月二日に寺田の家に避難してきた親戚の話によると、一日の晩は上野公園で露宿していたら、警察官がきて、朝鮮人が暴動を起こしているから注意しろと言っていたと書かれています。それ以外にもいろんな証拠を著書では挙げていますが、時間がかかりますから、この程度にします。

これらの警察官の発言は、国家権力の中枢部が指令を流してやらせたものではないと私は判断しております。各々の警察署、警察官が自分の判断でデマを流したのでしょう。デマを流したというよりも、本人は本気にそう思って宣伝しているのです。なぜそうなったかといいますと、確かに従来の学説の通り、三・一運動のショックがあります。しかし、私はそれだけではこの事態の本当の解答になっていないと考えます。その後朝鮮でも、満州でも独立運動が高まったこともありますが、とくに在日朝鮮人の運動が三・一運動後、非常に高まってきたということが背景にあるのです。そう評価しているのは実は私だけではなく、警察の親玉がそう言っているのです。内務省警務局保安課が一九二〇年六月に出した『朝鮮人概況』第三には、在日朝鮮人の運動について「これ等不逞鮮人の排日思想が大正八（一九一九）年独立騒擾（三・一独立運動）以来益々硬化の跡あるは、注目すべき所なり」とあります。

それからもうひとつ注目すべきことは、一九二三年五月一日のメーデーには、警視庁が「社会主義者と思想団体はメーデーに参加してはあいならぬ」という御法度を出したことです。その思想団体の中心になるのが朝鮮人なのです。それでもメーデーに朝鮮人は参加しています。そこで、警察が何をやったかというと、朝鮮人を殴る、蹴る、もう散々の暴行を加えて、警察署に放り込んだわけです。『東京日日新聞』の五月二日号に「見る人の目に残忍そのものを思わせた」と書かれるくらいのことを警察はやったのです。

それからもうひとつ二つ付け加えると、この年の三月一日に、警視庁は東京の在日朝鮮人の居住地一帯に対する張り込みを行っています。なぜかというと、上海にいる朝鮮人やハワイの朝鮮人と手を組んで、なにかあいつらがやりそうだということで、張り込んでいたのです。これはまったくのデマですが、一九二三年の春とはそういう状況なんです。当時の『東京朝日新聞』（一九二二年一二月一二日）によりますと、明治大学の学生が一〇人集まったら、それだけで警察に引きずっていかれたのです。警察官一人ひとりが朝鮮人にもうピリピリになってしまっていたのです。だから、大震災が起こると上からの指令がなくても、個々の警察官が朝鮮人をこわがってパッパッと動き出してしまうのです。ちょっといまの状況と似ていませんか。

国家権力の中枢部が、朝鮮人が暴動を起こしたと誤認したのはいつかというと、私は九月二日であると判定しています。さきほど言いましたように、内務省警保局長が船橋海軍無線電信送信所を通じて「朝鮮人が東京で石油で放火したり、爆弾を持っているので、各地でも充分視察し、朝鮮人を取締まってほしい」という指令を呉鎮守府副官経由で全国の道府県知事に流したのです。これを打電したのが九月三日の八時一五分です。ところが、電文の欄外に「これを伝騎にもたせやりしは九月二日と記憶す」と書かれてあるのです。「伝騎」というのは伝令の騎兵です。たぶん当時東京市内ではもう震災で打電できなかったのでしょう。だから騎兵が電文を持って馬で船橋まで行って、そこから電報を打っているわけです。これを渡したのは二日だという記憶は私は間違ってないだろうというように思います。その証拠は埼玉県の方にあるのです。先に永井代議士のくだりで話したように、二日には埼玉県の内務部長香坂昌康が郡役所経由で各市町村に「不逞鮮人暴動に関する件」という通牒を流しております。その内容は、東京で「不逞鮮人」がよからぬ動きをしている、それに過激思想、つまり社会主義者が雷同している、やがて彼らは埼玉県にくるであろう、だから、各町村当局は、在郷軍人分会、消防団、青年団と一致協力して、その警戒に任じ、一朝有事に対処できるように手配せよという指令でありました。永井代議士の国会演説によると、この九月二日に埼玉県の地方課長が内務省から帰ってきたあと、内務部長に報告して、それで郡役所経由で各町村にこの指令を流したと言っています。これは間違いないだろうと思います。というのは、この文書自体に「右その筋の来牒によりこの段移牒に及び候也」、つまり、「その筋」から知らせがあったので、それを郡町村に今度は移して知らせると書かれています。「その筋」の来牒とは、指令の発信源が埼玉県の内務部長ではなくて、もっと上の方であることを示しています。県の上部機関といえば、内務省です。ですから九月二日に内務省が朝鮮人が暴動を起こしたと誤認して指令を発したことに間違いないと思います。埼玉地方検察庁には朝鮮人以外に日本人が殺された一事件も含めて六事件の判決書がありますが、その判決書もすべてこの香坂の指令によって自警団をこしらえたときちんと認めています。ただし嘘も書かれています。香坂が独断で指令を出したということになっているのです。つまり、内務省まで責任の及ぶことを、裁判所は避けたのです。弁護士は香坂を証人として引っ張り出せというけど、裁判所はこれを拒否してしまったのです。香坂が「お前、なんでそんな指令を出したか」と問われて「内務省から指令がきました」と言ってしまったら、これはもう大変なことになってしまうわけです。どこの裁判所でも弁護士が要求した上級官僚に対する証人訊問を拒否しています。これは責任の所在を地方官憲のところに止めておこうというやり方です。司法権の独立なんて、まったくありません。

以上の論証で国家が九月二日に朝鮮人が暴動を起こしたと誤認し、朝鮮人暴動に対する対処を指令したことは明白です。ここに第一の国家責任があります。

〈第二の国家責任――九月五日から始まる第一の国家責任の隠蔽政策〉　第二の国家責任の論証へ移りたいと思います。私は九月五日から国家責任の隠蔽政策が始まったと判断しております。その状況をいいますと、九月五日に内閣告諭第二号が出まして、自警団に対し、勝手に朝鮮人にリンチを加えるな、彼らを警察官か軍隊に渡せと指令しています。なぜリンチをするなというのかと、決して朝鮮人の人権を考えてそういったわけではないのです。告諭は、民衆自ら朝鮮人に迫害を加えることは、「日鮮同化」の根本主義に反し、外国に知られて好ましいことではないというのです。「日鮮同化」の根本主義というのは、つまり、朝鮮人に民族意識を失わせるために、日本人化させて、そして日本人に服従させせようという政策です。しかし、あまり朝鮮人を殺すと、こうした植民地支配政策にとってまずいからやめろというのです。それから外国に聞こえてまずいといっても、その外国とは欧米列強です。日本より強大な欧米から「お前は大変な人権侵害をやった」と糾弾されると、日本が日清・日露戦争で勝ったといっても、欧米一流国までいっていませんから、大変困るので、やめろというわけです。なぜ民衆の朝鮮人虐殺を止めるようになったかといえば、九月五日ごろになりますと、どうも朝鮮人が暴動を起こしていないらしいというのがいろいろ伝わってきます。軍内部の情報などを見ると、たとえば、ある地域で朝鮮人が暴動を起こしたというので、兵隊を派遣したら何もなかったという報告があるんです。それから九月八日に、南谷智悌という東京地方裁判所検事正が、朝鮮人は暴動を起こしていない、あるとすれば「コソ泥」ぐらいだと言っています。検事正にもそういうことを言った人がいます。

そして、最も重大なのは、九月五日に、臨時震災救護事務局警備部に、いろいろな方面の役人が集まってきて、今後朝鮮人虐殺問題に関して行う外部に対する発表のやり方を協定をしたことです。臨時震災救護事務局というのは震災に対処する臨時的な官制で、その警備部は、とくに朝鮮人対策を練った部署です。国家の側では南谷検事正がいうようなことがあちこちで言われると、国家の責任がばれてしまうから困るわけです。そこで勝手なことを個々の役人に言わせまいとして、朝鮮人虐殺事件の発表の仕方について警備部で協定を行ったのです。そこで決めた一番大事なことは「朝鮮人の暴行又は暴行せむとしたる事実を極力調査し、肯定に努むること」ということでした。わかりやすくいうと、朝鮮人が、暴行をした、またはしようとした事実を、極力調べて、それが事実だと肯定することに努めることを協定したのです。この段階でも朝鮮人が暴動を起こした証拠を権力側は持っていなかったのです。そこでこれから証拠を探して、これが事実だといいましょうというわけなのです。そ

第１表　司法省調査による関東大震災時朝鮮人の「犯罪」の信憑性の分析表

事件の証拠の信憑性の程度	罪　　名	件数	人　数
①容疑者の氏名不明。	流言蜚語	2	2
	放火	1	1
	脅迫	1	30
	強姦	1	1
	強盗	1	15～16
	傷害	1	1
	公務執行妨害傷害	1	1
	強盗傷人	1	3
	殺人予備	1	1
	放火殺人未遂	1	5
	殺人	1	1
	強姦殺人	1	4
	橋梁破壊	1	1
	爆発物取締罰則違反	2	2
	窃盗	3	16＋数名
	毒殺予備	1	1
	小　　計	20	85～86
② 30名くらい一団の事件。１名を除き氏名不明。しかし氏名判明者も所在不明。	強盗	1	約30
	小　　計	1	約30
③容疑者の氏名は判明。ただし容疑者は所在不明、逃亡、死亡等。	強盗強姦	1	1
	殺人未遂	2	3
	小　　計	3	4
①②③の合計		24	119～120
④事件を起こしたと見られる容疑者は取調べ（鄭熙瑩）、予審（呉海模）、公判（卞奉道）の最中、つまり罪状未確定。	強盗（鄭熙瑩）	1	1
	爆発物取締罰則違反（呉海模(1)）	1	1
	銃砲火薬取締罰則違反（卞奉道）	1	1
	小　　計	3	3
⑤容疑者の氏名が明らかで、かつ逃亡や所在不明といったことは、記されていない。たぶん容疑者を検挙しているのだろう。	窃盗	11	11
	横領	1	1
	窃盗横領	2	2
	贓物運搬	1	2
	小　　計	15	16
合　　計		42	138～139

出典：司法省「震災後に於ける刑事事犯及之に関聯する事項調査書」。
原文に記載された容疑者名が「自称金某」とか、「自称李王源」と記されているものは、①に分類した。数名と記されたものは、人数合計に算入しなかった。

注：（１）呉海模は、1923年９月２日ダイナマイト11本、雷管５本をもって荒川放水路付近を徘徊していたので爆発物取締規則違反の容疑で起訴され、11月３日東京地裁から懲役１年の判決言い渡しを受けた。この判決を報じた11月４日（３日夕刊）付『東京朝日新聞』は、「本事件は最初右爆発物を以て同人が危害を加えんとする意志があったものと認めて起訴したのであるが何分危害云々の点は証拠不十分の為単なる爆発物取締規則違反として右の判決が下されたものである」と述べている。したがって呉をいわゆる朝鮮人暴動の証拠とすることはできない。

の後は、一〇月二〇日に政府から自警団が朝鮮人を殺したことを新聞に発表してもいいという許可が出るのですが、その二〇日に、司法省が実は朝鮮人も暴動を起こしていたのだという発表をするわけです。それが日本国家が朝鮮人虐殺責任を隠すためにつくった、いかにでたらめなものであるかということを証明したものが第1表ですのでご覧ください。

まず①「容疑者の氏名不明」の欄をご覧ください。そこにありますように、流言蜚語、放火、脅迫、強姦、傷害といった恐ろしい罪名がたくさん書いてあるのですが、そういう犯罪を犯した朝鮮人の名前はわからないのです。これがなんと人数として八五人から八六人。それから②「三〇名位の一団の事件」の欄では強盗を起こしたというのですが、一名を除いて名前はわからないのです。しかも氏名判明者もいまどこにいるかわからない。司法省ともあろうものが、こんな証拠のない資料をよく挙げたものだと思います。それから③の欄には、強盗・強姦、殺人未遂という恐ろしい罪名がありますが、これは容疑者の氏名は判明するが、容疑者の所在はわからない、逃げてしまった、死んでしまったということです。名前がわからない、名前がわかってもどこにいるかわからない、いま死んでるか、生きてるかわからないというたぐいの①、②、③を合計しますと、大雑把にいって約一二〇人になります。司法省発表の数が大雑把にいって、約一四〇人位ですか。一四〇人中、一二〇人が、名前がわからない、わかっても、いま生きてるか、死んでるかわからないということは、つまり犯人をデッチあげてしまっていることを示しているのです。それから④の欄では、事件を起こしたとみられる容疑者は目下取調べ中である、予審中、公判中であるという者が三人あがっています。これはまったくの法律違反です。法律論的にいうと、判決が降りるまでは、容疑者であっても犯罪人ではないわけで、それを犯罪人にしてしまっているのです。司法省が一番法律違反をやっているのです。しかも、その中で一番傑作なのは、爆発物取締罰則違反の呉海模《オヘモ》という人のことです。一九二三年一一月四日付『東京朝日新聞』によりますと、一一月三日、東京地裁が呉海模に懲役一年の判決を下しています。しかし、最初この人はダイナマイトなんかを持っていて、それで日本人に危害を加えようとしたという容疑で検挙されたのですけれども、裁判所はその点は証拠不十分だという判決を下しているのです。だから、ダイナマイトを持っていたということだけが法律違反であって、それで日本人に危害を加えたということは証明できなかったのです。そういう人を司法省は日本人に危害を加えた犯罪人に仕立ててしまっているのです。それから⑤の欄の容疑者の罪名は、窃盗とか横領とか、窃盗横領、贓物《ぞうぶつ》運搬です。贓物運搬というのは他人がかっぱらってきたものを、またどこかに持っていってしまったということなのですが、罪名のほとんどは窃盗、横領です。要するに「コソ泥」です。その人数はわずか一六人なのです。ところが、当時の『法律新聞』(一九二三年一二月一五日)によると、軽犯罪を扱う東京区裁判所が、関東大震災時に日本人の窃盗が四四〇〇余件あったと発表しています。朝鮮人はわずか一六人でしょう。しかもこのたぐいの犯罪には政治性はありません。ちょっと想像してください。震火災で食うものもない、着るものもない、そうしたら、どこかの焼け跡に残ったものを食べてしまうでしょう、着物を着てしまうでしょう。こんなものは全然政治性がない。要するに司法省は朝鮮人がこういう悪いことをしたんだ、だから殺されてもしようがないんだと、これが言いたかったわけです。また大部分の新聞がそれに乗っかって、自警団だけ責めるわけにはいかない、朝鮮人が悪いのだとワイワイ記事を書くのです。だから民衆もその気になってしまったのです。新聞がかなり日本の国家の責任の隠蔽を助けました。

それから、国家がもうひとつやった重要なことは、朝鮮人を虐殺した自警団員の一部を裁判にかけることを決定したことです。これは九月一一日に臨時震災救護事務局警備部内の司法委員会で決議してます。それ以前に、閣議で自警団を裁判にかけるということは決定したとのことですが、この閣議決定が見つからないのです。もしどなたかご覧になったら教えてください。この委員会がまずいっているのは「今回の変災に際し行われたる傷害事件は、司法上これを放任するを許さず、之を糾弾するの必要なるは閣議に於て決定せる処なり」ということです。その後が大事なことで「しかれども情状酌量すべき点少からざるを以て、騒擾に加わりたる全員を検挙することなく、検挙の範囲を顕著なるもののみに限定すること」としている点です。つまり、朝鮮人を殺した自警団員を全員検挙はしないと最初から言ってしまっているのです。理由は情状酌量すべき点があるからというのですが、それはそうでしょう。お上がデマを流したのですから。だから関東自警同盟が自警団員検挙に怒っていろいろな抗議運動を始めます。警察官がデマを流して、それを自警団が信じてやったのに、なんで警察官は処罰されないで俺たちだけ検挙されるのだと抗議したのです。これは無理からぬことでしょう。だから国家はそれをやられると困るので、あまり酷く検挙はやるまいと計算したんでしょう。

ただし、もうひとつ大事な決定があるのです。「警察権に反抗の犯行の実あるものの検挙は厳正なるべきこと」とあります。これはわかりにくいかと思いますが、実は自警団の朝鮮人殺害には二通りのタイプがあるんです。そこを朝鮮人が歩いてたから、ヤーと殺しちゃったというたぐいのものがひとつのタイプです。それからもうひとつのタイプは、警察に収容された朝鮮人を自警団が襲撃して殺したタイプです。朝鮮人をほっぽらかしたら危ないというので警察が強制収容した例もあります。朝鮮人がこのままいると日本人民衆に殺されそうだというので、警察に私を保護してくださいと、駆け込んだ場合もありました。その結果、自警団が警察署を襲撃し、警察官を追っ払って朝鮮人を殺すという事件が起こってきます。典型的なのは群馬県の藤岡事件です。藤岡警察署に九月五日と六日の二回、自警団が襲撃をかけて、地元の研究によると、千名くらい押し寄せたといいますが、警察官を追っ払って朝鮮人を二日間にかけて一七人殺してしまったのです。他に埼玉県では九月四日の夜、本庄警察署に自警団がワーと押しかけて朝鮮人を殺してしまっています。それから、本庄警察署が四日の日中に群馬に朝鮮人を送ろうとして彼らをトラックに乗せたところ、自警団が警察のトラックを襲撃して、朝鮮人を皆殺しにしてしまったのが神保原事件です。それから、具学永《クハギョン》という朝鮮人の飴屋が「外にいたら危ないので、助けてください」といって、寄居警察分署の留置場に入れてもらったところ、九月六日にそこへ自警団がワーとやってきて、彼を留置場から引っ張り出して、殺してしまったのです。ほかにも、私もよくわからないのですが、倉賀野事件という、今日の高崎市内の事件があります。警察の駐在所に警察官が土建労働者らしい朝鮮人を収容したところ、九月四日にそこへ民衆がウワーと押しかけて、朝鮮人を奪い取って、お寺に連れていって、墓地で殺してしまったのですが、調査がよくできていません。もっと調べる必要があります。

権力の側は朝鮮人を殺したことは重視していません。民衆が警察を襲撃したことを重視しているのです。藤岡事件では、九月五日に朝鮮人一六人を殺し、二度目の時は一人殺し、警察署内の書類を焼いちゃったり、机や椅子をぶっ壊したりしたのですが、一一月五日の裁判で樫田検事が「朝鮮人殺したのはまだ話がわかるけども、なんで警察を襲撃したのだ。お前らは平素警察に好意をもっておらぬではないか」という意味のことを言っています。司法委員会の決定のとおり樫田検事は自警団の警察襲撃の方を重視しているのです。

そこで、関東大震災時の虐殺事件の判決結果を分析してまとめたものが第2表です。これをつくるのに苦心惨憺しました。検察庁が出さないという判決書を出させたり、日本全国の新聞、隈なく調べて作上げた表であります。日本の国家を相手にする以上、敵といえども認めざるをえない証拠を突きつける以外にはありませんから、こういう作業をやりました。

そこで①警察襲撃・朝鮮人虐殺事件の欄をご覧ください。これは先ほど紹介しました藤岡事件などの、警察を襲撃してそれから朝鮮人を殺した場合であり、件数が五件あります。それから、同時に見ていただきたいものに、実刑率があります。これは、有罪判決を受けた被告の内の、実刑を受けた人の比率です。裁判というのは、形式的な面があるわけです。懲役二年といっても執行猶予三年とかいって、形式的に刑罰があるけど、実際に刑罰は課さない。こういうケースがたくさんあるわけであります。そうしますと、①警察襲撃・朝鮮人虐殺事件の場合は、無罪になった被告が四名いますが、それを除きますと、実刑率は四七・一パーセントで、約半数が実刑判決を受けて、約半数が執行猶予です。ところが、変な言い方ですが、ただの朝鮮人虐殺事件になると無罪が五名あり、実刑率はわずか一六・五パーセント、あとはみな執行猶予となっています。朝鮮人を普通に殺した場合には、実刑を受ける場合は非常に少なくて、大部分が執行猶予で刑罰を受けなかったということになります。それから、日本人を殺した事件は一六件ありまして、これは無罪が一人もいなくて、実刑率が五九・三パーセント、約六割であります。だから朝鮮人殺すとだいたい実刑は受けない。警察を襲撃した場合と日本人を殺した場合だけが実刑を受けるということになる。それから刑の重さが違います。①警察襲撃・朝鮮人虐殺事件の場合は最高刑は懲役五年です。これは藤岡事件で実刑判決五年を二人が受けております。ところが朝鮮人虐殺事件になると、懲役三年が限度であります。とにかく、最高刑は、朝鮮人を殺したら懲役三年、日本人を殺したら懲役六年、警察を襲撃したら五年になる。要するに、

第２表　関東大震災時朝鮮人、日本人虐殺事件第一審判決分析表

事件の型		①警察襲撃・朝鮮人虐殺	②朝鮮人虐殺	③日本人虐殺
件　　数		5件	17件	16件
実刑	懲役５年以上	2名		2名
	懲役４年以上	5		1
	懲役３年以上	6	2名	12
	懲役２年以上	15	5	30
	懲役１年以上	17	9	9
	懲役半年以上	3		
	小　　計（A）	48	16	54
執行猶予（B）		54	81	37
A＋B＝C		102	97	91
実刑率（A／C）		47.1％	16.5％	59.3％
無罪となった被告		4名	5名	

事件：①《群馬県》藤岡事件、倉賀野事件、《埼玉県》本庄事件、神保原事件、寄居事件

②《東京府》花畑事件、西新井与野通り事件、巣鴨町宮下事件、荒川放水路事件(1)、荒川放水路事件(2)、吾嬬町大畑事件、吾嬬町請地事件、《埼玉県》熊谷事件、片柳事件、《千葉県》流山事件、我孫子町事件、滑川町事件、《栃木県》間々田駅事件、石橋駅事件、小金井駅事件、《神奈川県》鶴見町事件、横濱公園事件

③《東京府》江北村事件、大井町南浜川事件、品川漁師町事件、吾嬬町葛西川事件、四ッ谷伝馬町事件、永田町事件、新谷町事件、《埼玉県》妻沼事件、《千葉県》福田村事件、南行徳事件、三川村事件、《群馬県》高崎駅事件、八幡村事件、《栃木県》家中村事件、《茨城県》嘉田生崎村事件、《福島》西郷村事件。

（妻沼事件、福田村事件は自警団が相手を日本人と認識しながら殺害した事件。その他は相手を朝鮮人と誤認して殺害した事件である。）

出典：藤岡事件と埼玉県の諸事件は判決書による。その他は新聞による。詳しくは山田昭次編『朝鮮人虐殺に関する新聞報道史料』（緑蔭書房、2004年）別巻所収の「関東大震災時朝鮮人虐殺事件関係判決一覧」とその解説を参照されたい。

この裁判は、朝鮮人を殺した人を裁くような形式を取っているけど、実態はそうではないわけです。朝鮮人虐殺事件について裁判をしましたという格好だけを整えて、それで法的な処理が済みましたと欧米の外国向けに格好つくっただけのことなのです。狙いはむしろ権力を攻撃したら徹底的にやっつけるということ、そして日本人を殺したらけしからんということだけで、まともに考えたら、なんのためにやった裁判だかさっぱりわからない。早くいえば朝鮮人を殺した人はほとんど処罰をされなかったと理解していい。これが控訴・上告となると、もっと大変な問題が出てくるのですが、もう時間がないので省略します。地裁第一審の結果の説明だけに留めます。それ以上お知りになりたい方は私の著書か、もっと根底のことまでお調べになりたかったら、私が編集した史料集『朝鮮人虐殺関連新聞報道史料』別巻（緑蔭書房、二〇〇四年）に収められている「朝鮮人虐殺事件関係判決一覧」とその解説を見ていただきたいと思います。

おわりに

それからあと二つだけは言いたいことを要約的に申し上げます。

いま言ったことと関連するのですけれども、結局、問題は自警団だけが裁判にかけられて処理されてしまったことです。自警団の検挙が始まるのが九月一九日からだいたい一〇月の末までくらいで、地域により違いがいろいろあるのですが、そのあたりの時期から新聞の態度がガラッと変わって「暴行自警団」、「悪自警団」、「不良自警団」とワンワン書くのです。私も自警団がいいことをしたとはちっとも思っていませんが、問題があるわけです。つまり、自警団だけが悪いんだと新聞に書かれるわけです。軍隊や警察が荒川の四ツ木橋とか、小松川とか、寺島署では朝鮮人をバンバン殺しているのですが、そんなことは新聞に書かれていないのです。だから私は、新聞は国家と一体になって、軍隊や警察の朝鮮人虐殺に煙幕を張ったと考えています。これは従来の研究ではあまり言及されていませんが、これは重大な問題だと私は思います。

もうひとつ重大な問題は、朝鮮人の虐殺事件の調査を妨害するために、警察は朝鮮人の死体を朝鮮人に絶対渡さなかったということです。これは警視総監が、朝鮮人は最近虐殺調査をやめて、死体を返せといっているが、彼らはそれをもって、世界に向けて反日運動を展開しようとしているので、渡さなかったと、ちゃんと一九二三年一一月六日付の報告書で書いています。

それから、荒川で問題が起こってきます。これは亀戸事件との関連です。亀戸事件とは、皆さんご存知の通り、亀戸警察署で日本の労働者が一〇人くらい殺されました。九月四日の晩から未明にかけてのようです。それで、弁護士や遺族が一〇月一四日に亀戸の警察に死体を返せと行くのです。亀戸警察署は、死体は荒川へ持っていって、朝鮮人の死体やその他と一緒に焼いてしまったので、どれがだれの骨だかわからないと答えたんです。そこで布施辰治弁護士、労働組合の幹部、遺族などが、一一月一三日、四ツ木橋の近辺に行くわけです。そうしたら警察官が張り込んでいて、もう骨は掘って持っていったから、お前たち、そこに近づいてはあいならんと追っ払ってしまったのです。なぜそうしたんでしょう。亀戸警察署長は、そこには朝鮮人の死体百あまりが埋まっていると言っているのです。それが出てくるなら困ってしまうので、もう掘ってしまったから、お前たちここへきてはいけないと、追っ払ってしまったのでしょう。一一月一五日付『国民新聞』には、一一月一四日に警察官がきて、その場所を掘り返して、死体をどこかへ持っていったとあります。労働者の死体を掘るとたくさんの朝鮮人の死体が出てきてしまう。警察はこれをなんとか防ごうとしたのでしょう。埼玉県本庄署巡査新井賢次郎は虐殺された朝鮮人の死体焼却に当たって「数がわからないようにしろ」と命じられました。警察は朝鮮人の虐殺数や虐殺状況の隠蔽を徹底的に行いました。

京都で発行された宗教系の新聞『中外日報』（一一月二二日）には、肉親が殺されたことは諦めるにしても、「せめて遺骨だけなりとも捜し出して懇ろに葬りたい」と焦慮する朝鮮人遺族の姿を伝えた大阪在住の朝鮮人の悲憤の言葉が掲載されました。これは沈黙を強いられた朝鮮人遺族の思いを代弁したものでしょう。朴載熙《パクテヒ》さんという方が二〇〇三年三月一〇日に亡くなりました。この方のお父さんは、関東大震災の時に群馬で土建業の仕事をしていたのですが、部下の一人がお金を持ち逃げしてしまいました。お父さんはその持ち逃げした部下を追って東京に行って、そのまま消息不明になってしまったのです。この朴載熙さんはこのお父さんの末子でした。私にも、父がどこで殺されたかわかったら教えてくださいと言っておられました。私は調べましたが、殺された人で名前がわかるのは三〇人くらいですから、探しようもない。仕方ないからせめて著書ができたら、まず朴載熙さんに差し上げようと思っていました。ところが、朴さんが亡くなったことを、今年（二〇〇三年）の四月ごろ知らされたのです。奥様に電話したら、享年が八〇歳だと聞き、私は愕然としたんです。つまり、お父さんが殺された年に、この方は生まれたのです。そして、関東大震災八〇周年の年に、この方はお亡くなりになったのです。なんて因縁が深いんだろうなと思いました。朴さんは八〇年間、父親を思い続けてお亡くなりになったんだろうと思います。数千人の朝鮮人が殺されたとすれば、いつ、どこで、肉親が殺されたかわからない遺族が、何万人もいたはずです。その思いを、日本人がきちんと受け止めないといけないのだろうと思います。

朝鮮人の調査班が六、六六一人虐殺されたと発表していますけれど、これは正確なものではないという見解を、私は著書で発表しております。なぜなら、正確に調べる条件がないのですから。日本国家は死体を渡さない、わからないように隠してしまう。いったいどうやって正確な調査ができるのですか。私は、あの数字がそんなに正確じゃないということをあざけっているのではないのです。朝鮮人側の死者調査を徹底的にやらせないようにしたのが日本の国家権力なのだということ、そのことは数の問題よりもっと重大な事実だと私は思っております。こんな残酷なことまでやったのかということを、著書を書き上げて、考え込んでしまいました。

子が朝鮮民主主義人民共和国に拉致された横田滋さんらの思いはきちんと受け止めなければならない。けれども、あのような思いを抱いた朝鮮人というのは、どれくらいいただろうか。関東大震災時の朝鮮人虐殺、朝鮮人強制連行などで、私の肉親がどこで死んだのか、調べてくれと、未だに私のところに連絡がきます。この方々の思いも受け止めなければなりません。確かに戦争で亡くなった日本人遺族の方々の思いというのは、きちんと受け止めなければいけない。しかし、岸壁の母というのは日本人だけじゃない。やはり私は、なんの罪もなくて殺されて行方不明になった朝鮮人や中国人のご本人、遺族にも思いを馳せていただきたいと思います。私は、これが本当の意味での国際連帯ということではないのかと思います。やっぱりそうやって国家を超えなければ、私はだめだろうと思うのです。そういう日本人遺族の方々も少数ながらいらっしゃいます。そういうところに、私は希望を託しているのですが、こういう動きをもっともっと、前向きに進めた時に、本当に朝鮮人や中国人と手を握ることができるのではないだろうかというのが、私の考えです。

ほかにも言いたいことはありますが、もう時間も過ぎました。以上で終わらせていただきます。

シンポジウム①

世界から見た関東大震災史

韓国における在日朝鮮人と朝鮮人虐殺事件の研究状況

金《ギム》 廣《グァン》 烈《ヨル》
（光云大学、韓国・ソウル市）

はじめに

二〇〇三年九月一日は関東大震災の八〇周年にあたる。日本ではいつもの年よりいっそう力の入った防災訓練が行われた。しかし在日朝鮮人はこの日になると大地震のどさくさの中で大勢の同胞たちが日本の民衆に虐殺されたという恐ろしい事実を思い起こさずにはいられまい。八〇年前の大震災の際に帝国日本のマジョリティは極度の不安感と過剰な自己被害意識に陥り、何の罪もない植民地出身のマイノリティ数千人を虐殺してしまった。普段洗脳された民族差別の意識が残虐極まる行為として現れたのである。これは在日朝鮮人の受難の歴史を最も象徴する事件であるし、日本近代史のなかでも忘れてはならない大虐殺事件である。しかし日本政府や韓国政府は一度も真相を糾明する作業を試みたことがない。

本稿の目的は、韓国で行われた在日朝鮮人（以下「在日」）に関する研究[1]を概観し、その中で関東大震災時朝鮮人虐殺事件の研究はどのような位相にあるのかを把握することである。ここで検討する主な対象は韓国で出版された研究書や博士学位論文などである。なお本稿の前半部は拙稿「韓国における在日コリアン像」（季刊『環』vol. 一一、藤原書店、二〇〇二年秋）を修正・加筆したものである

戦後京都の歴史学運動の先輩たち

井ヶ田　良治

一九四五年四月に京都大学に入学した私が研究者になりたいと決心したのは、文学部史学科国史専攻を一九四八年に卒業し大学院に入ってからである。当時の京都大学国史研究室は、西田直二郎・中村直勝先生が退任して手薄のままだったから、もっぱら学んだのは、戦後はやくから活躍していた日本史研究会の先輩たちからだった。日本史研究会は、戦後いちはやく京都の文化戦線の一翼として生まれただけに、桑原武夫さんなども名前をつらねた、いわば文化統一戦線だった。まだ和歌山におられた北山茂夫先生が会の歴史講座で古代史の講演をされたのを聴きにいったのが、日本史研究会との最初の出会いだった。たしか、三条御幸町の毎日会館のホールだったと思う。やがて林屋辰三郎さんの「大乗院寺社雑事記」の索引つくりの読書会に参加させていただいた。私は一九五一年に同志社大学法学部へ籍を置くことになり、歴史関係の研究会にでかける機会が少なくなったが、のちに立命館大学に移られた前田一良先生が当時同じ学部におられたので、日本史研究会の先輩たちの動向を楽しく聞くことができた。林屋さんも奈良本辰也さんも北山先生とおなじく立命館大学だったが、後輩の目には羨ましいほど仲のよい実に楽しい仲間たちと映った。

　ある時、前田先生が身振り手振りで話してくれたのは、「大仏開眼」映画づくりの相談会の模様である。当時、「中学生歴史文庫」が発刊され、北山先生は古代、前田先生は近世というように分担して執筆されて好評であった。なかでも北山先生の『大仏開眼』は大評判で、ついに映画化されることになっ

評論　No.144

2004. 8

戦後京都の歴史学運動の先輩たち　井ヶ田良治　1
天然の禁色を解き放った近代　田村　均　4
関東大震災史研究と現代　坂本　昇　6
シリーズ 歴史／記憶　3
「根拠地」から遠く離れて（上）　山本唯人　8
都市と郊外に娯楽の諸相を探る　羽田博昭　10
ベンチャー・キャピタリストの使命感　外川洋子　12
神保町の窓から　14／新刊案内　16

日本経済評論社

た。京マチ子が大仏の手のひらの上で舞を舞ったのを覚えておられる方も多いと思う。その準備で、北山先生の家に林屋・奈良本・前田の面々が集まることになった。日取りを決めた北山先生から招集の電報が届いた。ところが、集まったとたんに奈良本さんがいい出した。「北山さんがお酒を飲まないのは知っているから、北山さんの家で酒が飲めるとは期待していない。それなのに、電報の最後に『タダシ、サケハナイ』とは飲み助の私への当てつけか」、林屋さんがそうだと相槌をうち、喧々諤々。結局その日は、それに明け暮れて相談会はお開きとなったとは、前田先生の話である。兄弟喧嘩のようなものので、みな大の仲良しだからの喧嘩である。

先輩たちは東京の歴史学研究会の諸先生方と交流があり、時々、東京から松島栄一さんや高橋慎一さんが来たり、林基先生がお出でになったりした。石母田正さんといつも対比された清水三男さんがシベリアで亡くなったので、後輩の林屋・奈良本・藤谷俊雄さんたちが、京都の歴史学運動の跡継ぎのようになっていた。そんな関係で、東京から連絡の先生がくると、歓迎会があり、林屋さんが必ず「ようおのぼりやして」と京都弁であいさつしたのが印象的だった。京都へ上洛し、東京へはあずま下りと、東京なにするものぞという京町衆の心意気だった。地方史研究会が全国的につくられた時も、京都は支部にはしないと、独立して関西地方史研究協議会を立ち上げ、それが加盟する形となった。会報を出し、年一回立命館大学を会場に鳥取や和歌山からも多くの地方史研究者が集まった。

林屋さんには、史料の点でなにかと教えられたが、奈良本さんからは理論的に多くの示唆をうけた。京都の若い研究者を網羅して『日本の思想家』を毎日ライブラリーの一冊として刊行したのは一九五四年のこと。私は「慈円」を割り当てられ、何回もかきなおしを指示された。今みるといかにも稚拙なものだが、アウグスチヌスと比較しなさいとは、その折の奈良本さんのアドバイスであった。私だけでなく、みな加筆訂正をもとめられた。北山先生はその一文が国語の教科書に採用されるほどの名筆家であるが、「吉野作造」を担当されて、これまた何回も奈良本さんに推敲を要請されていた。立命館大学の日本史研究室で、堀江英一さんと議論している奈良本さんの若い姿が目に浮かぶ。原田伴彦・前島省三さんも立命館に所属していた。かれこれもう五十年前のことになる。

国民的歴史学運動のなかで、歴史学研究会大会の懇親会の余興にと京大国史研究室の有志でつくったのが紙芝居『祇園祭』であった。大会では藤間生大さんが「仕事の歌」を唄ったりして、大いに盛り上がった。紙芝居は評判がよく、のちに林屋さんの解説論文と一緒に、東大出版会から絵本として出版した。京都の映画館の看板書きのアルバイトをしていた若い絵描きさんたちにたくさんの紙芝居の副本をつくってもらい、それを各地で上演したのもその頃である。紙芝居のシナリオをもとに西口克己が小説『祇園祭』を書き、やがてそれが映画になった。近年に亡くなった熱田公君は、いつも『祇園祭』の著作権は僕らにあると、力説していた。彼は国史研究室の助手をして、紙芝居原本の管理をしていたのである。

民主主義科学者協会京都支部のシンポジウムで民族文化を論じた時、批判的だったのが鶴見俊輔さんで、私の議論の幼稚さが印象に強かったのだろう。その後十年以上たって、ある日研究室にやってきて、新婚のおつれあいに私を指さして、「これがかつて私を人民の敵と言った人です」と紹介したのにはおどろいた。その後もそんなこと言った覚えがないと異議を唱えても、否、たしかに言ったといって私をからかって楽しんでいる。林屋対談集『聚楽の夜咄』のなかで、鶴見さんは「いまは……支持したい」と懐かしそうに語っている。

部落問題研究所はそうした日本史の先輩たちの発起で設立された。一九六五年、部落解放同盟が分裂し、翌六六年に文化厚生会館が一部の解放同盟員に襲撃され不法占拠されて以後、あの仲のよかった先輩たちの間に亀裂が生じた。前田一良先生が立命館から奈良女子大に移られた時、朋友間の意見の対立を悲しそうに語っておられた。六〇年代のはじめ同和問題研究集会で報告した私を「君も話しが上手になったではないか」とからかっていた奈良本さんも、襲撃後しばらくして立命館大学を辞し部落問題研究所をも去ってしまった。林屋さんも北山先生もそれぞれの理由から立命館を去った。その時に戦後の夢はおわったのかもしれない。のちに紅衛兵運動を支持した井上清さんも、一九六四年の北京科学シンポジウムのときには、「日本代表団は日本の国民に責任をもち、中国の希望どおりにはならない」と繰り返しておられた。それだけに、京都におけるそれまでの運動から離れたときはとても淋しそうだった。

〔いげた・りょうじ／同志社大学名誉教授〕

天然の禁色を解き放った近代

田村　均

いつだったか、六〇歳前後の知人の女性から、「私の明治生まれのおばあさんは『都《みやこ》』という真っ赤なモスリンの腰巻をつけていたわ」と、教えてもらったことがある。

その時、「都」というのが商品名なのか、それとも赤モス製の腰巻の通称なのかを聞きもらしてしまったが、戦前の昭和一〇年代にかけて、どうやら赤モスの腰巻が「都（腰巻）」とよばれていたようだ。

私にも明治生まれの祖母がいた。けれども、私の記憶のなかにあるのは白い腰巻だった。

思い起こせば、中学生だった私の前で恥じらいもなく祖母が腰巻姿になったのは、風呂上りの時か蒸し暑い夏の日の夕暮れ時であった。しばしば薄地の半襦袢《じゅばん》と腰巻だけで、団扇《うちわ》で風を涼しげに誘っていた。

私はこれまでずっと、祖母が着用していた白腰巻の生地を晒木綿《さらし》であったと思いこんでいた。薄い白生地だったからである。

しかし最近では、それがモスリンであった可能性を否定しなくなった。モスリンは唐縮緬《とうちりめん》ともよばれ、織度が均質な梳毛糸《そもうし》を緻密に織った薄地の毛織物のこと。

私の手元に薄色のモスリンの端切《はぎ》れが数点あるが、糸が細く薄地で、平絹《ひらぎぬ》というか金巾《かなきん》（薄地木綿）のような軽やかな手触り。しわがよらないモスリンは、軽くてしなやかな製品だった。

実家の母に、祖母がモスリン製の腰巻を着用していたかどうか訊《たず》ねてもよく憶えていない。昭和生まれの母は、もう腰巻を身につけなかった。

祖母に直接訊《き》くことができなくなって久しいけれど、いつしか、祖母がモスリンを着用していたことを私は確信するようになった。

というのも、明治末年に生まれた祖母の青春時代は、大正後期から昭和一桁代の頃。大正後期、つまり私の祖母が一七〜一八歳になったまさにその時、モスリンの国産品が数量的に輸入品を凌駕した。いわば、祖母が娘に成長した時代に、その二〇数年前から本格的な国産化を開始した近代日本のモスリン生産が念願の輸入防遏を達成したのである。

大正時代に示されたわが国のモスリン生産の勢いに注目したのが、ほかならぬ柳田國男であった。その柳田によれば、「モスリン工業の急速なる発達の跡は、…（中略）…最初は模倣であったが、即座にわれわれはこれを日本向きと化し、後にはまた他で見られない特産として認めさせた」（『明治大正史世相篇』講談社学術文庫、一九九三年、以下の引用もおなじ）。

「ことごとく過去数十年の、唐縮緬文化を苗床としていた」ことが、国産毛織物のめざましい生産の増加として現れ、化学染色法の技術進歩がその発展をささえた。これまで経済史や染織史の研究者が見過ごしてきた重大な史実を、民俗学者の柳田國男は卓抜な文章表現で的確に指摘している。

では、どのようなプロセスで、「渋さの極致ともいうべきものまでを会得《えとく》したところに、ちょうどアニリン色素（塩基性の化学染料―引用者）の応用が起こ」り、天然の禁色《きんじき》を解放したのであろうか。

そして、それまで「わざわざ樹陰《こかげ》のようなくすみを掛け、縞《しま》や模様までもできるだけ小さくして」いたのに、「少なくともかつて外見や、陰鬱なる鈍色《にびいろ》の中に、無為の生活を導いていた国民が、久しく胸の奥底に潜めていた色に対する理解と感覚、それがどれほどまで強烈なものであるか」を、もっと知りたくなる。

今回、私は拙著『ファッションの社会経済史―在来織物業の技術革新と流行市場―』（日本経済評論社、近刊）を上梓する。幕末・明治前期に若年女性が着用したおしゃれ着（和装）のストック分析を中心に、在地庶民層の衣料消費の変化をあきらかにしながら、腰巻から婚礼衣裳までの流行分析を試みた。

幕末開港後に生じた庶民層による輸入毛織物の速やかな受容は、わが国の伝統的な和装ファッションの表現形式に、斬新な彩りとアクセントをくわえるものとなった。しなやかで鮮明な色調の舶来織物は、それまで見るだけであったゆたかな自然の色を人々に近づけ、化学染料が「陰鬱なる鈍色」を駆逐していく。

ファッションをめぐる鮮烈な色彩感覚の覚醒とその衝撃。輸入毛織物の流行と幕末庶民の嗜好変化が、在来織物業界に対する未曾有のインパクトとなって、新時代を切り開いていった。

［たむら・ひとし／埼玉大学教育学部］

関東大震災史研究と現代

坂本　昇

二〇〇三年八月二十五日、関東大震災に関する研究・運動関係者にとっては、画期的な出来事が報じられた。日本弁護士連合会（日弁連）に設置された委員会が、小泉内閣に対して、関東大震災時の朝鮮人殺害事件などに関する日本政府の責任を明らかにして、虐殺の責任をみとめて謝罪すること、集団虐殺の再発防止措置をとることなどを勧告したのである。軍隊を中心とした国家犯罪が明らかにされ、八〇年目にしてようやく勧告が実現したのである。長い道のりであった。

八〇周年記念集会でこの経過を報告した日弁連の担当弁護士の一人・米倉勉氏は、「歴史研究の成果」であるとしてこれまでの研究運動の労苦をねぎらって下さった。記念集会では、山田昭次氏が朝鮮人殺害の国家責任と、国家責任を追及してこなかった民衆責任問題を啓発した。外国人・外国籍報告者五人、阪神・淡路大震災の教訓、香川県・石井雍大氏、千葉県・平形千惠子氏・東京歴教協・東海林次男氏など長年研究に取り組まれた方々の貴重な報告など、豊富な内容であった集会の記録、および三十年あまりに及ぶ史実追究活動の総括論集がこのたび刊行されることになった。

十年前の七〇周年では、震災や官憲による弾圧の経験者の体験談をお聞きする分科会を設定することができたが、この十年の間に他界された体験者が続出した。今回は学童時代に朝鮮人虐殺を目撃した経験のある方に、フロアーから発言していただいただけだった。歴史かわって、若い参加者が増えた。歴史学研究会・朝鮮史研究会・東京歴史科学研究会などから若手研究者が準備段階から参画して下さり、当日の運営や記録集の編集などでも活躍して下さった。また、「在日」の外国籍の方の一般参加も増加した。十年前は、懇親会に参加された外国籍の方は一名だけだったが、今回は大勢の外国籍の方々とも交流の輪を広げることができた。この十年の間に、研究の進展や、阪神・淡路大震災、「拉致」問題等の日朝関係の新展開などがあって、世界と日本と「震災」をめぐる人々の関心が深まり、研究者や参加者の裾野が広がってきたのだと思う。

日本近現代の歴史は、戒厳令・天皇制軍隊の出動や、現代の米軍・自衛隊などの治安出動計画の権力犯罪性を証明している。注意を怠ってはならない。

ただし、現在の民主主義と民衆運動の到達点も確認しておきたい。例えば、阪神・淡路大震災時には、国籍の壁を越えたボランタリーな動きがあった。

また、歴史の風化を防ぐために、朝鮮人犠牲者・中国人犠牲者などの追悼会や、亀戸事件追悼会などは各地で、毎年開催されている。記念集会で報告した李修京氏は、フランス人作家バルビュスらの影響を受けた小牧近江らの『種蒔く人』の運動や、その継承者として の金基鎮という人物（日本留学後、朝鮮で「種蒔く人の一人」として活動）のインターナショナルな活動が、今日の韓国で高く評価されていることを紹介した。在日二世の河正雄氏は「惨劇を風化させないことが私達の務めであると、日本と韓国『二つの祖国』で私は生きている」と報告を結んだ。

本誌一四三号で寺田匡宏氏は「震災が私に投げかけたのは、『出来事』はそのままでは『歴史』にはならないということであった。……『震災』として語る人がいて、はじめてそれは『震災』という事件になる」と書かれているが、私たちは歴史としての「関東大震災」を語り続けてきたのである。

現在の民主主義運動の到達点や市民のヒューマニズムに依拠しつつ、歴史の真実に学び、平和・人権・連帯・民主主義の徹底を求める声を、世界へ広げていく時期である。関東大震災八〇周年記念集会は、その一つの大きな橋頭堡となったと考えている。

［さかもと・のぼる／関東大震災八〇周年記念行事実行委員会事務局長］

【参考文献】
松尾章一監修・田崎公司・坂本昇ほか『関東大震災政府陸海軍関係史料』第Ⅰ～Ⅲ巻（日本経済評論社、一九九七年）。
なお二〇〇三年刊行の概説書として、山田昭次『関東大震災時の朝鮮人虐殺』（創史社）、松尾章一『関東大震災と戒厳令』（吉川弘文館）、姜徳相『関東大震災・虐殺の記憶』（青丘文化社）などがある。

シリーズ　歴史／記憶　3

「根拠地」から遠く離れて（上）

——阪神大震災から「戦後六十年」へ

山本唯人

寺田匡宏君の名前を初めて知ったのは、一九九八年六月、『WAVE117』という雑誌に彼が寄稿した「根拠地を持つこと——『震災・まちのアーカイブ』によせて」というエッセイによってである。「震災一次資料」を、「人と人とのつながりの中で」、保存することをめざしたこの「まちのアーカイブ」こそ、震災後、彼が表現活動の拠点と定めた場所であり、私と寺田君との、また大門正克さんとの出会いの場所でもある。いま、このエッセイを読み直してみると、彼が「根拠地」という概念を導くに当って土台としたのが、他ならない、大門さんが『評論』一〇二号に寄せた「拠点に立つ／拠点をひらく」であったことが分かる。「思考のはじまる場」「時代状況と切り結ぶ場」、これらの言葉が大門さんの思考のなかでいかに重要な位置をしめているかは、近年の大門さんの仕事を知るものには親しい。今年二月の記憶／歴史シンポジウムの開催は、出会いのなかに、すでに記し付けられていたといってよいだろう。

さて、この「神戸」を拠点とする関係史のなかで、「戦後歴史学」への距離の取り方はひとつの焦点をなしている。「神戸」という場所に新しい根拠地の出現を見出そうとすること、あるいは、「思考のはじまる場」がどこにあるのかと繰り返し問いかけてやまない人々の中に共有されているのは、実は、「戦後」という時代を語ろうとする語りの根拠地が奪われていくこと、あるいは、ゆるやかに死滅に向いつつあることへの予感ではないだろうか。

今回、この文章を書くにあたってシンポジウムのサブテキスト『〈私〉にとっての国民国家論』（牧原憲夫編、日本経済評論社、二〇〇三年）を読み直した。そこであらためて感じたのは、「戦後歴史学」と「現在」とを往復する中で、大門さんという存在が抱え込んでいる「振れ幅」の大きさである。

寺田君によれば、ベルリンからクラクフへと向かう夜行列車の中で私が寺田君を挑発したことが今回のシンポジウムの始まりとされている。しかし、言うまでもなく特定の表現行為を「歴史学」の内か外かと判定することが私の本意ではない。むしろ、その時念頭にあったのは、大門さんが、「神戸」という場に深い関心を寄せながら、しかし時折示す独特な距離感のことだ。そのことで、大門さんは何を守り、何を表現しようとしているのか。

　この重なりと齟齬のなかに、「戦後歴史学」と「現在」とがどこで切り結び、どこですれ違っていくのかを占う生きたフィールドがある。従って、それは私的な会話のなかの「空気」として過ごしてしまうのではなく、互いのやりとりを通じて徹底的に掘り下げ、公共化されるに値すると思われたのだ。

　寺田君は二回の連載の中で、「通史」の不可能性、「記憶／歴史」などの論点を出してくれているが、まだまだ荒っぽい整理の印象は否めない。また、大門さんが「記憶」に対置する、「経験」概念のポテンシャルなど論じ残した点も多い。できうるならば、今後、より本質に迫る本格的な議論、論争へと発展していくことを期待したい。

　ところで、今、東京で「東京大空襲六十年」というプロジェクトが動いている。ちょうどアーカイブを訪れる前後の時期から、神戸と東京を往復しながら個人的に「平和祈念館問題」後の混乱と「東京大空襲」をめぐる動きを追いかけてここまで来た。今のところこれ自体は「六十年」を記念する展示の開催という域を出るものではないが、「戦後六十年」とは、「五十年」とは明らかに異なる社会状況の中で、「戦後」という長く時代の現在を規定してきた語りの根拠地が何であり、そこから何が失われ、何が誕生して未来へ受け継がれていくのかという問いに「社会」として直面せざるをえなくなる最初の時点になるかもしれない。

　阪神大震災から「戦後六十年」へ。記憶と歴史をめぐる思考は、「戦後六十年」をどのように迎え、どこへ向かうのか。機会あれば、別に論じることとして、とりあえずのしめくくりとする。

［やまもと・ただひと／日本学術振興会特別研究員］

都市と郊外に娯楽の諸相を探る

羽田博昭

発足後一〇年を迎えた首都圏形成史研究会は、その活動の一環として特定のテーマに関心を持つメンバーが集まって小研究会をつくり、その成果を首都圏史叢書として刊行している。すでに四冊が刊行され、今回五冊目として『都市と娯楽』を刊行することとなった。

私と娯楽研究の接点といえば、学生時代に大正期の社会運動史を勉強していて、権田保之助の民衆娯楽論に出会ったのがその最初であろう。その後、北区史の編纂に加わる機会を得、区内の飛鳥山や王子権現などが、かつて東京の郊外の行楽地として多くの人を集め、また田山花袋がそのことを紹介していることを初めて知った。こうして郊外の行楽に関心を持つようになったが、盛り場や遊園地、そして郊外に関する本が盛んに出版されるなかで、気にはなりながら、自ら研究テーマとして取り組む機会はなかった。

ところが、首都圏形成史研究会の小研究会で、娯楽をテーマに取り上げることになり、私は呼びかけ人の一人として参加することになったのである。当時私は、地域と軍隊小研究会の一員として、その成果『帝都と軍隊』の一章「軍工廠と地域」を執筆したところであった。誰ともなく、「軍隊の次は娯楽だ」という声があがり、あまりその意味も考えず、もともと娯楽に関心を持っていた私は、いつの間にか呼びかけ人の一人になっていた。軍隊と娯楽という両極端なテーマが取り上げられたのは、近現代史研究において、地域のなかでその実態を明らかにするという視点から、あまり研究対象とされてこなかったのがこの二つのテーマだろうという問題意識からであった。

実は、私にとっては、この流れはある意味で必然であった。『帝都と軍隊』で私は、北区域の軍工廠と地域の関係を探ったが、その際基本資料の一つとして「高木助一郎日記」を利用した。そして、今回娯楽をテーマに再び高木日記を取り上げることになったのである。高木日記は、北区史の編纂終了後に寄贈された資料であり、編纂では生かすことができなかった。その後、毎年のように区民講座などで話をする機会があり、そのたびに区民に親しみやすいテーマを探して、高木日記と取り組んできた。なかでも、私の注意を引いたのが、軍工廠に関する記述と、地域における祭礼や行事、そして家族の娯楽に関する記述であった。

前者に関しては、とくに用地買収と地元の地主層の反応について具体的な記述が豊富で、さらに軍工廠内で毎年開かれた祭礼については、初めてその実態を明らかにする資料となった。以上の諸点は、『帝都と軍隊』で取り上げたが、後者については何度か区民講座で話をするに止まっていた。しかし、高木日記は、それで終わるには惜しい豊かな内容を持っていた。とくに娯楽という視点で見た場合、当時の人々が何を楽しみとしていたのかその実態を知るには格好の材料であった。娯楽といえば通常、芝居・寄席・映画といった興行娯楽を思い浮かべがちだが、日記の記述で見る限り、印象は違っていた。少なくとも明治末から大正期までは、地域の祭礼をはじめ、運動会や遠足、同窓会などの学校行事、工場や職場の慰安会などに大きな楽しみを見出していたことがわかった。行事そのものが楽しみとなる場合もあれば、余興・露店などを楽しみにしていた場合もある。

もちろん、芝居・活動写真や小屋掛けのサーカス、相撲などを見物し、寺社参詣や花見など伝統的な行楽にも四季折々に出かけた。さらに、博覧会や百貨店、そして公園と新しい娯楽の対象も登場してくる。しかし、東京郊外の地域社会の一員として暮らす人々が、こうした娯楽を個人的に存分に楽しむようになるのは、昭和期以降のことであった。それ以前は、興行を見物するのも、祭礼や行事にともなう場合が多く、花見などの行楽は寺社参詣の際や職場の慰安会として行くことが多かった。また、楽しみ方も集団で仮装して花見に行くなど、集団の場合が多かった。娯楽といえども、人々が暮らす地域社会と無縁ではなく、また彼等が属する社会組織は様々な娯楽を用意して求心力を高めていたのである。このように地域社会の変化のなかで、娯楽を考えることは、まさに小研究会が目指していたものであり、その成果が今回の『都市と娯楽』に充分に生かされていることを祈るばかりである。

［はだ・ひろあき／横浜市史資料室］

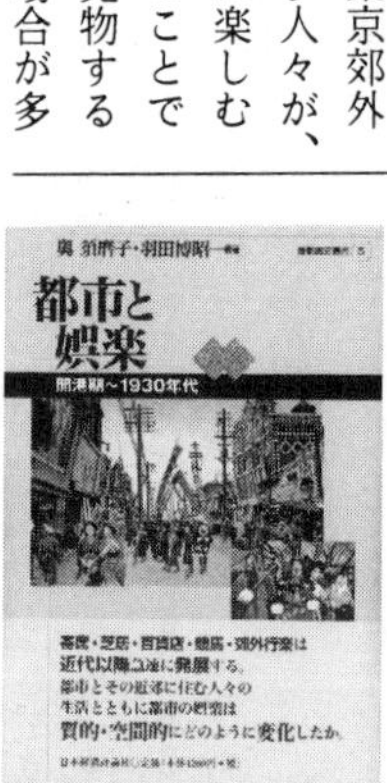

奥須磨子・羽田博昭編著
Ａ５判　4500円
装幀：渡辺美知子

ちょっと気になるベンチャー企業 1

ベンチャー・キャピタリストの使命感

外川洋子

アントレプレナーシップへの期待

次世代経済の活力源となるのは、完成された技術やビジネスモデルなどではなくて、ベンチャー・ビジネスである。確かに、バブル経済がはじけてからこちら、IT関連やニューサービスなど一部の分野を除いては、日本のベンチャー・ビジネスが沈滞気味なのは否めないところである。

しかしそうは言っても、目を凝らしてみれば、ここかしこ、さまざまなところに、ちょっと気になるアントレプレナー(企業家)がいる。彼らの個性的な主張、企業家精神の旺盛さは、必ずやこの国を変えてくれる、否、すでに変えつつあるのではないか。ビジョンなきままに構造改革ラッパを吹き鳴らすだけの政治家や、制度がすでに綻びているにもかかわらず、相も変わらず自己保身に汲汲としている官僚たちを傍目に、産業の最前線ではチャレンジングな状況下だからこその新しい取り組みが見られる。

そんな日本のベンチャー・ビジネスの最前線を、分野にとらわれず取り上げてみたら面白かろうと協力者をつのって、日本のベンチャー・ビジネス探索に乗り出すことにした。まずはベンチャーへの支援体制整備の観点から。

ベンチャー精神を理解する投資家を

いかにベンチャー・ビジネスの生成が活発であったとしても、それが本格的な活動を展開するまでにはかなりの時間と支援体制が必要である。すばらしい発想を形にしていくためには相応の資金が必要である。

しかしながらこの国では、ニュービジネスへの投資市場が未成熟であるし、安全確実な(本当はすでに先が見えている)大企業や、従来流の定型ビジネスに対しては資金を出しても、野心的な試みや既存の産業の枠組みを超える発想に将来の可能性を見出し、そこに夢を託すという資本家、投資家=ベンチャー・キャピタリストが極めて少ないという現実がある。

国民生活金融公庫等の小企業向け融資を専門とする公的金融機関もあるし、国や自治体の助成策も整備されつつあるが十分とは言えないし、結構条件が厳しく、利用しにくいものである。

もちろん「必要な資金も獲得できずして何がアントレプレナー（企業家）だ」、と突っ放すこともできようが、それでは産業構造を変革し、次の時代のリーダーとなるようなベンチャー・ビジネスは育たない。ここはやはり産業経済やベンチャーに対する理解と洞察力を持つキャピタリストの存在が不可欠である。

キャピタリストは経営者である

日本、アメリカ、イスラエルに拠点を持つ「デフタパートナーズ」は、そんな数少ないベンチャー・キャピタリストの一つである。

同社の代表である原丈人氏は、彼の経歴そのものが冒険者的である。日本の大学（法学部）を卒業後、中央アメリカ考古学の研究を経て、スタンフォード大学経営学大学院に学び工学部大学院を卒業。在学中にシリコンバレーで光ファイバー関連のベンチャー・ビジネスを創業し、ウォルト・ディズニーと契約するなどして成功。その後にベンチャー・キャピタリストに転じ、数十社もの先端技術型ベンチャーを投資育成した。今をときめくITビジネスの多くが彼の支援を得て巣立っていった。

一九九〇年代半ば以降、ゾーラン、サイバーゴールドその他ハイテクベンチャーのIPO（株式公開）に成功し、二〇〇三年三月には、イギリスからテクノロジー・ベンチャーに投資・育成した実績を評価され、アーリーステージ・インベスターズ・オブ・ザ・イヤーを受賞している。

彼は言う。「ベンチャー・キャピタリストとは次代の産業や企業の発展を支えようという意思を持つ投資家であって、一攫千金志向の投機筋ではない。いい儲け話だからといって、また巨万の富があるとしても、道楽気分でもって自分では理解しがたいような分野に安直に金を出すのは間違いなのです。そしてベンチャー・ビジネスに対するシンパシーだけでなく、経営者としての厳しい感覚、事の成否の判断能力を備えていなければならないのです」と。

そしてまた彼は、分野を問わず優れた中小企業が多くある日本には、世界をリードするハイテク情報産業やニューサービスビジネスの芽が、アメリカ以上に多く内包されていると指摘する。

彼のようなキャピタリスト―それはつまり21世紀型の産業人だと思うのだが―の理解と支援があれば、日本の産業構造を変革につながる最先端の技術にもとづいた新規事業を開発するベンチャー・ビジネスの力強さも増してくるだろうと期待されるのだ。

［とがわ・ようこ／法政大学教授］

神保町の窓から

▼やむなく、ということはある。しかし、そうではなく、この国は戦争をやりたがっている国になろうとしている。そう思えてならない最近のわが元首の言動であった。この三年、彼の威勢のいい口吻に「何かが変わるかもしれない、何事かを変えてくれるかも知れない」と多くの人びとが支持をした。七月、参院選。「あんたに従いていくのは不安だょ」と、かつての支持者がNOを表明、民主党が躍進した。何も憲法九条や自衛隊イラク派兵だけのことじゃない。年金未払い問題についても、「人生いろいろ」と小バカにしたような言辞を吐き、必要な説明についても、時間がない、で押し切った。何兆円もの借金にくるまりながら、居直りや傲慢はこれからの政治には通用しない。二一世紀の政治と政治家は相互理解を求めようとする誠実さを伴う信頼が、不可欠であると確信した。▼これは他所ごとではない。新しい規範を作り出していく事業なのだ。それには誠実さに加えて知恵もエネルギーも必要だ。会社というちいさな世界においても、呼びかけよされれば応えん、などと繰り返し唱えているが、これを日々の中に息づかせるのは難しい。戦後生まれのわれらは、叱ることも叱られることにも慣れていない。身体ごとぶつかるとっ組合いにも慣れていない。肉体を媒体にしたコミュニケーションが貧しいのだ。これを「戦後」のせいにしては短絡に過ぎるが、体温を持った言葉や行動を行使するのに不得手である。活力に富んだ社会をつくり出すには、何よりも未来を見据えようとする想像力なのだが、それは温もりのあるコミュニケーションの中からしか生み出されないだろう。知らないことは聞く、知っていることは聞かれなくても教える、こういう日常であってほしい。▼話を変える。少年は聡明な小学生であった。特に理科が得意で、街にうごめく虫や蛾の類のことごとくを固有名詞で呼ぶことができた。われわれが道端の草を雑草と呼ぶような大雑把さはなかった。「雑草」という草がないと同じように、「虫たち」という虫もかれの図鑑にはなかった。小さなもの、もの言わぬものにやさしい眼差しを向ける子だった。彼が高学年になったとき、ネフローゼとよばれる奇病にとりつかれた。この病はむくみを伴い、体型に変化を起こし、見た目は悪い。学校には毎日通わなければならない。通学路にはいろんな小母さんがいる。好奇の目で彼が通り過ぎるのをじっと見送る人もいた。耐えていた彼だったが、小さな心の限界はすぐにきた。「お母さ

ん、ボク学校に行くのイヤだ。あの小母さんの目がこわいよ。もう外にも出たくないよ」。母はとまどった末に次のように助言した。「お母さんが一緒に行ってあげてもいいけれど、一日中一緒にいられないでしょう。坊、明日の朝その小母さんに会ったら、坊のほうから〝小母さん、おはよう、ボク今日も元気だよ。いってきますネ〟って言ってごらん。小母さんはきっとおはようって返事してくれるから。彼は勇気をふるって翌朝出発し、母の助言を実行した。うまくいった。学校に行くのがまた楽しくなった。ひとつの挨拶が小母さんと彼の距離を一気に縮めた。……中学生になっても、病は彼から離れなかった。むしろ、症状は昂進して大病院に入院する羽目になってしまった。来る日も来る日も食べるように薬を飲まなければならなかった。母は川向こうから、仕事を終えて毎晩顔を見せた。薬を飲み続ける彼もつらく、それを見つめる母も親甲斐《おやげ》ないと思った。ある日の夜、母の前で彼が突然叫んだ。「ボク、薬飲むのはヤメたっ。このまま飲み続けたらボクが薬になっちゃうよ。いまから一粒も飲まないっ」言うなり薬袋をドアに向かって投げつけた。薬の粒が飛び散った。母は呆然として息子の仕草を見つめていた。薬を拒否した彼に、医師も驚いたが、飲まなくなった翌日から、症状がみるみる善くなってきたのだ。医師は理由もわからないまま引いていくむくみを、わが処方のように喜んでいた。退院は間もなくできた。彼は病に克ち、近所の小母さんたちが「いい男だねえ」と感嘆するほどの青年になった。挨拶と己の意志を梃子にして、未来を切り開こうとした一九歳青年の実話。クーラーが効き過ぎていたか、話を聞きながら洟水がでてきた。▼決算が終わった。型どおりではあるが、株主総会を開いた。毎年総会の後は近所の料理屋でご苦労会をやることになっている。今年もそうした。その席で、会議では出なかったことだが、「配当」が話題になった。一瞬ヒヤッとしたが、「配当できない年は、現物配当というのはどうか」という提案だった。高配当を当てにして高額出資した人はがっかりするか、ひょっとして怒りだすかも知れないが、それもいい案だ。大きな顔で賛成できなかったが、心はほほえんでいた。月末、申告書をだし、税金を納め、三四年目が終わった。息つく間もなくボーナス。心平らかに出したつもりだったが、一同、あまりの額に仰天している風だった。▼先号で『評論』の合本をお頒けします、とお知らせしたところ多くの方が過分な自主カンパを気持ちよく送って下さいました。お礼申し上げます。何かいいことがありそうな気がします。（吟）

新刊案内

価格は税別

装幀：渡辺美知子

野口英世 21世紀に生きる
木暮葉満子・田崎公司編　四六判　二八〇〇円

その素顔と生涯をゆかりのある人々が描く。今秋より新千円札の顔となり、また国際貢献の礎を築いた野口の精神は21世紀にも生きよう。

国連政策（国際公共政策叢書20）
河辺一郎著　四六判　二〇〇〇円

国連はいかなる役割を果たせるか。その歴史を辿りながら、日本のこれからの関わり方を示す。

農業をめぐる日本近代　千葉・三井物産・ラートゲン
長妻廣至遺稿集刊行会編　A5判　二五〇〇円

地域史、台湾での肥料や農産物、御雇外国人の経済論などの分析から、近代日本の農業の特質をさぐる。

社会的企業　雇用・福祉のEUサードセクター
C・ボルザガ／J・ドゥフルニ編／内山哲朗・石塚秀雄・柳沢敏勝訳　A5判　八二〇〇円

ポスト福祉国家におけるサードセクターを再定義して、経済と社会の転換と再生を理論的実証的に展望する意欲作。

EUの有機アグリフードシステム
永松美希著　A5判　三四〇〇円

食品安全システムで最も開発の進む牛乳について、スイスを含むEU6か国の分析から今後の方向と課題を提示する。

都市と娯楽　開港期から一九三〇年代（首都圏史叢書5）
奥須磨子・羽田博昭編著　A5判　四二〇〇円

人々の生活とともに都市の娯楽は質的・空間的にどのように変化したか。

競走馬産業の形成と協同組合
小山良太著　A5判　三五〇〇円

産業構造転換とクラスター化を図る日高。国際競争下の地域産業の存立は可能か。農協の新たな役割とは何か。

貨幣・利子および資本　貨幣的経済理論入門
（ポストケインジアン叢書32）
ロジャーズ／貨幣的経済理論研究会訳　A5判　四五〇〇円

貨幣的経済分析の基礎を確立し、適切な政策を導く好著。

地域開発の来歴　太平洋岸ベルト地帯構想の成立
藤井信幸著　A5判　五八〇〇円

高度成長期を中心に公共投資が地域開発に果たした役割を歴史的に跡づけ国民の心性にまで迫る。

アクセス　地域研究Ⅰ　民主化の多様な姿
岸川毅・岩崎正洋編　A5判　二八〇〇円

アクセス　地域研究Ⅱ　先進デモクラシーの再構築
小川有美・岩崎正洋編　A5判　二八〇〇円

Ⅰでは非欧米諸国、Ⅱでは欧米諸国を対象に、地域研究から民主主義を再考する。

評論　第144号　2004年8月1日発行　発行所　日本経済評論社
〒101-0051　東京都千代田区神田神保町3-2　電話　03（3230）1661
E-mail: nikkeihyo@js7.so-net.ne.jp　FAX　03（3265）2993
http://www.nikkeihyo.co.jp　〔送料80円〕

ことを断っておく。あわせて参考にしていただきたい。

1　在日朝鮮人関連の研究

韓国では在外同胞を学問の対象とする研究者は稀少な存在である。「在日」を対象にする研究についても従来韓国の人文・社会科学の分野では歴史学をはじめ、社会学、政治学、人類学、法学、文学などの分野でごく少数の研究者によって細々と続いてきた。

韓国での対日関係の比重は米国の次に高いくらいであるし、学術研究においても語学や文学をはじめ日本を研究対象とする人は決して少なくない。にもかかわらず、同じ民族である「在日」を研究する人は極少な数に過ぎない状況にある。

韓国で出版された「在日」に関する最初の研究書は金相賢《ギムサンヒョン》の『在日韓国人』（一九六九年）であろう。これは国会議員という著者の立場を充分活用して、解放後の「在日」の社会的状況を韓国籍者を中心に、その意識構造、集団、民族教育、法的地位問題などの側面から調査したものである。なお、田駿《ジョンジュン》の『朝総連研究』（一九七二年）は在日朝鮮人総連盟を中心に「在日」の団体を分析し、その北朝鮮従属政策を批判する一方、在日韓国居留民団系の同胞に対しても民族意識が薄いために結局は日本に同化されるという、多分に棄民政策が反映された内容である。高承済《ゴスンジェ》の『韓国移民史研究』（一九七三年）は戦前に労働者として日本へ渡った「移民」の状況や日本在住朝鮮人の生活と認識などについて一章を設けて考察した。そして玄圭換《ヒョンギュファン》『韓国流民史』下（一九七六年）では多くの資料をつなぎ合わせて戦前の「在日」の歴史が検討された。

軍事独裁政権のもとの一九七〇年代の当時としては珍しい金俊燁《ギムジュンヨプ》・金昌順《ギムチャンスン》『韓国共産主義運動史』は第五巻（一九七六年）で日本であった朝鮮人運動を紹介した。しかし、極端な反共主義体制であった当時の韓国では社会主義運動の研究は自由に行えず、それ以上、階級的構成の特性に起因してほとんど労働運動として現れた戦前日本の朝鮮人運動が研究対象となることはなかった。そういう状況のなかで人類学の分野から李光奎《イグァンギュ》の『在日韓国人』（一九八三年）が刊行された。これは「在日」の形成過程、社会運動、人口および職業の分布、生活様相、差別問題などについて調査した大作ではあるが、韓国籍者だけでなく朝鮮籍者も調査対象に入れた分析が残された課題だといえよう。

民主化が大きく進展した一九八〇年代の後半を経ると、そのような研究状況に変化が生じた。一九九二年に鄭恵瓊《ジョンヘギョン》、金仁徳《ギムインドク》という二人の若手歴史研究者による「在日朝鮮人史セミナー」という韓国最初の研究会が旗揚げをし、朴慶植《バクキョンシク》『在日朝鮮人運動史——八・一五解放前』（一九七九年）などをテキストとして「在日」の運動史を勉強していた。そして、この研究会の誕生をもって、韓国における「在日」の歴史に関する研究が本格的に始まったといえる。たった二人の研究会とは何とも寂しいかぎりであったが、それが当時の韓国社会の現実であった。しかし、一九九四年ころから日本留学を終えて政治学や社会学の専攻者が一人二人とそのセミナーに加わるようになってやや活気を増すようになった。そして九〇年代後半からは彼らの研究成果が韓国や日本で単行本として出版された。解放直後に大多数の日本在住朝鮮人が本国帰還したことで残留した朝鮮人社会で母国指向性が強まったことを明らかにした崔永鎬『在日朝鮮人と祖国光復』（一九九五年）、一九二〇年代日本であった朝鮮人の社会主義運動が民族解放運動の一環であったと論証する金仁徳『植民地時代在日朝鮮人運動研究』（一九九六年）、敗戦後日本を間接統治した連合国軍最高司令官総司令部（ＳＣＡＰ）の「在日」政策を丹念に分析してその虚構性を明らかにした金太基《キムテギ》『戦後日本政治と在日朝鮮人問題――ＳＣＡＰの対在日朝鮮人政策一九四五～一九五二』（一九九七年、東京）、そして一九一〇年代から二〇年代の大阪地域を中心に在住朝鮮人の各種運動を民族解放運動として検討した鄭恵瓊『日帝時代在日朝鮮人民族運動研究』（二〇〇一年）などの研究書が日の目を見たのである。

ほかにも、李允煥《イユンファン》の「憲法上外国人の選挙権に関する研究――在日韓国人問題を中心として」（一九九三年）、秦熙官《ジンヒグァン》の「総連研究――その歴史と性格を中心に」（一九九九年）という博士学位論文も看過できない。それから一九八八年に結成された「在外韓人学会」という研究団体も記録に値する。名称のとおり、世界各地の韓民族を研究対象としている団体で、人類学、社会学、政治学などの研究者が主なメンバーとなっている。ただし、ほとんど学術大会を通した活動だけをしている。現在『在外韓人研究』という論文集を一一号まで出している。その会員の中には「在日」を研究する人も数人いるが、なかでも鄭印燮《ジョンインソプ》は博士学位論文を『在日僑胞の法的地位』（一九九六年）という単行本で出版した。

一方、一九九〇年代中期からは文学分野においても研究成果が出はじめた。李漢昌《イハンチァン》が「在日僑胞文学の作品性向研究」（一九九六年）という韓国人最初の博士学位論文を、また兪淑子《ユスクジア》が博士学位論文を加筆して『在日韓国人文学研究』（二〇〇〇年）という単行本を刊行した。

なお、韓国における「在日」関連研究の流れを変えるきっかけとなった『近・現代韓日関係と在日同胞』（金廣烈編、一九九九年）という単行本の論文集が出版されたことに注目すべきである。これは一九九八年二月に急逝した在日歴史学者・朴慶植を追悼する趣旨で韓国と日本に在住する一五人の研究者有志が共著したものである。前述の「在日朝鮮人史セミナー」のメンバーたちは全部執筆しているが、民族解放運動、渡日の要因、朝鮮人強制連行、在日朝鮮人の法的地位や今後のあり方などに関する内容であるが、「在日」そのものを主題とする論文は十本載っている。従来の韓国ではみられない画期的なものであった。その後、この論文集の刊行に参加した数人の研究者の中から独自の研究団体を結成しようという提案が出て、二〇〇〇年六月に「在日」問題を中心に韓国と日本の民族問題を研究する「韓日民族問題学会」という研究団体が創立された。ここには従来韓国の歴史学、社会学、政治学、文学、経済学、法学などそれぞれの分野で研究を続けてきた人たちが学問の領域を越えて集まっている。まだ会員の数はそれほど多くないが（現在七〇名ほど）、「在日」問題および戦後補償問題に関する研究の中心的な役割を果たしている（ホーム・ページは http://www.kjnation.org）。この研究会は創立以降、月例会を開く一方、年に一度は学術大会を開催してきた。現在、論文集『韓日民族問題研究』を第五号まで出している。そして会員の動向として追記すべきなのは、金明燮《キムミョンソプ》の博士学位論文「在日韓人アナーキズム運動」（二〇〇一年）が出たし、洪仁淑《ホンインスク》の博士学位論文が『大国米ソと韓民族分断』（二〇〇二年）として出版されたことなどが挙げられる。さらに、二〇〇一年からこの学会の有志たちによって韓国の一般大衆を対象に「在日」の過去と現在を紹介する概説書を出版するという企画がたてられた。その結果、二〇〇三年三月に単行本『在日朝鮮人、彼らは何か』が日の目を見たのである。韓国では一般大衆向けに「在日」を説明する最初の書物であった。

以上でみたように、従来ごく一部の研究者たちによって行われてきた韓国の「在日」関連の研究は最近ようやく専門の研究団体も設立されやや活気を帯びている。韓国で行われた「在日」関連の研究は次にあげるようないくつかの傾向を見せていた。⑴民族解放運動（社会主義および民族主義）と日本敗戦後の帰還状況などを主題とした歴史学分野の研究、⑵生活状況を主題とした人類学分野の研究、⑶敗戦直後の占領軍当局の政策や「在日」の法的地位などを主題とする政治学や法学の研究、などがそれである。

2　今後の課題と関東大震災時朝鮮人虐殺に関する研究

「在日」を対象とする歴史学研究には解決せねばならない課題も少なくない。主な課題としてまず考えられるのは、⑴社会主義運動および民族主義運動の実態を糾明し運動の現実と誤謬を把握する試み、⑵皇民化された状況とそれをいかに克服しようとしたのかという思想史の脱植民地主義的な試み、などであろう。そのうえに史料の入手が難しい韓国では従来の研究を韓国側で捉え直すことで研究の向上に貢献することを⑶番目の課題として加えてもいいだろう。とくに関東大震災時の朝鮮人虐殺を主題とする研究の場合はこの⑶に該当する良い例である。この主題に関する研究書はいままで韓国で一冊も刊行されたことがない。もっとも論文や評論または体験談[2]として韓国の学術誌や評論誌などに掲載されたものはいくつか存在する。そのうち論文や評論の形態をとっているものを挙げると以下のようである。

李仁夏「関東大震災——韓国人虐殺の現代的意味を問う」（『基督教思想』第三〇二号、一九八三年八月）

李延外「関東大震災朝鮮人虐殺の真相を明らかにする」（『殉国』第三二号、一九九三年九月）

金文吉「関東大震災における朝鮮人虐殺事件に関する研究」(『釜山外大社会科学論叢』第一〇号、一九九五年一二月)
洪真姫「関東大震災と朝鮮人虐殺――流言蜚語を中心に」(『殉国』第八〇号、一九九七年九月)
姜徳相「一九二三年関東大震災大虐殺の真相」(『歴史批評』第四五号、一九九八年一一月)
姜徳相「関東大震災朝鮮人虐殺を見る新たな視角――日本の〈第三大テロ事件〉史観の誤謬」(『歴史批評』第四七号、一九九九年五月)
金玄「関東大震災における文人の動向――朝鮮人虐殺事件について」(『韓日語文論集』第五集、二〇〇一年八月)

これらの論旨は多くの罪のない同胞たちが日本の民衆・軍隊・警察らに虐殺された事実を再三強調していることで共通している。その中でも、すでに当分野の専門家として有名な「在日」の歴史家・姜徳相《ガンドクサン》の二本の論文は彼の持論を強調するものである。同じく「在日」である李仁夏《イインハ》のエッセイは一九七三年にあった朴鐘碩《バクジョンソク》就職差別反対集会で講演した内容を訳したもので「在日」への差別が続いている同時代の日本社会では関東大震災時のような悲劇が絶対起こらないとはいえないと警鐘を鳴らしている。しかし、その他の論考の内容にはすでに日本で発表された既存の研究を焼き直しているところが多い。つまり、韓国で育った研究者による関東大震災関連の研究はまだ日本で発表された先行研究を乗り越える独創的なレベルにいたってないといいえよう。

その理由はすでに日本でこの主題の先行研究がかなり行われたので、現実的に既存研究を乗り越えるほど関連の史資料が韓国で見つかる可能性はほとんどないことにあるであろう。しかしそれ以外にも看過できないこととして当該分野に対する韓国の研究者たちの視角と問題意識があげられよう。

前述したように韓国では「在日」関連の研究はマイノリティ的な存在である。上記して指摘した関東大震災関連の論考は本来「在日」を専門の研究対象としていない人たちによるものである。したがってその文脈では震災時の朝鮮人虐殺事件に対して強烈な民族主義に基づいて批判はしているが、それといまだ差別的な状況におかれている「在日」の現状とは構造的に類似したことだと捉えて関心をしめす問題意識は見られない。それは研究主題の選定に偶然性が強いことにも起因すると思われる。それゆえに民族主義的な同情は寄せているものの「在日」の現状には無理解であるという自己矛盾に陥っているのである。これは歴史学以外の分野で「在日」を研究している人にもしばしば見かける。こういう現象を乗り越えるには、韓国社会一般における「在日」への関心が韓国内のその他のマイノリティに対する関心とあまり変らない現状況から脱却することが前提であろう。

以上のような例からも韓国内の研究者は「在日」研究を韓国側で捉え直してできることからやっていくことを心掛けるべきであろう。関東大震災の研究についても、一九二三年九月当時朝鮮の知識人は関東大震災時の悲劇についてどういう反応を見せていたのか、植民地統治の根幹を揺るがすほどのその大惨事に対して朝鮮総督府はどういう措置をとっていたのか、などについてもっと詮索する必要がある。そして韓国の歴史研究者は自国の歴史教科書にこの虐殺事件を含めた「在日」や在外同胞の歴史が記述が載り、あのような民族的マイノリティに対する残虐な出来事は二度と起こさせまいとした、歴史の教訓を大事にする教育現場をつくるように努力すべきであろう。(3)

注

（1）ただし、ここで断っておきたいことは、戦時期の総動員体制のもとで行われた朝鮮人強制連行の政策や動員状況に関する研究は検討対象として含まないことにする。その理由は、朝鮮人強制連行は日本帝国主義の植民地支配の構造を象徴的に表す歴史的事実であり、いまだその本人および遺家族がこうむった被害が解決されていない深刻なことであるが、戦後在日朝鮮人の原型の形成と直接的なつながりはないと考えるからである。

（2）体験談として雑誌に掲載されたものを挙げると次のようである。崔承万「関東大震災の朝鮮人」（『新東亜』第六六号、一九七〇年二月）。趙重泰「関東大震災――韓国人大量虐殺真相」（『新全南』第四二号、一九七一年一二月）。柳致眞「暴動と虐殺の地獄図――私が経験した関東大震災」（『世代』第九巻九号、一九七一年九月）。咸錫憲「私が経験した関東大震災」（『シアルのソリ（씨알의소리）』第二六号、一九七三年九月）。金大商「関東大震災の韓国人虐殺」（『新東亜』第二一八号、一九八二年一〇月）。

（3）本稿の発表当日である二〇〇三年八月三〇日の関東大震災八〇周年記念集会場で筆者はフロアからこの虐殺事件に関して韓国の歴史教科書ではどういう扱い方をしているかという質問を受け、残念ながら現在の韓国の教科書には関連する記述がないと答えたが、フロアにいたもう一人から「韓国の歴史教科書には関東大震災時の虐殺に関する記述があると知っている」と指摘された。しかし、その後再度最近刊（二〇〇二年三月刊行）の韓国の中学校および高等学校の歴史教科書を調べてみても、在日留学生による「二・八独立宣言」や戦時期の強制連行などに関する記述が数行あるだけで、関東大震災時の朝鮮人虐殺についての記述はまったく見つけることができない。

近現代の韓日市民連帯と平和運動考察

李《イ》　修京《スウギョン》
（山口県立大学）

はじめに

関東大震災から八〇年目にあたる二〇〇三年五月三日の土曜日、日本では憲法記念日の休日であったが、トルコでは前日に起きた東部ビンギョル県の大地震により、救助の遅れに対する抗議や救援物資を求めて市役所前に集まった群衆に向かって、軍の戦車部隊が容赦なく発砲を行い、犠牲になった人たちが運ばれる様子が夕方のニュースに流れた。非日常的で不安な社会状況に陥って興奮する市民の動揺を沈静させるべき政府側は、被害者救済と社会復興を優先に考え、社会の安定と秩序に尽力すべきであるにもかかわらず、民衆の騒ぎを暴動扱いし、軍や警察の武装勢力による鎮圧を行っていたのである。その暴力的権力の構造から、八〇年前の関東大震災直後に起こった阿鼻叫喚《あびきょうかん》の状況を想い起させられた。

一九二三年九月一日に起きた関東大震災(1)によって社会が混乱に陥ると、日韓併合で土地や財産を失い、京浜地方に職を求めてやってきていた朝鮮人(2)に対して日本の軍や警官、自警団らは「不逞鮮人の襲撃」や「朝鮮人が暴動を起こし、井戸に毒を入れる」といった流言蜚語で大虐殺を行った。その際、治安維持の名目で社会主義者や労働運動家の弾圧を計った官憲は、労働運動で知られる平澤計七や川合義虎たちを朝鮮人暴動の首謀者として亀戸署で殺害したほか、無政府主義者の大杉栄らを虐殺した甘粕事件などを起こした。それに対して、フランス人作家アンリ・バルビュスらが唱えたクラルテ運動に影響を受けて、日本で『種蒔く人』を発行していた種蒔き社から、平澤殺害などの抗議文を『種蒔き雑記』として発行するなど、多くの知識人がこの弾圧を批判した。

軍国主義の厳しい体制に拍車をかける契機となった関東大震災は、日本社会を修羅場に変え、その隙に軍部は徹底的な権力保持と抵抗勢力の粛清を行うことで、責任逃れを謀ったのであった。首都が壊滅し狂乱状態に陥っていた当時の様子を思い巡らすと、日本の民衆はもとより二重三重の抑圧に苦しみ続けてきた朝鮮人の苦痛の叫びが脳裏を過ぎる。

筆者は本稿では、暗い歴史の傷痕を再確認するとともに、希望を見出すことが容易ではなかった当時の日本社会における状況の中で、強権の弾圧に世界の労働者が連帯することや、知識人とは社会的責務を担って民衆のための実践的活動に努めるべきであると唱えたクラルテ運動に触発され、植民地朝鮮とその支配国の日本という異なった社会状況に見合った種を蒔こうと試みたある普遍的文芸活動と中心人物について論考してみたい。その動きはある意味で一方的な先進文化の流れだという見解もありうるが、ひとつの普遍的思想を媒介にして、あの暗鬱な時代に民衆や社会のために活躍した人びとの平和への模索や社会的責務への努力を再評価することは、今日のような高度通信時代における平和連帯への可能性を示唆する部分を内在しているため、意義あることだと考える。言い換えれば、情報・通信機能の発達によって国家や民族を越えた幅広い文化交流の可能性の在処を問うとともに、そこに平和社会を創造するための一抹の希望を見出してみようという筆者の提案でもある。

1　日本の『種蒔く人』

一九二一年二月に秋田の土崎で『種蒔く人』という小冊子の文芸同人誌が発行された。この雑誌を刊行した中心的人物は、一八九四年に秋田で生まれ、一〇年間のフランス留学を終えて帰国した小牧近江であった。小牧は、在仏の際、一九一四年七月三一日に平和主義者として知られていたジャン・ジョーレスが凶弾に倒れた夜、凱旋門付近で反戦デモ隊の波から聞こえてくるインターナショナルの歌に強烈な印象を受け、平和の意味を深く考えるようになった。のちに小牧は、「ジョーレスの死によって、平和思想を植え付けられていなかったならば、そのあと、私はバルビュスの反戦運動についてゆけなかったでしょう。『種蒔く人』にたどりつくこともできなかったかもしれません」[7]と述べている。そして、第一次世界大戦の最前線で生き地獄を体験して戦争の実態を告発した『砲火』（le Feu）の作家アンリ・バルビュスによる反戦平和のための国際知識人連帯運動への趣旨に共鳴し、小牧は彼らが結成したクラルテ運動を日本でも紹介する傍ら、文学者の実践的活動への試みとして文芸同人誌『種蒔く人』を発行するのである。「偽りと欺瞞に充ちた現代の生活に我慢しきれなくなって、〝何う《ママ》かにしなければならない〟、という気持ちが一つとなって」[8]秋田で産声をあげた『種蒔く人』誌は、資金の制約もあって地方での印刷を考え、小牧の故郷であった土崎で刊行した。一八頁の小冊子ではあったが、第三インターナショナルの紹介など、国際情勢をいち早く伝えたことは評価されている。しかし、資金難により第三号で休刊になり、同年一〇月にその趣旨に賛同する二九人の連名で東京版『種蒔く

人』を発行し、反戦や非軍国主義を訴え、労働問題、人道問題、農民運動、ロシア飢饉の救援活動や大衆文芸活動など、様々な社会活動に努めた。総五六頁には国内や世界の情報を伝える欄を設け、内外の情勢を伝える役割を行い、一方では文学作品の掲載やその批評欄、思想理論の特集なども組んだ。その徹底した活動により、『種蒔く人』は過激社会運動団体として内務省警保局のリストに載り、当局からマークされ、雑誌の発売禁止などもしばしば受けた。しかし、クラルテの主旨でもあった〝思想のインターナショナル〟の実行における共同戦線は小牧の一貫した活動や主張により、当時少なからぬ支持を受けた。だが、関東大震災により、種蒔き社は物質的被害と混沌とした社会状況の中で「帝都震災号外」を出し、二四年一月二〇日には金子洋文の文章によって亀戸署で虐殺された平澤計七らの労働運動家を追悼する『種蒔き雑記』が厳しい社会状況の下で発行された。その勇姿を最後に『種蒔く人』は廃刊し、五ヵ月後は体制を新たにした『文芸戦線』として出発するようになった。

2　種は国境を越えて

今日、韓国で『種蒔く人』が紹介および評価されているのは、金基鎮《キムキジン》という人物との関連が大きい。金基鎮は二一年から二三年まで東京の立教大学に留学した人物であり、当時朝鮮の官僚という特権層の子息として、社会・労働運動に心酔し、大衆教化への知識人の実践的行動を唱えた文学者であり、ジャーナリストであり、評論家であった。そして、のちに朝鮮のプロ文学運動の土台となるKAPF結成の中心的人物であった。KAPFは朝鮮プロ文学運動体として一〇年の歴史があり、当時の社会的影響は大きかった。その経緯で、今日の韓国では文学的側面からの金基鎮研究が多く、彼の初期思想形成に影響を与えたクラルテ運動とバルビュスを知る架け橋役として『種蒔く人』が論じられてきた。その金基鎮とは、一九〇三年に忠清北道清原で生まれ、ソウル培材高等普通学校に入学するが、一九年三月一日の三・一独立万歳運動で不安定な社会情勢と索漠たる学校生活に馴染まず、東京へ留学するようになる。立教大学英文学科予科に在籍する傍ら、アテネフランセ[9]へ通うなど、積極的に外国文学に触れる一方、麻生久とも数回接して社会・労働文学についての教示を受けるのである。そして、当時は労働組合運動が盛んに行われていただけに、『種蒔く人』を入手して興味を抱き、その題目が気に入って朝鮮に戻ったら〝種蒔く人〟になりたいと決心するに至る。金基鎮は『種蒔く人』について、「当時暫く『種蒔く人』同人達を中心としてプロレタリア文学運動の烽火が上がって其の気勢盛んであった故に従来日本文壇の類派や傾向に親しみ且つ模倣して居た朝鮮の文壇はこれに刺激されたこと多かったのも決して歪めないものである」[10]「(略)アンリ・バルビュスの『クラルテ』を読んで、またロマン・ロランとバルビュスの長く続いた論争を読んで、日本の社会主義者の麻生久と時には接触しながら彼の薦めも聞いて(中略)あれこれ思想の変化を起こしていた。その時、日本には『種蒔く人』という雑誌があった。小さい総合雑誌であった。私はこの雑誌の名前がとても気に入っていた。それで私も〝種蒔く人の一人〟になりたかった」[11]と述べている。このように、日本留学を通して『種蒔く人』を知り、クラルテやバルビュスに共鳴した金基鎮は、一九二三年五月に三年間の日本留学を終えて帰国後、日本で学んだ社会主義思想に基づく演劇活動や随筆、評論の発表など、積極的な文芸活動に努めた。金は小牧同様、特定の政党に属さない文学者としての姿勢を固守して、文化芸術を手段として大衆文学・啓蒙運動に尽力する傍ら、バルビュスのクラルテ運動やその趣旨、知識人の社会的役割として実践的行動などを訴えた。すなわち、巨大な植民地統治勢力に抑圧されている大衆の自覚、生活の向上、大衆の教化こそ民を鍛え、民族解放への近道となると考えたのであり、特権層であった既存の知識人たちに対して大衆指導に率先してあたるよう要求した。その活動こそ、金基鎮が『種蒔く人』やバルビュスのクラルテ運動から受けた影響の実践であり、文学という手段で知識人層と大衆とを接近させる媒介となったといえる。金基鎮の文芸活動の背景には民族解放への目的もあったが、それまでの朝鮮文壇にはなかった大衆芸術論や知識人の役割の主張は当時の朝鮮に少なからぬ影響を与えた。フランスで生まれたクラルテ思想は、反戦思想や軍国主義による民衆が犠牲になるのを阻止し、差別や弾圧への抵抗、真実の追求という普遍的課題を掲げて、知識人の社会的役割を明確にし、植民地政策を行う日本、それに支配された朝鮮といった異なる状況にもかかわらず、社会の矛盾を立て直そうとする良心的人びとによって暗黒時代の共通の活動内容として拡大して行ったのである。そして、大衆の自覚を促す光は、日本の在日朝鮮人にも影響を与えた。その一人として、金熙明《キムヒミョン》という在日作家をあげることができる。金基鎮と同世代の一人で、留学後もそのまま日本に残って文芸活動を行った金熙明も、バルビュスのクラルテに共鳴し、差別され、苦しむ朝鮮人の実態を伝え、民衆の平和的連帯を訴えた人物である。金熙明は韓国の忠南論山邑で生まれ、一九二一年に朝鮮の『新民公論』五月号で「暗涙一滴」を発表し、翌年には日本で『亜細亜公論』一〇月号に日本語で「詩調」を発表している。(12) 両国での発表時期を考えると、一九二一年末から一九二二年春あたりにかけて日本に渡ったと推定できる。一九二八年までは『大東公論』『文藝戦線』『野獣群』『進め』『文藝市場』『前衛』などの雑誌で朝鮮人や在日朝鮮人の凄惨な生活を訴えた様々なジャンルの作品を発表した。一九二六年七月発行の『野獣群』第一巻第一号では戯曲の「光を求むる人々」を、一九二七年七月にはバルビュスの『砲火』に描写されている塹壕部隊と太陽を意識した「笞の下を行く」を脱稿して同年九月号の『文藝戦線』で発表している。翌年の二月の『前衛』では、バルビュスの『クラルテ』を翻訳した絵物語を短文で発表しているが、戦争の実態をわかりやすく、しかしバルビュスの力強さを内在した表現となっており、詩人・金熙明の力量がうかがえる作品になっている。だが、一九二八年以降は、東京府の社会事業協会に勤め、福利関係の雑誌で日韓の福祉問題の現状を述べるなど、社会福祉に関する作品活動を行った。戦後は主に日本と関わった韓国の歴史小説を執筆している。前述した金基鎮とは若干時期がずれるものの、バルビュスの明確な社会的思想に共鳴し、反戦の意義や民衆の自覚への促し、民族の悲哀を伝えようと主力した金熙明は、差別や弾圧がない民主社会のクラルテを追い求めた人物だったといえる。最初は朝鮮人の実態や様々な差別行為を内容にした作品を発表したが、のちに、金基鎮のように朝鮮内の思想活動家と直接交流を持つより、真実の光を日本における福利問題の中で探そうと模索するのである。日本での光探しの道を選択した金熙明は、その後、わだかまり状態であった戦後の日韓関係の改善のために交流事業を進めるなど、在日という運命とともに、日韓交流の架け橋役を担って活動した。

おわりに

以上、本稿では、関東大震災の直後に官憲による朝鮮人弾圧事件の背景や、メディア等による情報の重要性について論じた。また、真実を追求する人びとの連帯や相互の価値観を認め合う文化交流を通して平和構築への可能性を試みるため、一九二一年に日本に紹介されたクラルテ運動と日韓の関連人物を一例として考察してみた。そして、バルビュスが唱えた反戦・反軍国・反特権思想と知識人の社会的役割に共鳴し、状況を異にする日本や朝鮮でその土壌に見合った思想としての展開を考察し、時代が異なる現代の社会状況下で生じる戦争や権力構造と、それらの抑圧に対して声を上げる地球規模の民衆意識の昂揚とそのイニシアティブの必要性、すなわち、社会的責務へと導かせる思想の普遍性を考えてみた。そして、国、民族を越える思想の普遍性と意識を有する人びとの連帯活動から、少数の利益のために多数の犠牲を払うことに歯止めをかけて、生活環境や人間の自由を尊守する未来の地球社会の平和存続を見出すことを想定するのも意義あることだと考えている。

八〇年前のあの修羅場のような悲しい近代史の傷痕を経て、時代は地球全体の情報が一元化できる二一世紀へと変わり、上辺だけの〝国際化時代〟が商品化され、そのための美辞麗句がマスコミの宣伝文句として飛び交うこのごろである。現実は国家の利害や民衆の解放を口実とする大国の武力的な野望が絡み合う侵略戦争や自爆テロ、治療法も定かでない伝染病、長引く経済不況などによって決して安全で平和な時代でもない。しかし、このような時代だからこそ、一人ひとりが意識を高めて、少数の超大国や巨大企業、強権に対する国際批判勢力を結集し、市民によるインターナショナルを実行し、明日の平和的地球を保持する能動的で積極的な市民活動を行うことこそ、不幸な歴史を繰り返さない人類の叡智、知恵であり、過去の清算や未来へのクラルテへと導く指標となるだろう。

注

（1）午前一一時五八分の昼食時に起きたマグニチュード七・九の大地震は、東京市や横浜市はもとより、東京府、神奈川、千葉、埼玉、茨城、山梨、静岡の各県をも襲い、全壊焼失は約四六万五〇〇〇戸、死傷者が十数万人という未曾有の惨事となった。

（2）植民地初期に総督府が行った土地調査事業により、総督府は財政の基礎を確立し国有地を創出する一方、事実上の農民の土地所有を否定し、土地を収奪された農民は小作人に転落し、地主の土地所有が再編・強化され、日本人地主の進出が容易となった。村上勝彦「土地調査事業」『朝鮮を知る事典』平凡社、一九八六年、三二五頁参照。また、震災当時の内務大臣であった水野錬太郎は、米騒動後の日本国内の食糧問題解決のための、朝鮮農民に対する土地収奪政策であった朝鮮の産米増殖計画推進の中心人物であった。「水野らが推進した産米増殖計画の結果、土地を奪われた多数の朝鮮農民は、生計の道と労働の機会をもとめて日本に渡航し、その多くは大都市周辺の土木工事の飯場などで集団的に、奴隷的あるいは囚人的というにふさわしい過酷な労働に従事させられていた」（大江志乃夫『戒厳令』岩波書店、一九七二年、一二七頁）。そのため、朝鮮人労働者らの反発をおそれた水野らは民衆の敵に朝鮮人労働者を犠牲に選択したと考えられる。一方、震災当時警視総監であった赤池濃は、内務部長から急遽総督府の警務局長に起用され、水野錬太郎を補佐し、朝鮮総督府下で警察改革を行った人であった。赤池の結婚式で水野夫妻が媒酌人を務めるほど、水野に寵愛されていただけに、朝鮮で共に植民地政策を行ってきた水野との波長があったのはむしろ当然だったといえる。このように朝鮮における三・一独立万歳運動の余波の中でその収拾と官制改革に携わった治安コンビに、内務省警保局長の後藤文夫や「特高の親玉」と呼ばれた警視庁警務部長の正力松太郎などが加わって、朝鮮人狩りの画策が行われたのである。ちなみに、渡日朝鮮人数は、一九二二年一二月一六日より渡航証明書が不要となるため、正確な人数把握はできないが、一九二〇年に三万一一二名、一九二一年に五万二一九七名に増加した趨勢であり、当時の関東周辺でもかなり多くの人数が在住していたと推測できる。李修京『近代韓国の知識人と国際平和運動』明石書店、二〇〇三年、一〇四頁参照。

（3）平澤計七の虐殺理由については、大和田茂の『平澤計七作品集』（藤田富士男と共編、論創社、二〇〇三年、六九三頁）で詳しい分析が行われている。

（4）Henri Barbusse（一八七三〜一九三五）。フランス人の父・アドリアン・バルビュスとイギリス人の母・アニー・ベンソンの息子として、パリ郊外のアニエールで生まれる。パリのロラン高校とソルボンヌ大学出身。内務省の官房係長などに務める傍ら、初めての詩集『嘆きの女たち（*les Pleureuses*）』を出版。一九〇二年には文芸活動に集中するため官吏職を辞職。その後、『哀願者たち（*les Suppliants*）』や『地獄（*l'Enfer*）』などを発表し、作家として注目を浴びるようになる。しかし、一九一四年に勃発した第一次世界大戦に志願兵として参戦し、体験した戦争の実態を書いた『砲火（*le Feu*）』、『クラルテ（*Clarte*）』で作家の社会的役割や「思想のインターナショナル」を自覚するようになる。そして、「人間の解放」を目的とし、知識人の社会的責務と実践的活動を促す国際知識人連帯運動のクラルテ運動を結成するなど、バルビュスは生涯を通して反戦・平和運動に徹した。一九三五年八月にモスクワで客死し、同年九月七日にフランスの墓地・Père Lachaise で葬儀が行われた際、五〇万人にのぼる市民が彼を見送った。李修京『近代韓国の知識人と国際平和運動』明石書店、二〇〇三年、六四～八五頁参照。

(5) バルビュスの平和に徹する実践的活動に影響を受けて、混迷する一九二〇年代の日本でも小牧近江や青野季吉、小林多喜二、住谷悦治、石堂清倫などがバルビュスの意に共感し、反戦、大衆の啓蒙、文化運動による民衆の教化に努めた。その動きは進歩的知識人運動という見方によって必ずしも社会全般に受け入れられたわけではないが、一部に根強く支持された。

(6) 李修京、前掲『近代韓国の知識人と国際平和運動』一〇〇頁。

(7) 小牧近江『ある現代史』法政大学出版局、一九六五年、三二一～三二三頁。

(8) 土崎版『種蒔く人』は帰国後に外務省情報部に職をえていた小牧の給料でまかなった。

(9) 当時のアテネフランセは、小牧近江も通ったが、坂口安吾や中原中也なども出入りするなど、いわゆるインテリ層の自由な集まり場となっていた。

(10) 金基鎮「朝鮮におけるプロレタリア芸術運動の過去と現在」『思想月報』第一〇号、京城高等法院検査局、一九三二年一月、九八～九九頁。

(11) 金基鎮「新傾向派の台頭」『金八峰文学全集Ⅱ――回顧と記録』ソウル、文学と知性社、一九八八年、九九頁、再引用。

(12) 朴庚守「日帝強占期の在日韓国人の日語詩に現れた民族的正体性」『ウリマルグル』第二一集、ウリマルグル学会、二〇〇一年八月号、二三六頁。なお、韓国プロサッカーチームの三星（Blue wings）の李昌樺氏から本論文の提供を、釜山外大の朴庚守教授から内容確認をいただいた。謝辞を記しておく。

中国側から見た関東大震災時の虐殺事件——王希天《ワンシィティエン》事件に対する一考察

楊彪《ヤンピャオ》
（華東師範大学、中国・上海市）

関東大震災は、日本近代歴史上における重大な事件として、日本ではこれに関する数多くの研究や記念活動が行われている。しかし、中国には関東大震災を記念する建築物が二つしかない(1)。ひとつは、福建省温州市華蓋山にある「吉林義士王希天君暨温州旅日蒙難華工紀念碑」である。当記念碑は、一九二三年の関東大震災時、日本人に殺された中国人と王希天義士を追悼するために建てられたが、一九四四年戦争時日本人軍隊により破壊され、一九九三年九月三日に修復し、新たに建てたものである。もうひとつは、吉林省長春市烈士霊園にある「王希天烈士墓園」である。ここは一九九六年九月より正式に対外に開放されたが、ちょうど王希天誕生一〇〇周年であった。関東大震災にかかわるこの二つの記念物は両方とも王希天とかかわりがあった。

1　王希天事件

関東大震災後、在日中国人労働者は地震よりもさらに恐ろしい虐殺に直面した。外国人に対して排他的で、不満を持っていた一部の人たちは、まずは朝鮮人が放火したと中傷して、数千人の在日朝鮮人を虐殺し、その後、中国人労働者にも虐殺の刃を向けた。九月三日、軍人、警察、青年団などは、現在の東京都江東区大島周辺で中国人労働者に対して集団虐殺を行った。罪のない労働者たちは地震の災難で亡くなったのではなく、暴徒の虐殺により殺され、その被害者は数百人に達した。

震災の発生後、当時、「在日華僑労働者共済会」（僑日共済会）の会長であった中国人王希天は、中国人労働者の状況を把握するため、大島町を訪れたが、野重第三旅団七連隊に捕えられ、憲兵司令部に送還された。その後九月一〇日に、亀戸警察署に移された。野重第三旅団の一部の軍人らは密謀して九月一二日、朝三時に、王希天を逆井橋付近に連れ出して、残忍に殺害し、遺体の顔、手、足をばらした。当時王希天は二七歳だった。この暴行は社会の注目を浴び、歴史上「王希天事件」と称されている。

王希天が殺害されたことが中国国内に伝わった後、社会の各階級、団体より相次いで抗議があった。張学良将軍も駐奉天（現在の瀋陽《シェンヤン》）日本領事に王希天のゆくえを調べるよう申し出た。当時中国政府は調査団を日本に派遣したが、日本当局は調査を妨害し、真相を隠すことに全力をあげた。結局、調査団は何の成果もなしに帰るしかなかった。一九二三年一一月七日、日本の内閣総理大臣山本権兵衛、陸軍大臣田中義一、内務大臣後藤新平、外務大臣伊集院彦吉、司法大臣平沼騏一郎らで五閣僚会議を行い、会議では真相を覆い隠し、厳格に秘密を守ることと決めた。また、『読売新聞』等のマスコミに対して王希天事件の報道について圧力をかけた。関東大震災の惨劇が起こって八〇年が経っている今日、今井清一氏、田原洋氏、宮武剛氏の書籍と久保野日記等の資料と発表により、今まで隠された王希天事件の真相はますます明らかにされた。とくに、仁木ふみ子氏はこの方面における刻苦な調査研究を行い、直接中国の被害者および家族を訪れ、実地調査をした。彼女の本は歴史の真相を復元し、中国の学術界にも影響を与えた。

2　王希天の生涯

王希天、本名王熙敬《ワンシチン》、一八九六年九月一一日に吉林省長春市で生まれた。父親は皮革手工業を経営し、商工業、農業を兼ねており、王家は当時としては裕福な名門であった。王希天の婚約は両親により決められ、妻は王希天より四歳年上で、字が読めない人であった。彼にとってこの婚姻は理想的ではなかったが、彼は何の異議も示さなかった。結婚後子どもが三人生まれた。末の子は一九二一年に生まれ、王希天が亡くなった時には二歳だった。王希天は、中国の「五・四」革命期の「新時代派」らと同じく、結婚の自由を唱えていたが、本人は旧慣に従い、親が取り決めた結婚を受けとめていた。しかし、弟の結婚自主権を求め、弟の婚約を取り決めるのをやめるように両親を説得したという。王希天は、理想と現実の間において救済方法をよく探究する人だった。理想から出発して旧式の結婚方式に反対したが、理想的ではないにしろ現有の結婚生活を簡単に終わらせることも主張しなかった。新思想を追求し、旧式の結婚を維持することは、王希天と同時代の多くの人びとが有している二重の性格と行動だろうと考えられる。

王希天は一八歳の時に、祖国に参考になる日本文化を研究する抱負をもって日本に留学した。一九一六年春、彼は東京で洗礼を受けて敬虔なキリスト教徒になった。一九一七年九月、王希天は東京第一高等学校に入学し、同年に日本に留学している周恩来と親友になった。周恩来は中国で三〇年

近く首相に就任しており、中国の現代史と中日関係史に対して影響力があり、とくに若い時の日本での経験は、周の世界観に非常に重要な影響を与えたといえる。一九一八年二月一一日、中国の旧正月に、周恩来は「留日忠告」を書いた。その内容は、①考えるなら、現在よりさらに新思想を考えるべきであり、②やるなら、現在の最新のことをやるべきであり、③学ぶなら、現在と一番近い学問を学ぶべきである。すなわち、思想の自由、仕事の着実性、学問の真実性を唱えていた。周恩来と王希天は日本で親友になり、周恩来の在日中の日記の記載によると、二人は親密に交流し、王希天は周恩来に何度も経済的に援助し、なお二人は、留学生の気風を改善することに関して、共に関心を持っており、常に意見交換をし、話し合ったという。周恩来と同じく、王希天も常に留学生のあいだに存在する弊害に注目し、留学生らに常に自己反省をして、目標を明確にして勇気を出して開拓・進取の志で、かつ一生懸命勉強し、きまじめに仕事をし、人生に汚点がないようにするべきだと提唱した。

当時の歴史的背景をみると、一九一七〜一八年ロシア革命の混乱の際、日本政府は中国の段祺瑞政府と秘密会談を行い、中日「共同防敵軍事協定」を結び、中国にも軍隊を駐在させ、さらにロシアのシベリアの広い領土を占領しようとした。中国の主権を侵害したこの密約は、まず在日中国留学生の抵抗をもたらした。これは、歴史上「拒約運動」と呼ばれている。その時、王希天は、在日中国人留学生に学業を放棄して拒約運動に参加するよう呼びかけた。王希天自身も帰国して「拒約」を宣伝し、学生たちに国を救う活動に奮起して参加するように呼びかけ、北京の学会の積極的な反響を得た。そこで、留日学生救国団と北京大学などの学校の二〇〇〇名余りの学生たちは新華門に集まり、大総統府に請願し、中日軍事密約廃止の公布を求めるデモを行った。拒約運動は結局成功してはいないが、その後中国で起こった「五・四学生運動」の火種となったのである。

その後一九一八年秋、王希天は日本にもどり、一九二一年夏には、学校を完全に離れ、クリスチャンと中国人労働者のための社会奉仕活動に従事した。一九二一年の夏、王希天は東京「中華留日美以会」の幹事を担当し、在日中国人キリスト教青年会の幹事も兼ねていた。王希天は宗教生活と社会生活は矛盾しないと考えていた。近代青年として奮起する精神とキリスト教徒としての理性の自律は王希天を通して体現された。日本のキリスト教の牧師である賀川豊彦は王希天が一番尊敬している人物であった。王希天はいつも賀川牧師の『死線を越えて』という本を持ち歩いていた。貧しい人びとに対する賀川牧師の博愛精神は、王希天に大きな影響を与えた。

　当時中国人労働者の大半は一九一四年から一九一八年までの第一次世界大戦時に来日した人たちである。その時、日本は参戦国として軍事補充工場で労働力を必要としていた。また中国浙江省の温州《ウォンシュウ》、青田《チンチエン》、瓯海《オウハイ》、瑞安《ルイアン》一帯の山地の地域では、山が高く、耕地が少ないため、農民たちは十分な衣食が得られない状態だった。そこで、温州などの地域は、日本と比較的近くて、海上往復がかなり便利であるため、農民たちは海を渡って、日本で生計の道をはかるようになった。何年間にもわたり、六、七千人にのぼる人びとの足跡は日本の各都市に及んでいた。おもに、長崎、門司、神戸、大阪、名古屋、東京、北海道等の地域に多かった。多くの人は、石炭運びあるいは鉄鋼工場、硝子工場、金メッキ工場、鉛筆工場、レンガ製造工場、紡績工場、木材加工工場で働いた。労働者らは、毎日十余時間勤勉に働いたが、日本人に軽蔑され、また一部の労働者は賭博・酒・喧嘩等の不良な習慣に染められてしまった。

　一九二二年王希天は、多方面にわたる活動を通じて、中国人労働者団体を設立した。九月二一日には、東京大島町で「僑日共済会」の成立大会が開かれ、王希天は委員長に推薦された。一一月二三日、共済会の定款を会長制に修正し、王希天は会長になった。共済会は、会員の利益を増進し、相互扶助を目的とし、「救難解困」を旨としていた。王希天は、また名古屋、大阪、京都、横浜等の地域に支部を設立した。そこで、会員は五千人まで増えた。共済会は医療部と薬局を設立し、巡回医療を行った。また教育部を設立して、中国人労働者に日本語と日本文化を教えた。こうして、共済会は中国人労働者らに礼儀・道徳・知識を伝え、悪い習慣をなくすように教育した。

王希天は、中国近代史において、独特の地位を占めている。王希天は社会主義に憧れたが、キリスト教世界の救世主義からは離れられなかった。彼は、マルクス主義者でもないし民主主義者でもなかった。ただ、敬虔なキリスト教徒であり、宗教を職業としている人物であった。本名は熙敬だったが、キリスト教徒になったのち「希天」と名を変えた。「希天」は神様に帰依するという意味である。王希天の「天」は宗教上、天を信仰するという意味である。天を知ったからこそ天に希望を持ち、天に希望を持ったからこそ天とひとつになる。名前を変えたことは献身精神が確立されたことを意味している。王希天が信仰しているキリスト教の教義は世界主義であり、彼は人種、民族、国境を超えた救世博愛思想を信仰していた。いっぽう王希天はまた中国人でもあるため、国家を救うのを望み、社会変革、学生運動にも熱心であり、中国人労働者を救うなどの救国救人活動で活躍した。これらの活動は、彼の救世・博愛・理想の延長と実践であった。救世・救国・救人は、王希天によって、高度の調和と統一が実現されたのである。

中国近代の歴史を総合的に観察すると、宗教の思想の影響で救世者になった傑出した人物が多かった。たとえば、孫文（孫中山）はキリスト教を信仰し、瞿秋白《チーチュウバイ》は仏教学を信仰していた。これらの現象は、歴史の錯綜・複雑性を反映し、思想の多彩多様性を表している。この時代の中国の多くの傑出した人物はほぼ海外に行って、さまざまな模索を行った。このような現象は、簡単な思想分野および政治分類をもっては説明することができないと考えられる。王希天の思想境地は、当時の中国知識人を認識し、中国社会思想の流れと変遷、および近代における東・西文化交流と中日文化の溶合を認識するのには、非常に有益である。

3　大虐殺に対する私見

日本の関東大震災での外国人虐殺事件はその一五年後のドイツの「水晶の夜事件」を連想させる。一九三八年一一月七日、ドイツの外交官がパリの郊外でユダヤ民族の大学生に銃で殺された。偶然起きたこの事件は、ユダヤ民族を迫害しようと、長い間たくらんでいた人たちに口実を与えた。一九三八年一一月九日の夜、人びとは銃と棒を持って、町中で狂ったようにユダヤ民族を襲った。彼らはユダヤ民族の住宅や店舗を破壊した。いたるところにガラスの破片が散り、打ち倒れる音が聞こえた。ガラスの破片は星のようであった。その夜、数千人のユダヤ民族が被害に会い、数十人が死亡・重傷、約千軒の店舗は残らず略奪された。そして、数万人のユダヤ民族は監獄に連行された。これが有名な「水晶の夜事件」である。この事件は、ユダヤ民族殺害を意味する専門用語となり、歴史的な記録として残っているのである。しかし、この日に起こった悲惨な事件はただ悲劇の始まりにすぎなかった。その後、ヒトラーのユダヤ民族撲滅政策の実施によって、この前後に数百万人のヨーロッパのユダヤ民族が殺害された。

こうした悲劇が起こった原因を深く考えるべきである。実際、虐殺に参加したドイツ人はその全部が邪悪な犯罪者とは限らない。彼らは変人でもないし、虐待狂いでもないのである。彼らはごく普通の一般大衆であり、家庭ではいい旦那さん、優しいお父さんである。関東大震災で外国人虐殺に参加した日本人もたぶん同じだろう。しかし、普段は笑顔で礼儀正しい普通の人たちが突然別人となり、冷酷で思いやりがないばかりか、人間性もなく、人の命を壊滅させる罪を犯すことは考えられないことだろう。これは、理性と道徳行為が一致せず、相反する時、人間性がしばしば失われた場合だと考えられる。

虐殺事件については、長い間のユダヤ民族への大虐殺の歴史は、ドイツとユダヤ民族の間の特殊な問題として「特別視」されているように思われる。同じように、日本による韓国人・中国人に対する虐殺事件もまた関東大震災時の特殊な問題とされているように思う。しかしこれでは、大虐殺問題が普遍的な意味を持っている現代人類の問題になりうる可能性を妨げるかもしれない。さらに、大虐殺を特殊なことがらとして考えることは大虐殺の常規性と普遍性を覆い隠すことにもなる。実際、大虐殺は普遍性を持っている。大虐殺の対象者は、関東大震災の時には朝鮮人・中国人、ナチス統治下ではユダヤ民族であり、そして、クメールルージュの時代のカンボジア人、ボスニア・ヘルツェゴビナ地区のイスラム民族、およびアフリカの諸地域の人たちになったのである。すなわち、いかなる集団であれ、いかなる民族であれ、みんな大虐殺の対象になる可能性はある。仮に、大虐殺現象を狭い民族的範囲から広い現代社会の範囲においてみると、我われは大虐殺の要因が現代人類の社会生活に含まれていることを発見できる。すなわち、道徳無力、正義欠乏と良知の忘却である。それゆえ、関東大震災での外国人虐殺事件を特殊化してはならないし、むしろその奥にある深い原因を探求するべきだと思う。大虐殺の意義は、後世の人に教訓を与えることである。ユダヤ民族を絶滅の危機に追い込んだ社会的条件は、現在の世界においても消えていない。また関東大震災での外国人虐殺事件と同じ要因も、依然として存在しているのである。これらの要因は人びとの日常生活に潜んでいるのである。ナチスを打ち砕いたのは邪悪に反撃して得た勝利だというよりも、大虐殺をもたらした悪点としての社会的要因が存在する限り、それはまだ決着できない問題だといったほうがよいのかもしれない。

こうした意味で、「王希天事件」もまだ幕を閉じていない歴史劇だといえる。また、あなたも私も、依然としてこの歴史の舞台に立っているのである。これについて、以前から考えてきた問題がある。また皆さんにも考えていただきたいのは、もし関東大震災が起こらなかった場合、外国人大虐殺事件は起きたのであろうかという問題である。アジア大陸に対する観念上、近代初期から、日本社会にはずっと「脱亜論」の潜在意識が存在した。すなわち、アジア文明を離脱して欧州文明を追求しようとする考えであった。「脱亜入欧」の意識は、日本の思想界を欧州文化とアジア文化との間で揺り動かしてきた。しかし、実際には日本は、西欧文明に完全に融合するのも不可能だし、アジアとの伝統的関係を完全に打ち切ることもできなかったのである。さらに重要なのは、「脱亜論」の思想は、日本の島国の思考とアジア大陸の対立意識をもたらしたのである。そして、日本のアジア周辺国に対する軽視と敵視感情をもたらした。こうした潜在意識は、日本が過去においてアジアの国家と人民に対する敵対的戦争思想を誘発した要因のひとつである。おそらく、これも関東大震災での大虐殺事件が起こった重要なる原因でもあろう。

日本の将来については、中国人やその他のアジア人が心配するところなのである。日本は現在、「少子高齢化」の問題と経済停滞の問題に直面し、出生率が低く、人口も減って、景気が後退している。そして、外国人を吸収することにより日本の経済規模と生活を維持する必要性が生じている。日本に入った外国人の多くは、韓国・中国などのアジアの移民である。少子高齢化の持続と外来人口の増加によって、外来移民は日本の「単一民族国家」の構造を変えると同時に、日本の社会にさらに貢献していくと考えられる。こうした傾向の下でも、今後の日本社会にまた新たな排斥・敵外思潮という現象が起こるだろうか。

歴史的に見ると、欧州の国は欧州統合の思想的な影響で、自民族の歴史を欧州歴史の一部だと見ている。しかし、アジアの一部の国、とくに中国と日本は、アジアの歴史を自分の民族の歴史の一部だと見る傾向がある。たとえば、中国は古代アジアの歴史に関して大国中心主義観念をとっており、「天朝」対「庶民」式で周りの国を見下ろしている。これは、中国が現在の日本を正しく見る目を妨げている。また、日本も近現代史に対する観念において自国中心主義の傾向があり、日本文化中心主義的な見方の確立が強調されつつある。東アジア民族の全地域の大きな歴史の角度からではなく、自民族の角度から歴史を見る観念は、偏った認識と錯覚の行動をもたらしやすいのである。そうしたなかで、私は、東アジア各国が新たな歴史教育の創造と新たな歴史観を樹立する必要があると思う。

歴史の問題において、我われが議論しているのは過去であるが、実は本当に心配しているのは未来なのである。そこで、今後の歴史教育において、私たちの批判は「一時一事」に対するのみでなく、より重要なのは、未来に向けての解決の道を探すことにある。過去の歴史がアジアの未来を引き割いてはならない。歴史教育は、お互いの民族に対する恨みを越えて、全東アジアの未来と平和および発展のためなど、高い角度からみるべきである。東アジアの各国は共同の歴史記憶と歴史認識を構築する必要がある。もし、将来アジア各国も、欧州連合のように一体化を実現して共同のさらなる発展を遂げる場合に、共同の歴史に対する認識は最も重要な思想の基礎になると思う。

二〇世紀はもはや過ぎ去り、関東大震災と「王希天事件」からも八〇年経っている。日本にしても、中国にしても、いずれの段階の歴史に対しても決着をつけるべきである。前世紀の歴史の影が今世紀の晴れを覆うようにしてはならない。実際、この八〇年間、両国民間の対立は継続しているし、両国間には古い傷と新しい傷の波が起っている。歴史の問題はずっと中日関係で解決できない課題であった。もし、新世紀において、未来に対する共通の観点がなければ、それは歴史の悲劇が現実に続いているのだといえよう。今日、異なる国の人たちが関東大震災における外国人虐殺事件に関して素直に交流と議論を行うのも、未来に向けて、お互いの壁を解消するひとつの方法だと思う。

日本の民間の人びとが、歴史の真相に対してこのようにまじめに研究し記念することに私は感心している。ひとつの民族が歴史に直面することができるということはその民族の力と寛容な態度を反映していると思う。

（原訳者＝陳景善氏／意訳・文責＝編集委員会）

参考文献

『王希天記念文集』長春出版社、一九九六年
「塵封[2]半世紀的〝五・四〟先駆者王希天」『中共党史研究』（雑誌）一九九九年四期
『周恩来旅日日記（手跡）』線装書局、一九九七年
『五・四運動回想録』中国社会科学院出版社、一九九七年

注

（1）固有名詞であるため、中国原語の通り。
（2）封鎖の意味。

シンポジウム① 質疑・討論・まとめ

山口公一
（一橋大学大学院）

シンポジウム①「世界から見た関東大震災史」は、田中正敬・山口公一の司会で、金廣烈《ギムグァンヨル》氏（韓国ソウル・光云大学校）、李修京《イスゥギョン》氏（山口県立大学）、楊彪《ヤンピャオ》氏（中国上海・華東師範大学）の三氏をパネラーに迎えて行われた。

1　三報告の概要

金廣烈氏は、韓国における在日朝鮮人史研究の動向と関東大震災研究の現況について整理した。韓国では在日朝鮮人史研究、震災研究ともに進展しているとは言いがたい状況にあるが、それは韓国における政治状況、あるいは在日朝鮮人社会と韓国・日本とのかかわりなど様々な政治的状況にその原因があるのではないかと指摘した。李修京氏は、震災関連の資料を見るにつけ暗澹たる気分になるが、そのなかでどのような形で希望を見出していくかという問題関心の下、フランスの平和運動が日本で雑誌『種蒔く人』として紹介され、それがさらに植民地朝鮮にもたらされていくなかで、平和・反戦の思想が広がっていく過程を論じた。楊彪氏は、震災下の中国人虐殺という問題が、震災下といった特殊な状況で起こった事件でありつつも、人権侵害という世界的に普遍的な問題であるということから思考を出発させるべきだと論じた。

三報告の終了後、質疑・討論が行われた。

2　ケアリー・スミス氏のコメント

まず、ケアリー・スミス氏（米国・ブラウン大学）が、アメリカでの関東大震災史研究の状況を紹介した。スミス氏は、アメリカの学界における関東大震災史研究の現況を二つの潮流に分けて説明した。第一の潮流は、文化史や社会史などの視点から日本史・アジア史における関東大震災の意味を問うものであり、震災後の後藤新平による東京の都市計画の研究などがその例として挙げられた。第二の潮流は、記憶と歴史のかかわりから関東大震災史にアプローチするもので、この視角によって震災時の朝鮮人虐殺事件や子どもの作文の研究などが進んでいるとした。スミス氏は、いずれにしても後世の子どもたちに、どのように関東大震災をめぐる様々な歴史を伝えるのかという問題視角が大切であると強調した。

スミス氏の発言に続いて、事前にフロアから集められた質問に対して、各パネラーが答える形でシンポジウムは進行した。

3　金廣烈報告に対して

金廣烈報告に対しては三つの質問がなされた。第一の質問は、韓国でも関東大震災の中身についてきちんと教えるべきではないかとコメントした上で、なぜいま、震災の問題が韓国社会で関心を呼ばないのか、きちんと教科書に扱われないのかというものであった。これに対し、金廣烈氏は、まず研究が手広くきちんとなされた結果、多くの人たちに認知されるという段階が必要であって、それから歴史教科書や歴史教育に反映される手順をとるために、韓国においてもいっそうの研究の進展が望まれると答えた。そして、こういった状況にあるのは韓国政府も研究者も関心があまりなかったということや、日本に所在している史料蒐集上の問題、在日朝鮮人の歴史に対する無理解が大きな要因となっているとした。とくに、在日朝鮮人運動史について、いわば「敵陣」での運動であるので、民族独立運動史における上海、中国東北部、アメリカといった海外での運動史とならんで重んじて研究に取り組む必要があったが、反日感情的な先入観もあって、あまり重要視されなかった状況があった。しかし、こういった課題を念頭におきつつ、研究により一層取り組んでいく必要があると金廣烈氏は強調した。第二の質問は、昔「半島人」と呼ぶように教育された記憶があるが、その時期と理由についての質問があった。これに対しては、金廣烈氏と山田昭次氏から戦前広く「鮮人」と呼ばれていたが、戦時期（日中戦争以降）には朝鮮人の民族意識を刺激するということで、「鮮人」という呼び方を改め、「内地人」に対応させて、「半島人」と呼ぶことが多くなったと説明がなされた。最後に、朝鮮民主主義人民共和国と日本の関係を踏まえて、現在の在日朝鮮人の立場からの「往来自由」の根拠はなにかという質問があった。金廣烈氏は、一般の在日朝鮮人の立場から考えて、国交のない現在の状況は決して「往来自由」ではないと答えた。

4　李修京報告に対して

李修京報告に対しては四つの質問が寄せられた。第一の質問は、関東大震災当時、朴烈《パギョル》と金子文子のことを当時の朝鮮ではどう伝えられていたのかというものであった。李修京氏は、朴烈と金子文子はのちに天皇暗殺未遂事件で検束されるが、植民地である朝鮮においては自由な言論が認められておらず、社会主義者として有名であった朴烈らの活動を伝えることで、世論を刺激して民族意識が高揚することは許されないことであったと答えた。また、朴烈と金子文子の関係については朝鮮においてはあまり公になっていなかったと思うと述べた。さらに李修京氏は、雑誌『種蒔く人』の中心メンバーであった小牧近江《こまきおうみ》がフランスから帰ってきて初めて公の場で講演したが、そのコーディネートをしたのが朴烈であり、小牧がフランス帰りで日本語がたどたどしかった際、フロアから「おい朝鮮人、しっかりしろ！」と野次ったのが、朴烈であったというエピソードを挙げて、小牧との交流があったことを紹介した。第二の質問は阪神大震災の際、インターネットにおける掲示板が大きな役割を果たしたが、在日外国人に対する心ない言葉も散見され、今後流言などの発信源になるのではないかというものであった。李修京氏は、阪神・淡路大震災当時、地震発生後昼過ぎにＮＨＫによる報道が正常化するまで、ほとんど情報が伝えられなかった経験から、情報の大切さを痛感したという。また、情報は国際的に伝えられ、水や医療品などの援助の申し出が諸外国からあったことなど、その有益性も充分あることを認識すべきである。また、泥棒などがまったくなかったわけではないものの、関東大震災の悲劇を再び起こしてはならないという気持ちがこの時はたらいていたように思えるとも答えた。虐殺がもはや現在起こりえないことが示されたことは関東大震災の忌まわしい記憶が少しでも後世に伝えられていた結果ではなかろうかと述べた。第三の質問は最近の「北朝鮮」報道をめぐる問題についての所見を求めるものであった。李修京氏は、日本のマスメディアによる「北朝鮮」美女軍団報道を例に挙げて、拉致問題に対する日本人の心情はよく理解できるが、すべての面で批判・攻撃を必要とするものであろうかと日本の報道の過熱ぶりに疑問を投げかけた。子どもたちが見れば、これは「いじめ」や「村八分」的な構造を肯定するものとして映ってしまうのではないかと懸念を示した。メディアの暴力に対して声をあげることは大切であり、非常時になれば、これらの構造は一般の人びとに迫ってくる可能性があると指摘した。子どもたちには愛国心を植え付けるより、人間を大切にするために明日を担ってほしいと教育した方がよいと訴えた。第四の質問は、韓国における文壇の状況についてのものであった。李修京氏は、韓国の文壇の状況を、とくにジェンダー的視点に富んだ女性作家の登場によって、日本よりも活発化した文芸状況が生まれていると答えた。そして、さまざまなチャンネルを利用して、日韓の文化交流がなされるべきであると主張した。

5　楊彪報告に対して

楊彪報告に対しては三つの質問がなされた。第一の質問は、王希天《ワンシィティエン》はなぜ軍隊に殺されたのか、軍隊のねらいはなにか、また、軍隊が王希天の遺体をバラバラにしたのはなぜかというものであった。これに対して楊彪氏は、まず仁木ふみ子氏の著書（『震災下の中国人虐殺』青木書店、一九九三年）を紹介した後、軍隊が遺体をバラバラにしたのはほかの中国人に遺体の確認をさせないためであろうとした。軍隊のねらいについてはかなり調べたが確実なことはわかっていないが、このような事件はある種の集団心理のなせるわざではなかろうかと答えた。第二の質問は、石原都知事の「三国人」発言と関わらせて、最近、日本で頻繁に起こっている中国人による犯罪によって、日本人は中国人に対して悪い印象を持つようになっているが、これに対する所見を求めたものであった。楊彪氏は、中国人による日本での犯罪については弁明したくないとしつつも、各民族・各国に犯罪というものは存在しており、一部の人の犯罪をもって、すべての民族を否定的に見るのは良くないと答えた。第三の質問は、「道義的頽廃」や「良識の忘却」というものは、民衆自身が政治家や公的機関に身を委ねてしまう集団心理のなせるわざではないかという問いであった。楊彪氏は、虐殺という問題を考える際は、一般的な常識をもって研究に取り組んだ方がよいと述べた後、こうした民族的心理の背景には、日本人のもつ敏感な民族性があると指摘した。ここでいう「敏感性」は、地震が活発な日本の地域性と大きくかかわっているのではないか、地震によって古代以来いつ死ぬか、どうなるかわからないという状況下で非常に警戒心をもつ敏感な民族性を歴史的に継承してきたのではないかという持論を提起した。

6　今後の「連帯」をいかに創っていくか

ここで司会から、今回のシンポジウムでは、関東大震災における虐殺の実態を明らかにするという性格よりも、むしろこれまでの研究の成果をどのように継承していくかという視点が各パネラーの問題関心の根底に共通して存在していたのではないかとの議論のまとめがあった。そして、その意味でさまざまなレベルでの「連帯」の必要性、これをいかに作り上げていくかについてのコメントを各パネラーに求めた。

金廣烈氏は、関東大震災からすでに八〇年が経過したが、虐殺事件の真相究明を図ることは、道義的な問題として、けじめとして必要である。韓国政府、日本政府を動かすなんらかのプランを「連帯」して考えていく必要があろうと述べた。また、関東大震災時の虐殺事件を歴史的教訓としてどう生かしていくか、学校教育や家庭教育を含めて考える必要がある。日韓に限れば、「べ平連」による日韓連帯運動があったように、現在の状況は異なるが、市民の連帯によって解決していかなければならない問題が今なお数多く存在していると答えた。

李修京氏は、「いじめ」やその権力構造の見極めが大切であって、そのために相手の文化を知ることがとても重要であると答えた。地球村は人間と自然が共生して成り立つものであって、人と自然が調和する地球存続のために、権力構造やメディアの暴力について、私たち一人ひとりが自らの意見を持つことが大切である。私は平和で静かに暮らしたい。その素朴な願いのためにいま闘っているのだと力強くまとめた。

楊彪氏は、松尾芭蕉の「閑さや　岩にしみ入る　蟬の声」という俳句を例に挙げて、日本人は直接表現が苦手ではあるが、俳句のような美しい表現方法で間接的に自らを表現する能力に長けている。このような俳句表現はなかなか英語や中国語で翻訳することが難しいものであって、相互理解を深めていくためには、このような特殊な感情表現の一例である俳句のような存在にまで入り込んでいくような努力をアジア諸国とともに行っていく必要があろうとまとめた。

最後に、山田昭次氏の講演へ多数寄せられた質問に対して、若干の応答の時間をとった後、盛大な拍手のもと、第一日目のシンポジウムは終了した。

シンポジウム②

朝鮮人殺害事件等の追悼・検証活動

千葉県福田・田中村事件研究の歩み
――混乱の中で殺された日本人

石《いし》井《い》雍《よう》大《だい》
（香川県歴史教育者協議会）

1　福田・田中村事件

福田・田中村事件とは、一九二三年九月六日、午前一〇時ごろ、千葉県東葛飾郡《ひがしかつしか》福田村（現・野田市）三ツ堀《みつぼり》において、香川県の売薬行商人の一行一五名が朝鮮人とされ、女、子どもを含む九名が、福田、田中村（現・柏市）の自警団によって殺害された事件をいう。

事件後間もなく、福田村と田中村のそれぞれから、自警団員四名ずつが検挙され、千葉地方裁判所で裁判が始まった。裁判は東京控訴院を経て大審院までいき、判決は翌一九二四年の八月二九日におりた。罪名は七人全員が騒擾殺人、懲役三年から一〇年の刑であった。田中村の一人は第二審の控訴院で懲役二年・執行猶予三年の判決が出て上訴しなかった。

事件が起こされた場所が福田村三ツ堀であるところから公判名、新聞報道も「福田村事件」と呼称しているが、事件にかかわった人たちは福田村と田中村両村の人たちである。「福田村事件」というと、福田村だけが表面に出て、田中村のことが抜け落ちてしまうきらいがある。したがって、あえて私は「福田・田中村事件」と呼ぶことにしている。

ちなみに、震災直後の一九二三年一一月一五日現在でまとめた政府調査によると、「鮮人と誤認して内地人を殺傷したる事犯」の中で日本人死傷者は関東地方（福島一件を含む）で八九名、うち死者は東京二五名、千葉二〇名など計五八名とされている（『現代史資料六』みすず書房、一九六三年、四三四頁）。

2　調査のきっかけと追跡調査

一九八三年、「千葉県における関東大震災朝鮮人犠牲者追悼・調査実行委員会」の大竹米子、平形千恵子両氏から「三ツ堀で虐殺された事件のことを調べているが、殺された人は香川県出身の人らしい、調べてほしい」との情報を得て調査を開始したのが始まりである。その時、東京日日新聞（一九二三年一一月二九日付）の房総版が同封されていた。そこには「国家を憂へて／遂に殺人をしました／福田村事件の公判」の記事が掲載されていた。

この記事を手がかりに調査を進めた結果、翌八四年、被害者の親族にあたる高井勝則氏（当時七六歳）に行き当たった。「千葉の野田で殺されたことは聞いている。詳しくは知らない。遺族が持っている位牌に何か手がかりがあるかも」ということで、位牌を見せていただけた。二家族六枚の位牌であった。そこには八名の名前があった。裏に「大正十二年千葉県ニオイテ震災ニ遭遇、三ツ堀渡場ニテ惨死ス」と書かれている。この時、手にした位牌を見て全身が震えたことを今でもはっきり覚えて

いる。「惨死す」と書かれていたことはもちろんのことだが、位牌の中に二歳、四歳、六歳の三人の子どもと、二人の女性の名前を発見したからである。

ここで、明らかになったことは四名と三名の二家族、計七名、それと家族以外の一名、「隆一《たかいち》」が惨殺されている事実であった。疑問に思ったことは「隆一」の名前がフジノの位牌に一緒に書かれていたことであった。この疑問はのちに明らかとなる。この段階では「隆一」については、まだわからなかった。位牌の中の「隆一」とはいったいどこの誰なのか。それと新たに入手した『東京日日新聞』(一九二三年一〇月三〇日)に上記八名以外の山本實《みのる》の名を見つけ、調査はこの二人を追うことになった。

三年後の一九八六年四月二七日、山本實の近所の古老を尋ね当て、實についてのことが判明した。「實は奥さんのナカと一緒に行商に行っていた。ナカはその時長男のマサカズを連れていたが、ナカとマサカズの二人は助かった。主人の實は殺されたというものであった。「隆一について知らないか」と尋ねると、知らないが難を逃れ生きて帰ってきた人がいるから「その人に会ってみては」と教えてくれた。「名前は藤田喜之助《きのすけ》だ」という。「隆一は、藤田隆一かも知れぬ。兄の藤田喜之助も一緒に行商していたと聞いている。現在もまだご存命のはず」。この情報を得て、間髪をいれず五月五日藤田喜之助氏(当時八三歳)の聞き取り調査に向かった。思いもかけなかった生存者との出会いであった。

3　生存者と「手記」の発見

ここで判明したことは、藤田喜之助氏は、藤田隆一の実兄であり、合田フジノの実弟であること。

震災時は二二歳の青年であった。九死に一生を得て帰宅したことや、仲間の者たちが殺害されたときの状況などを、涙ながらに話された。喜之助氏は、実弟隆一（当時一七歳）や、姉フジノ（二六歳）、幼い甥（六歳）、姪（四歳）ら五人の身内を目の前で殺されたのである。また殺された合田イソのお腹の中には、その時赤ん坊がいたことも判明した。正確には一〇名が惨殺されたことになる。「『隆一』はフジノの実弟だったのか。だから同じ位牌に名前があったのだ」やっと疑問が解けた。

それから何度か藤田喜之助氏を尋ねた。何度目だったろうか。打ち解けて話ができるようになったころだと思う。「先生、私こんなものを書いて残しています」といって、仏壇の下にある引き戸の奥深くから、Ｂ４判の和紙四枚に筆で書かれた「手記」を取り出された。

こんな書き出しで始まっている。

「野田ヲ立チテ福田村三ツ堀ノ渡場、弐丁（約二〇〇メートル）位テマイ（手前）デ、寺ト宮ノ有ル西井（鳥居）ノソバデ、休ミテ居リタ處エ」の書き出しにつづいて、そこへ、「福田村ノチユザイ（駐在）、ジュンサガ、サキニタチテ、後ワ青年会、シヨボ（消防）、在郷軍人ガ、拾人位キテ、寺ノカ子（鐘）ヲツイ」て自警団の仲間を呼び寄せ、大八車の荷物を調べ始めた。自警団の中には、「これは日本人だ、朝鮮人ではない」という者もいたが、「いや、朝鮮人だ」という者もいて、結局、「コレワ鮮人ジヤトユウテ、警察ゴトキ者ヲアイテニスルコトナイ、ヤツテシマエ」（「手記」一枚目の一部、傍線は筆者）ということになって虐殺事件を起こしたのである。事件のリアルな描写はものすごい迫力で私に迫ってきた。

この「手記」は、喜之助氏が六十有余年にわたって所蔵されていた事件遭遇当日のものであったからである。「手記」は喜之助氏が千葉県野田の三ツ堀から帰って、一ヵ月ほどして丸亀・区裁判所検

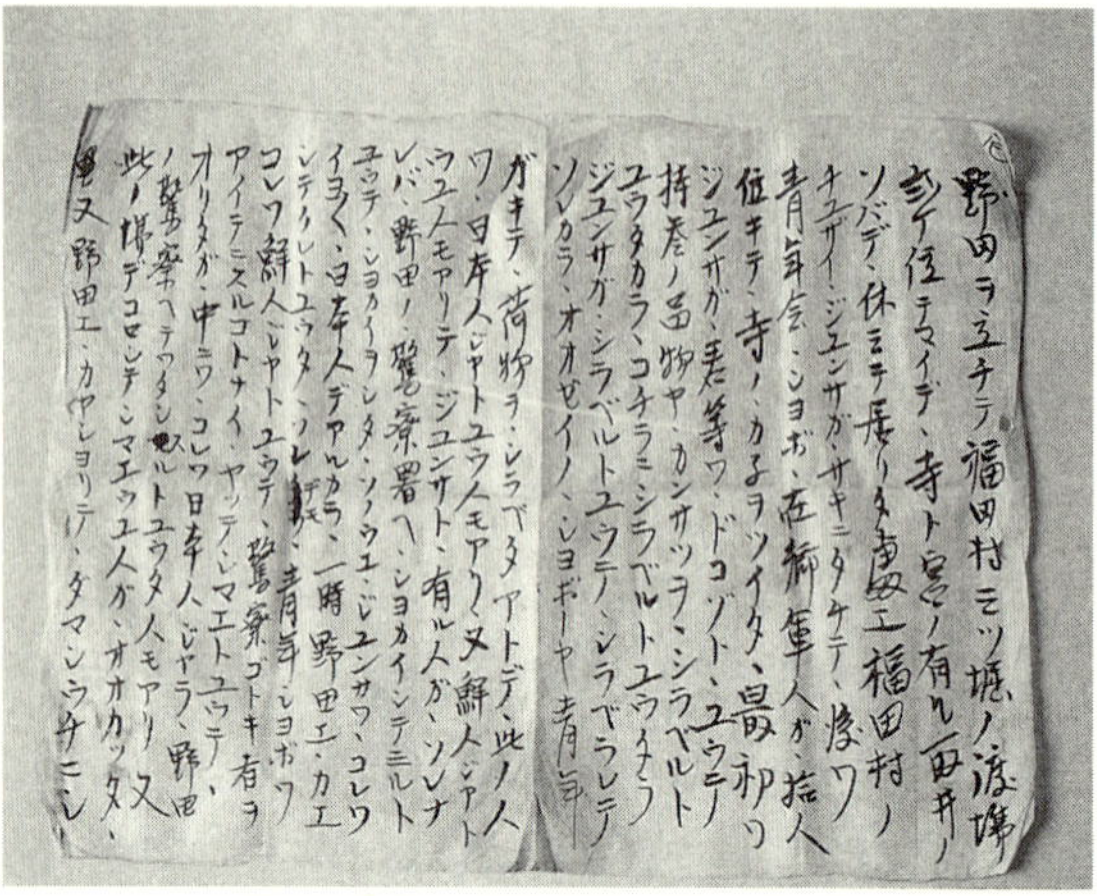
野田ヲ立チテ福田村三ツ堀ノ渡場
迄来テ一位テマイデ、寺ト宮ノ有ル田井ノ
ソバデ、休ミテ居リタ處エ福田村ノ
チユザイ・ジユンサガ・サキニタケテ、後ワ
青年会・ショボ・在郷軍人ガ・拾人
位キテ、寺ノ・カネヲツイタ、最初ワ
ジユンサガ・君等ワ・ドコゾト、ユウテノ
持参ノ品物ヤ、カンサツヲ、シラベルト
ユウタカラ、コチラニシラベルトユウナラ
ジユンサガ・シラベルトユウテノ、シラベラレテ
ソレカラ、オオゼイノ、ショボーヤ青年
ガキテ、荷物ヲ・シラベタアトデ、此ノ人
ワ、日本人ジャトユウ人モアリ又鮮人ジャト
ユウ人モアリテ・ジユンサト・有ル人ガ、ソレナ
レバ、野田ノ・警察署ヘ・ショカイシテミルト
ユウテ・ショカイヲシタ、ソウユ・ジユンサワ・コレワ
イヨイヨ、日本人デアルカラ、一時野田エ・カエ
シテクレトユウタ、ソレデモ、青年ショボワ
コレワ鮮人ジャトユウテ、警察ゴトキ者ヲ
アイテニスルコトナイ、ヤッテシマエトユウテ、
オリタガ、中ニワ、コレワ日本人ジャラ、野田
ノ警察ヘテワタシスルトユウタ人モアリ又
此ノ場デコロシテシマエトユウ人ガ、オオカッタ、
又野田エ・カヤシヨリテ、タマシラ井ニシ

藤田喜之助氏の手記の一枚目

事局の検事から指示されて書き残していたものであった。ちょうど予審が始まっていた時期に当たる。おそらく取り調べの裏付け調査のためのものであったと考えられる。しかし、喜之助氏の「手記」は提出されずじまいであった。

後のことになるが、裁判が始まっても、生存者たちはだれも一度として証言台に立つこともなく、事件についての聞き取り調査もされることはなかった。

私はいま、生存者たちといった。喜之助氏はこの時「自分の他にも生存者がいる」と教えてくれた。そして、六名の生存者の名前が判明した。死亡者が九名であることも。そして、六名の生存者の内、二名がご存命であること、ただし一人の方は、事件当時一歳であったうえ、大阪在住と聞いて調査には赴かなかった。もう一人の生存者を尋ねてさらに追跡調査を続けることにした。

一九八六年九月二日、生存者の一人太田文義《おおたふみよし》氏（当時七五歳）にお会いできた。太田氏は震災時一四歳であった。太田氏からの聞き取り証言を先の藤田喜之助氏の「手記」に重ねて、福田村三ツ堀の九月六日を再現してみることにする。

三ツ堀の渡し場近く香取《かとり》神社で、一行が二手に分かれて休んでいた。神社前の商店の床机に九名、神社の鳥居の台座に六名である。船賃のことでリーダーの亀助と交渉していた渡し場の船頭が騒ぎだし、福田村の自警団が集まってきた。そこへ田中村の自警団も押し寄せてきて、「君が代を歌え」「教育勅語」「『一五円五〇銭』をいってみろ」等のやりとりがあったが、二つの村の大勢の自警団によって、「怪しい者はやってしまえ」ということになったのである。言葉づかい（讃岐弁）や、めずらしい黒い羽の扇子を持っていたことも疑惑のもとであったという。商店の店先で休んでいた九名の中には若者も含まれていて、言い争いにもなり、全員が虐殺されることとなった。

鳥居付近にいた六名は自警団のいうがままにしたので、殺される寸前に、野田から警官二名が来て助かった。当時一四歳の太田氏には、「福田村、田中村の人たちが雲霞《うんか》のごとく押し寄せた」と映った。

一九二三年の「千葉県東葛飾郡誌」によれば、福田村、田中村の青年団員の数だけでも、合わせて一〇九五人である。それに在郷軍人、消防団、村の群衆を加えると相当の人数になり、太田氏の記憶はかなり正確だと考えられる。

一九四九年、法務府特別審査局が刊行した『関東大震災と治安回顧』（吉河光貞著）に香取神社前の惨殺場面が記録されている。そこには、「数百名の村民は忽ち武器を手にして同神社前に殺到し、売薬行商団を包囲し、『朝鮮人を打ち殺せ』と喧囂《けんごう》し、行商団員が百方言葉を尽くして『日本人である』と弁解したに拘らず、鮮人に対する恐怖と憎悪の念に駆られて平静を失った群衆は、最早右弁解に耳を傾ける遑《いとま》もなく、或は荒縄で縛り上げ、或は鳶口《とびぐち》、梶棒を振って殴打暴行し、遂には『利根川に投げ込んで仕舞え』と怒号し」と書かれている。実に残忍な事件といえる。

4　地域ぐるみの犯罪

事件後間もなく、千葉地方裁判所で裁判が始まったことは先に述べた。新聞に公判の様子が掲載されている。被告たちは、例外なく「郷土を朝鮮人から守った俺は憂国の志士であり、国が自警団を作れと命令し、その結果誤って殺したのだ」と陳述している。もっと驚くことは、予審検事が裁判の始まる前から「量刑は考慮する」と新聞紙上で語っていることである。もうひとついえば、大正天皇が二年後の一九二六年死去し、二七年二月に恩赦となり、懲役で一番長く刑務所にいた人でも、拘留期間を除くと一年半ぐらいの服役にしかならなかった。

地域ぐるみの犯罪だといえるのは、懲役三年の実刑判決を受け服役した田中村のT氏が、その後村長選挙に出て、村長に就任している。村民が選んだのだ。また、検挙が始まった一九二三年一〇月二日、田中村の会議で四人の被告に対し、見舞い金の名目で一人九〇円の弁護費用を出すことを決めている。そしてそれを村の各戸から均等に徴収している。この徴収に応じるということは、村の人びとが自分たちの身代わりとの意識があったことの証左でなくてなんであろう。

福田村（現・野田市）は一切記録、資料の類を残していない。たとえば、ごく最近一九九九年に旧福田村の有志によって刊行された「福田村のあゆみ」でさえ、この事件のことは一切触れられていない。この事件のことが、徐々に明らかにされ広まってきているにもかかわらず、黙して語らずの態度を取り続けている。田中村（現・柏市）もまた然りである。私は現地での聞き取り調査をするため、何度か福田近辺を訪れたが、この土地の人たちにとっては事件のことはタブーであり、できればこのまま知らずじまいにしたい、と受け取れた。

5　事件から見えるもの

なぜ、関東大震災時に虐殺事件を起こしたかの歴史的背景については、これまでの研究やこれまでの記念集会が明らかにしてきたところである。

朝鮮人を主敵とする当時の大状況のもとで、朝鮮人と誤認され殺害された香川県の売薬行商団のような日本人が大勢でることになったのである。それにしても、どうして普通の人たちがこのようなことをしてしまったのか。

それは当時の日本人に、日清、日露戦争以来の中国人や、とりわけ朝鮮人に対する根深い民族蔑視、差別があったことである。それは、植民地差別政策（教育も含め）の結果だといえる。「不逞鮮人ごときは日本の国を破壊する凶悪漢である」という意識がごく普通にあり、「朝鮮人が暴動を起こした」との流言が、直線的に民衆の民族排外主義を驚異的に暴発させたのである。

それでは、福田・田中村事件の場合、行商団の人たちが「朝鮮人ではないのでは」（前掲「手記」傍線部参照）と、少なからずわかっていたにもかかわらず、殺害に及んだのはどうしてか。そこにもまた同じ日本人であっても貧しそうな行商人に対する蔑視や差別の構造があったと考えられるのである。

事件に巻き込まれた香川県の行商団の人たちは、被差別部落の人たちであった。香川県の場合、所有農地が少ない農家（平均五反）が多く、小作率も全国一である。したがって、被差別部落の人たちが、たとえ土地を買いたくてもなかなか売ってもらえない、また小作をしたくてもさせてもらえない状況があった。そのような理由から、少なからぬ被差別部落の人たちは行商に出ざるをえなかったのである。

部落差別を受け、行商を生業《なりわい》とせざるをえなかったため、大方は貧しい境遇であった。このことも行商人一行に対する目に見えるかたちでの蔑視、偏見、差別の要因になった。「どうせ、どこから来たのかも知れぬ行商人ではないか」こんな意識が働いたことは十分考えられる。

事件が「朝鮮人と誤認され」といわれているが、単に日本人の民族排外心理一般の中での誤認事件ということだけではカバーしきれぬ問題があると考えざるをえない。

この事件から見えるもの、それは民族差別も含め、差別や偏見は単に人権を侵すことにとどまらず、それが拡大していくとつまるところ、ついには人間そのものを抹殺してしまうという事実であろう。福田・田中村事件はこのことを具体的に私たちに問いかけているといえるのではなかろうか。

6　追悼慰霊碑建立によせて

事件の全容がほぼ明らかになった現在、いまだ遺族にたいして謝罪がなされていない。犠牲者たちは利根川に投げ込まれ、遺体はおろか遺骨もない。

この事件では、直接の加害者の責任もまぬがれることはできないが、それ以上に地域ぐるみの犯罪であったことの責任は重い。そして、さらにその上部の自警団を組織させた国家の責任は重い。自警団に組織された直接の加害者は、流言蜚語に踊らされた被害者の側面も強いのだ。

したがって、謝罪は旧福田・田中村（現・野田、柏市）として、つまり行政として取り組むべきである。そして、行政はこのような事件を、当時の村民に起こさせた国家の責任を問う必要がある。本当に民衆が責任を果たすためには、民衆自身が虐殺の直接の加害者となってしまったことを、敢えて認め、告白しなければ、虐殺の究極の責任者である国家を告発できないからである。

一九九九年、香川県三豊郡豊中町《みとよ とよなか》で始まった福田・田中村事件の学習会を皮切りに、この年一一月、野田での臨地研修（香取神社、圓福寺《えんぷく》、三ツ堀の渡し）を行った。野田、柏市からも関係者の大勢の参加があった。

二〇〇〇年三月には「福田村事件真相調査会」（香川県側）の設立、次いで七月には「福田村事件を心に刻む会」（千葉県側）が設立され、虐殺の現場の圓福寺境内に追悼慰霊碑の建立運動が始まった。死者を心から悼むためにも、当該の地域の人たちと十分話し合ってコンセンサスをえながら進めていくことを強く望むものである。

おわりに

東京・亀戸での関東大震災八〇周年記念集会が終わって六日目の二〇〇三年九月六日、圓福寺大利根霊園に「関東大震災福田村事件犠牲者追悼慰霊碑」が建立された。この日は、福田村で犠牲になった方がたの八〇年忌に当たる日でもあった。「真相調査会」（香川県側）と「心に刻む会」（千葉県側）が追悼慰霊碑除幕式実行委員会をつくり、委員会が主催して開かれた除幕式である。筆者も出席した。

碑は大勢の心ある方がたから集められた浄財によって建てられた。出席者約二〇〇名。遺族を始めとして旧福田村の有志の顔も見える。追悼慰霊碑には九名（胎児を含め一〇名）の法名が裏面に刻まれ、遺体が流されたとされる場所のすぐ近くの、小高い丘に建てられている。正面には利根川が流れ、左方には事件が起こされた香取神社の森、右方には旧三ツ堀渡しが見える。また日によっては、遠く彼方の筑波山も見渡せる絶景の場所である。碑は台座を含め高さ三メートル、幅一・三メートル。

る。「関東大震災福田村事件犠牲者追悼慰霊碑」の文字は圓福寺名誉住職長瀬瑠璃《ながせるり》師によって書かれてい

当日配られた「追悼慰霊碑建立の報告」には「……追悼記念碑は建ちました。この石碑の前に私たちは何を考え、何をなすべきかを問い続けていきたいと思います。……私たち一人一人の生き方考え方が、逆に石碑の方から見られていくのではないでしょうか」とあった。事件の教訓を将来にむけて生かさねば、という強い決意を読み取ることができる。最後に建立の過程であったことについて一言述べておかねばならぬ。それは香川県側からの碑文についての提案のことである。碑文の裏に「関東大震災直後の一九二三年九月六日、おりからの流言蜚語を信じ、行政機関によって組織された旧福田村、田中村の自警団によって、ここ三ツ堀において、香川県三豊郡出身の売薬行商人一行十名が非業の最後を遂げた。私たちは、二度と歴史の過ちを繰り返さぬことを誓い、ここに芳名を記し、追悼の碑を建立するものである」を入れるよう提案した。しかし、結果的にこの文は入れられなかった。ただし現在、碑の裏面、左には、何らかの文章を入れることを想定したスペースが設けられている。いつの日か国家の責任を明確に問うた碑文が入れられることを祈ってやまない。まだ福田・田中村事件は終わっていない。

付記
一、人名はすべて仮名である。
二、文章中の年令は一九二三年当時。
三、聞き取り調査については、久保道生氏と行った。

朝鮮人犠牲者の遺骨掘り起こしと慰霊碑の建立

平形千恵子
（千葉県における関東大震災と朝鮮人犠牲者追悼調査実行委員会）

はじめに

関東大震災から五五年目の一九七八年六月、「千葉県における関東大震災と朝鮮人犠牲者追悼調査実行委員会」を結成した。船橋、習志野、八千代、鎌ヶ谷、千葉などで地域の歴史に関心を寄せ、関東大震災と朝鮮人虐殺問題などについて取り組んでいたメンバーが集まり、調査研究、講演会、慰霊祭、資料集の発行、会誌『いしぶみ』の発行など様々な取り組みをしてきた。

千葉県では、習志野の騎兵連隊が、関東大震災の直後に東京へ出動した。船橋の行田《ぎょうだ》には海軍東京無線電信所船橋送信所があり、全国に流言蜚語を広げる役割を果たした。朝鮮人、中国人を「保護・収容」するために支鮮人収容所が作られたのは、陸軍高津《たかつ》廠舎である（現、習志野市）。千葉県には、東京方面からの避難民も非常に多かった。船橋から鎌ヶ谷では北総鉄道（現、東武野田線）の敷設工事中で、いくつかの飯場があり、朝鮮人労働者が働いていた。自警団事件で犠牲者になった多くはこの工事で働いていた朝鮮人だった。船橋の天沼、法典など犠牲者の数も多い。船橋では、戦後ずっと一九四七年三・一記念にたてられた慰霊碑の前で九月一日に慰霊祭が行われてきた（船橋市馬込《まごめ》霊園、朝鮮総連主催）。それぞれの地域で調査研究に取り組む人たちがいた。習志野では、郷土史クラブの中学生が、軍隊が収容した朝鮮人を地域住民に渡して殺させたという老人の話を聞いていた。この問題を文化祭で発表したことを新聞が報じると、地域から貴重な資料の提供があった。

追悼調査実行委員会の結成前のこうした千葉県各地の取り組みは、共同の調査で大きく展開した。講演会を開き、慰霊祭を行い、資料集などを発行し、本を出版して広く知らせていくこともできた。この報告は、追悼調査実行委員会の共同の取り組みの報告である。

1　共同の調査で見えてきたもの

一九八三年、関東大震災から六〇周年には『いわれなく殺された人びと――関東大震災と朝鮮人――』（青木書店）を出版し、千葉県の調査報告を行った。その中でこれまで知られてこなかった関東大震災の直後に開設された陸軍習志野収容所とその周辺の事件を明らかにすることができた。まさに共同の調査をつないで見えてきたものである。

関東大震災の後、軍隊は、「保護・収容」した朝鮮人を軍隊で殺しただけでなく「軍隊が、朝鮮人を取りにこいと地域住民に命じて、取りにこさせて殺させた」。この事件は、どこにも記録に残されていない。しかし、まぎれもない事実である。聞き取り調査の証言をつなぐと、次のようになる。

関東大震災の当時の船橋警察署の巡査部長は、高津廠舎に開設された陸軍の収容所へ朝鮮人を送り込む仕事をしていた。「統計の仕事で人数をたづねると、送り込んでも人数は増えないで減っている。おかしいとおもって何をしているのかと聞くと、どうも山へつれだして殺しているらしいと聞いた」（渡辺良雄《わたなべよしお》証言）。

習志野の騎兵連隊の元軍人は、「軍隊が朝鮮人を収容所から引っぱりだして営倉に入れ、調査をしておかしいようなのを切っちゃった」（騎兵第一四連隊本部書記、会沢泰《あいざわやすし》証言）「思想のおかしいやつを引っ張り上げて営倉へいれて、間諜（スパイ）を入れ憲兵が一緒に入って調べ、別に引っ張り出して懲罰を加えた」（騎兵第一五連隊、瓜生武《うりゅうたけし》証言）。

これまで証言しかなかったこの問題について、今朝（八月三一日）の『朝日新聞』が「憲兵が習志野収容所に何人か入っていた」という資料が出たことを報じた。関東大震災から八〇年にして、ようやくという思いだが、これらの証言を裏付ける資料が現れたということになる（その後、『論座』二〇〇三年一一月号に公表された）。

警察官と軍人の証言は、道路に座らせられていた朝鮮人を見たという先輩教師の目撃証言（阿部《あべ》こう証言）を追いつづけた大竹《おおたけ》米子《よねこ》の取り組みにもつながり、郷土史クラブの中学生に「バラック」から貰ってきた朝鮮人を「殺す現場を目撃した」と話した老人の証言につながる（君塚国治《きみづかくにじ》証言）。「バラック」というのは、この地域では、陸軍の習志野収容所が開設された高津廠舎のことをさしている。提供された地域の「日記」の記録には『バラック』から取りにこいと命令されて地元自警団が受取りにいって、貰ってきて各区に分けたことが記されていた。「九月七日一五人もらってきて、各区にわけ、当区では三人引き受けた。八日に二人、九日に一人」、あわせて六人を穴を掘って埋めてしまった。殺して埋めた様子も明らかになった（『いわれなく殺された人びと』）。

騎兵連隊は、習志野に一三連隊、一四連隊、一五連隊、一六連隊、の四連隊あり、関東大震災では、東京に駆け付けて、片っ端から殺したという軍隊である。習志野収容所の警備に当たって、収容者を引っぱりだして営倉にいれ、間諜（スパイ）をいれて選り分け、殺していたのである。その軍隊が関東戒厳司令部から「朝鮮人ニ対シ　其ノ性質ノ善悪ニ拘ラズ　無法ノ待遇ヲナスコトハ絶対ニ慎メ等シク我同胞ナルコトヲ忘レルナ……」という「注意」が出た（船橋で九月六日に飛行機でまかれて、船橋周辺の自警団事件は、終わった）。その翌日に周辺住民の自警団に「取りにこい」と命令して取りにこさせて殺させた。この意味するところは、軍隊の殺害の事実を地域住民の自警団に転嫁するためとしか考えられない。軍隊に渡されなければ、この地域で住民は加害者になることはなかったのである。

習志野収容所の収容体験者から聞き取りをしたいとつてを求めて姜徳相《カンドクサン》さんにご紹介いただき、申《シン》鴻湜《ホンシク》さんの証言をえた。彼は、当時学生で「収容者に文字などを教えていた」が目を付けられて連れ出された。「教導連隊の兵営まで、兵隊が前に立って歩いていく後をついていきました。すると犬が一匹、前からきたんです。兵隊はいきなり軍刀をぬいて犬を真二つに切って『人間をこういう風にしたら気持ちがいいだろうな』といったのです……取り調べに当たった特務曹長になまりがあったので『あなたの田舎はどこだ』と聞いて偶然共通の朝鮮人の友人がいることが分かって、『おまえは、運がいいなあ』と収容所に戻された」。

その後、私たちは高津の「なぎの原」で慰霊祭を行うようになったが、九月一日には行わない。こだわって、九月七、八、九日、または集まりやすいその前後の日にすることにしている。それはこの事件が起こった日であることと、事件は関東大震災という自然災害だけによるものではなく、軍隊によって仕組まれたものだと考えるからである。

2　『いわれなく殺された人びと』の出版と萱田の遺骨の発掘

関東大震災から六〇周年の一九八三年にそれまでの調査をまとめて『いわれなく殺された人びと』を発行し、大きな反響を得ることができた。いま考えると中間報告になるのだが、書いていけばいくほどわからないことが出てくるという状態だった。ところがちょうどその年に、萱田《かやた》（八千代市）の住宅開発による共同墓地の移転で、犠牲者の遺骨が発掘された。中学生に「石の一つも立ててやりたい」と語った老人が「こういう仏さまが埋まっているのだからなんとかしてもらわなければ困る」

写真１　無縁仏之墓（大和田新田）

写真２　震災異国人犠牲者　至心供養塔（萱田、長福寺）

と発言して発掘が行われた。私たち追悼調査実行委員会は立ち会うことができなかったが、訪ねると「埋めたときと同じ状況で出てきた」と証言した。墓地の移転先の長福寺に「震災異国人犠牲者　至心供養塔」としてまつられている。この発掘がこの事件を事実として裏付けることになった。

現在、八千代市には、関東大震災当時、地震による大きな被害がなかったにもかかわらず、震災関係の四つの碑がある。いずれも「陸軍習志野収容所」から地域に渡されて、自警団が殺した朝鮮人犠牲者を慰霊するものである。一番古いのは、先輩教師が座らされている朝鮮人を見たという現場に近い大和田新田の小さな「無縁仏之墓」（写真1）である。ここは殺害現場の近くといわれているが、遺骨は入っていない。一九八三年の萱田、長福寺の「震災異国人犠牲者　至心供養塔」（写真2）は二番目に建てられたものである。

その後、高津の観音寺で、犠牲者の慰霊を続けているということが伝わって、韓国から鐘楼と鐘が寄贈された（写真3）。韓国風の立派なもので、屋根の上の土にいたるまで韓国から運ばれたものである。日本では珍しい。二〇〇三年の夏に、韓国から中心になられた沈さんと職人たちが、色の塗り直しに来られて、一筆一筆、大変丁寧に鐘楼の模様に色を入れているのを見せていただくことができた。

三番目は、一九九三年の関東大震災七〇周年の記念行事実行委員会に参加して、八木ケ谷《やぎがや》妙子《たえこ》さんに出会って実現したものである。萱田（上）で、八木ケ谷さんの幼い日に墓地へつれていかれる朝鮮人の姿を目撃した話を聞いて、何度も一緒に集落の火の見から墓地までの道を歩いた。殺されるところは怖くて逃げて帰って見ていないという。その証言の様子は、佐倉の歴史民俗博物館の関東大震災のコーナーで上映されている。一九九五年には、萱田上地区の人びとの手で、中台墓地（八千代市民会館横）に立派な碑が建てられた（写真4）。碑面には「無縁供養塔」と刻まれている。墓地が広がって埋めた場所がわからず遺骨は発掘されていない。

3　「なぎの原」の遺骨の掘り起こしと慰霊碑の建立

七〇周年の実行委員会で知り合った金善玉《キムソンオク》さん（韓国民団、長寿会）は、その後、高津「なぎの原」の慰霊祭に参加して、「遺骨の埋まっている上で慰霊祭をするのは忍びない」「なぜ掘れないの

写真3　普化鐘楼（韓国から寄贈された観音寺の鐘楼）

写真4　無縁供養塔と八木ヶ谷妙子さん（萱田、中台墓地）

か」「土地を手に入れても掘るべきだ」と強く要望されたが、追悼調査実行委員会では、これまでの取り組みと地域の人たちと一緒に掘れるように話し合いを続けていることなどを話した。私たちが意識しつづけてきたのは、地域の人と一緒に掘って供養したい、地域の加害責任と、私たち日本人としての加害責任をどうするのが一番いいのかということを考えてきた。ただ外部から行って掘ることではないと考えていた。

高津に通いはじめ、はじめは、埋まっている場所すら教えて貰えなかった。あるきっかけから「なぎの原」で地域の有志の方と観音寺の住職が塔婆を建てて供養されていたことを知った。地域では、聞き取りでこの問題に近づくとはぐらかされるという経験が何度もあった。ふれられたくない話題であったのだ。地域としての供養がはじめて行われたのは、一九八二年であった。「ようやくその機が熟して……」という住職の挨拶が印象的だった。関東大震災から五九年がたって高津区民一同と書かれた角塔婆が建てられた。

その翌年、一九八三年に『いわれなく殺された人びと』を出版した。その年から、地域とお寺と追悼調査実行委員会で慰霊祭を行うようになったが、それからもずいぶん長い年月がたった。慰霊祭を重ねる中で話し合って、何度か発掘して供養しようというところまでいって、私たちも慰霊碑の準備のカンパの振替え口座を準備したこともあったが、まとまりかけては地域の反対で挫折していた。地域の人びとにとって、軍隊に命じられたとはいえ「加害」の事実はあまりにも重かった。

関東大震災から七五年目の一九九八年、追悼調査実行委員会は、これが最後のチャンスという気持ちでなんとか掘りたいと話し合いをすすめた。地域の慶弔を扱う特別委員会では、「この問題を孫、子の代までひきずらないで掘って、供養しよう」と地域をまとめる努力をしたと聞いている。ようやく掘ることになったが、条件は、「専門の業者に任せること、記録は取らないこと、立ち会い人はお寺の住職と地域の慶弔委員会と私たち実行委員会の数人だけとすること。最後にマスコミに公表しないこと」。マスコミに騒ぎ立てられることを恐れていた。

一九九八年九月二四日、「なぎの原」の共有地に幕をはりめぐらして、塔婆を建てていたこぶしの樹の根方を掘っていく。石屋の若い人たちが『いわれなく殺された人びと』をしっかり読んで、学習してこの発掘の意義を理解し、とても丁寧に掘ってくれた。そして「この土地の人たちは大変思いをこめてていねいに埋めている、ただほおりこんで埋めたのではない」という判断だった。夕方には小さな骨も残さず集めて発掘は終わった。地域の特別委員会の責任者は、「長い間追ってきたかいがあったね」と実行委員会のメンバーに声をかけた、念願の発掘であった。しかし、無念の犠牲者にとってはなんと永い七五年だったことだろう。後日、警察の監察医の検死の結果、六体であることが確認され、「日記」の現場で記載と同じ人数であることから火葬の許可を受けることができた。

写真5　関東大震災朝鮮人犠牲者慰霊の碑（高津、観音寺）

一九九八年一〇月一二日、船橋斎場で火葬。特定できない犠牲者の遺族に代わって、ともに発掘の願いを持ち続けてきた韓国民団の金善玉《キムソンオク》さん、韓暎《ハンヨン》さん、朝鮮総連の尹東煥《ユントンハン》さんと千葉県西部支部のみなさんに出席していただいた。焼骨を待つ間の懇談の席で、金善玉さんは、「最後に一つ言いたい、なぎの原で行われたことは事実だ。だけどあなたたちは二世か三世だろう。家に帰ったら先祖の位牌に言ってくれ。みんな気にして逝っただろうから。今日でみんな済んだんだよ。安心して眠ってくれと伝えてください」と話された。

一九九九年の九月五日、高津山観音寺の境内に「関東大震災朝鮮人犠牲者慰霊の碑」（写真5）を建て、その碑の下に六体の遺骨を収めた三つの骨壺を納めた。慰霊祭は、地域の皆さんをはじめ、これまで関心を寄せてくださった多くの皆さんをむかえて盛大であった。本当にようやく実現した、長い道のりだった。

4　民衆の加害の問題を考える

ここで民衆の加害責任の問題についてだが、地域住民は加害者でありながら、軍隊に「取りにこい」と言われてやらされたことから、被害者でもある。その事実の経過と軍隊の責任についてだけは碑の裏面にかいて残したいと私たちは強く思った。ところが話し合うと代が変わって当事者の次の世代の人たちから、「それはわかるのだが、やったことにはちがいない」と地域の責任を強く感じる言葉が出てくる。発掘の費用も「オレたちの問題だから」と地域で負担した。地域ではこういうこだわり方をしたのだ。追悼調査実行委員会は、翌年の慰霊碑の建立にむけて全国にカンパをよびかけ、建碑の費用に加えていただいた。

「軍隊にやらされたのだ」という言葉は出るが、それを石に刻んで残すということは地域の合意がとれない。碑の表の「関東大震災朝鮮人犠牲者慰霊の碑」だけということになって、裏面には「高津区特別委員会委員長　江野沢隆之《えのさわたかゆき》、高津区民一同、高津山観音寺　住職　関《せき》　光禪《こうぜん》、千葉県における関東大震災と朝鮮人犠牲者追悼調査実行委員会委員長　吉川《よしかわ》　清《きよし》」とだけ刻まれている。

民衆の加害責任の問題をどう解決すべきかということを考えると、地域の加害の問題を負いながらの長い間の苦しみを感じ、非常に難しい問題だと感じてきた。長い年月かけてようやく遺骨を掘ることによって、事実をはっきりと認め、加害責任と向き合い、慰霊碑を建て供養することによってその責任を果たしたといえるのではないだろうか。犠牲者にとってはあまりにもむごい事実で、長すぎる年月であったことを思うと、私たちの向き合いかたは、これでよかったのだろうか。

それにつけても、軍隊の、国家の加害責任は果たされていない。民衆にその責任をかぶせてなんの責任も取らない軍隊、国家権力の側の無責任さを強く感じる。戦後になっても、この「なぎの原」の広い地域を住宅開発で売ったとき、この埋葬地も一度は売られて、それを変更して地域の旧住民に共有地として渡した。戦後になってもなお、そういう場所だと知っていて、なお責任を逃れたと言えるのではないだろうか。

関東大震災から七五年で一つの地域で遺骨を発掘し、七六年目に慰霊碑を建てることができた。私たち追悼調査実行委員会にとっては、みんなの小さな力を合わせてようやくここまできた。時間ばかりかかって十分なことはできなかったが、そのつど話し合って取り組んできた報告である。

最後に、貴重な証言をしていただいたたくさんの方々、調査にご協力いただいた皆さん、慰霊碑の建立にご協力をいただいた皆さんに心から感謝したい。

祖父・父一家救出と「感謝の碑」建立

鄭《チョン》 宗《ジョン》 碩《ソク》
（韓国・朝鮮・在日と日本の歴史と文化を知る会）

どうもこんにちは。私は、いま東京の葛飾に住んでおりますけれども、生まれてずっとこのかた葛飾に住んでいたわけではなかったのです。途中地方に長年いたり、江戸川区内にいたりして、たまたまいま葛飾の方に住んでおります。私は在日二世として、昭和でいいますと一七年、一九四二年に葛飾で生まれました。在日の歴史というのは部分的には語られますけれども、一言で言い表せない、そういう苦難の歴史であった、ということができると思います。関東大震災はその苦難の歴史の中で在日のその差別ならびに抑圧を象徴する最も衝撃的な事件ではなかったかと思います。それを日本人側から掘り下げて光をあて、我われがこれからどのようにして隣国との、またアジアと世界の諸問題に取り組んでいくのかという、そういう試みに関しまして、七〇周年記念行事からはや十年経つわけですけれども、その間のご苦労につくづく頭の下がる思いがいたします。とくにこの四、五年は関東大震災をめぐる問題に、光が今どんどんとあてられていく、そういう動きにあるのではなかろうかと思います。最も新しい動きの中では、きょう報告があるそうですけれども、日弁連の日本政府に対する勧告などは典型的な動きではなかろうかというふうに思います。その意味で実行委員会の方々ならびにその関係者、その支援の方々に心から敬意を表したいと思います。

本題に入りますけれども、八〇周年記念集会のパンフレットの中には『朝日』、『毎日』の報道写真、記事が載っているだけなのですけれども、新聞報道では私が話したことの十分の一も反映されていないのです。言いたいこともたくさんあって、その時いろいろ私も政治的な問題にも言及したのですけれども、そうした難しい問題はほぼ省略されています。

いま、墨田区内のボランティア団体の「グループほうせんか」ですとか、「遺骨を発掘して追悼する会」の方々が、約二〇年を越える運動を展開してきまして、具体的な形としてはまだ実現されていませんが、荒川河川敷に追悼碑を建てる運動を粘り強く政治の壁と風化に直面しながらやってきたわけです。

1　建立までの道のり

この「感謝の碑」につきましては、私の祖父母一家、具体的には祖父母ならびに私の父、そのとき一歳であった父方のおばさんを、虐殺の危機から救ってくれたという命の恩人に対して、私個人が感謝の碑を建てるというかたちであったために、いろいろ難しい点もございましたけれども、短期間で成し遂げられました。荒川河川敷に追悼碑を建てる運動と、私の場合には意味合いが違うとは思います。

実は私は小さいながら地元で、「韓国・朝鮮・在日と日本の歴史と文化を知る会」という会で、約八年ほど前から勉強会をやっています。活動はほんとに不十分極まりないのですが、それをまず作ったのがひとつのきっかけになっています。というのは八三、八四年ごろにいわゆる「北朝鮮バッシング」が始まりまして、在日の民族学校に通う子どもたちに対する迫害、危害を加えるという事件が、日本全国各地で起こりました。われわれ同胞はもちろんのこと、日本の心ある方々もそういう動きに関しては怒りをぶつけて、抗議等々やってくださったわけです。私もなぜそういう問題が事あるたびに起きるのだろうかと思いました。要は日本の戦前からのそういう思想の影響を多分に受けた年配層の方々はさしおいても、若い層がそういう危害を加える、また暴言を吐くという問題に関しては、彼らが本当に間違った歴史観しか教育されてこなかったのが根本的な原因ではなかろうかということで、私は日本の仲間に呼びかけてそれをスタートしたわけです。

二つ目には、私がまず日頃から非常に気にかけていたのが、二〇〇〇年から二〇〇一年に変わる大きな歴史の節目に、関東大震災で私の祖父母、父の命の恩人である真田千秋さんへのお礼を兄弟がそろって行う、墓参りをするということがありました。父は生前に命の恩人が、墨田区内に住んでいる真田千秋さんであると言っていました。吾嬬製鋼、久保田製鉄の前身であろうかと思いますが、その後千葉の君津の方に工場自体は移っておりますけれども、そこで工場長をされていた真田千秋さんをまず探しました。区政資料館などをまわりまして、真田さんであることの確証を掴みまして、真田さん宅におじゃましました。

いまはお孫さんの代で、たまたまちょうど私と同じ歳の方が今の真田千秋さんのお孫さんに当たる三代目に代わっていたのです。「感謝の碑」を建てたいということを相談しましたところ、檀家の皆さんやお寺さん（法泉寺、東京都墨田区東向島三丁目）の方とも協議して、じゃあ前向きに検討しましょうと言ってくださいました。幸いお寺さんの方もその話をしましたところ、快く受け入れてくれました。

ただ、その間、碑を建てるまでには一年半ほど間があったわけですが、碑を建てるというまでの考えはなかなか持ち合わせなかったというのが、本音のところなのです。こうした慰霊碑等はわれわれ在日の人間よりも日本人側で積極的に具体化させるべきではなかろうかという思いが強かったことがあります。

しかしながら、先ほど話に出ました墨田区内での民間のボランティアの方々のその活動で二〇〇〇年から二〇〇一年にかけて墨田区議会に陳情をして、碑を建てるために土地の提供ならびに管理の申し入れを正式にしたわけですね。ところが、それが継続審議になり、翌二〇〇一年の三月には否決されました。

否決された具体的な理由、否決した側の立場からいいますと、関東大震災で虐殺されたという具体的な事実は墨田区内にはない。もうひとつはよしんばその事実があって慰霊碑を建てたとしても区民の利益にはなりえないということが理由だったわけですね。区議会、具体的には企画総務委員会というところで審議されていたのですけれども、私は傍聴していましたが何とも気持ちのやり場がなかった。この委員は、本当に区民に選ばれた良心を持った方々なのであろうかと、憤懣やるかたないという心情でした。こうした、良識のかけらもない人たちが、墨田区の代表として選ばれた人たちなのであろうかという思いが強くて悶々としていました。そんな時に、知人の韓国の陶芸家金九漢《キムグハン》さんに相談しましたところ非常に積極的で、ぜひこれを実現させようじゃないかと言ってくださいました。この方は、六〇年代、七〇年代の韓国の民主化で都合六年間牢獄に繋がれていた民主化運動の闘士でもあったのですね。そういう意味で、人権の抑圧ですとか、不条理に関しては正義感を人一倍燃やす人でした。

2　感謝の碑の製作

具体的に話を進めるようになったのは二〇〇一年六月、七月、関東大震災の記念日の約三カ月ぐらい前です。そこで具体的に立案をしまして、それで一カ月かかって窯で焼き上げたものに象嵌手法で彩色をほどこして、仕上げて日本に運んできたのが八月三〇日なのですね。私は、やはり九月一日にこだわって、この九月一日というのはいろんな意味で原点なのだという思いが強かったわけですね。

「感謝の碑」について二人のあいだで出た話というのは、どこにもないものをまず作ろうじゃないかということでした。犠牲になった人たちの霊を慰めるという大前提で、我われ民族の気概を日本のみならず世界に示すもの、長く長くそれが保存できるもの、という話です。我われの国は中国と並んで、青磁や白磁に代表されるような焼き物の国なのだから、碑は焼き物で作ろうじゃないかと。碑と申しますと大体は天然の石なのですけれども、それを陶磁器で作るという発想です。しかも全体が、土台の石まで合わせて約一メートル五〇センチ、重さは四五〇キログラム。相当な重さのものなのですね。それをすべて、韓国国内で製作し、また、韓国全羅南道産の烏石という黒御影の、土台の石まで探しだして製作したわけなのです。そして、白頭山は民族の気概を表わす象徴であるということで一番上には白頭山を配して、金剛山もそこにもってくる。それに、朝鮮では一〇の平和と長生きを象徴する生き物ということで日・月・鶴とか松・不老草とか下に海を配したものであしらい、象嵌手法で仕上げたということです。

これをとにかく九月一日に間に合わせて除幕式をやろうじゃないかということで、韓国の空港まで持ち込んだのはいいのですけれども、これはすぐに運搬できないということでクレームがかかりまして、これは九月一日に間に合わせるのが無理なのじゃないかといういきさつがありました。しかしながらその陶芸家の先生とその仲間が非常にがんばってくれまして、空港当局、運輸関係と折衝を重ねて、三〇日の便に乗せてくれまして、重たいものを成田空港まで運びました。

製作者の方は一足先に着いていて、準備のために待ち構えていたわけです。途中、千葉県柏市に私の友人、先輩がおりまして、そこでまた相談をひとしきりしました。たまたま居合わせた柏市の町会長葛西賢一さんが話を聞いて、「感謝の碑」に植える松を寄贈してくれました。松は日本で調達しようということで、その方がわざわざ適当な大きさの松を探してきてくれました。三一日に搬入し、その松も近所の植木屋さんの協力も得ながら同時に設置して、九月一日の序幕に間に合わせたということです。

真田さんは、「確かに祖父が工場で働いていた朝鮮人を何人かかくまって、保護するために警察まで送り届けたという話に関しては、自分の母から常々その話を聞かされております」ということだったのですけれども、やはりその碑の重みというのを真田さん自身が非常に恐縮するような気持ちだったそうです。あとでいろいろまた話を聞きますと、真田さんのおじいさんが地元のいわゆる名士であったということもあり、その話がだいぶ近隣にも広まったようです。その間にいろいろな複数の団体や個人の方々が、引き続き訪れたこともありまして、お寺さんと真田さんも具体的な説明に困るということで、今年（二〇〇三年）六月には、簡単な解説の文をそこにつけて見学に訪れる方もわかるように配慮をして下さいました。

3 「感謝の碑」建立の意味

在日の立場から申し上げますと、私は、この碑を建てることによって自分の子どもはもちろん、在日の若い層、二世はもちろん三世や四世など後生の者にこの事実を知ってもらいたいと思います。我われ在日が、不必要な遠慮をするということでなくて、これをきっかけに在日の歴史、日本と朝鮮の間の古代から近現代史にいたるまでの、歴史的事実をもっと深く正しく知ってもらいたいという思いがあったわけです。また、正しい歴史的観点から歴史的事実、史実を正確にみつめるということについて私個人ができることは、まずこういういきさつからして「感謝の碑」を建てるということだと思いました。具体的に証人もいる、具体的な史料も近年数多く出ているということから、行政にもこれを直視してもらいたい、そういう思いが非常に強かったわけですね。そういう意味から「感謝の碑」というのが建てられたわけなのです。ここにはまた在日の書芸家であります中英愛《シンヨンエ》さんが協力してくださいまして、それは碑文に彫られております。

「感謝の碑」の内容について、いろいろ見方があろうかと思いますけれども、在日の人に私は「感謝の碑」とはなぜだと言われたことがあります。結局その人も、私の建立に至るまでのいきさつを話したら納得してくださいました。「感謝の碑」がその後いろいろなところでまた静かな波紋を投げかけたということです。墨田区議会での陳情が否決されたということが直接的なきっかけではありましたけれども、「感謝の碑」がいまこうして建っていることに関しては、周辺から在日の歴史を残すという意味では小さいながらもそれなりの意味があったのではないかというふうに思います。

それから、私がこれと関連して言いたいことは、八〇周年というこの節目の年に、この東京で幅広い広範な日本の方々の協力を得まして、虐殺された朝鮮人の霊を慰めるという意味で、「慰霊碑」を建てる必要があるんではないかということでいろいろ行動もしてみたのです。けれども、ご承知のようにそれ以前もそうでしたが、日本の小泉内閣が誕生した後に、私たち在日はもとよりその日本の良識ある方々が危惧するような事態が現実化して、どんどんエスカレートしているのでは……。そういう問題に関して、いまの流れでは、私はこういう訴えが簡単に受け入れられるような情勢ではないということを考える時に、この八〇周年という節目の年に、そうした逆風の中で一歩一歩前進して、それをもっと確実なものに、もっと幅広いものに積み上げてからでも遅くはないのではないかと感じて、いったん次なる在日の慰霊碑建立については保留にしてある状況であります。

最後に、ここ二、三年、少なくとも今年に入りまして、具体的には「創氏改名論」や、朝鮮植民地に対する「合法論」「国際的容認論」などといった発言が現役の閣僚の中から相次いで飛び出す事態は、昨日今日に始まったことではないのですが、歴代政権が誕生するたびにこういう暴言を吐いているということに関して、深い憤りを覚えるわけです。これは私だけでなく、民族全体からしてもとうてい我慢のならない憤激をかうという事態であります。

在日には、在日子弟の教育問題で大学受験の資格を認めない。欧米系の学校に関しては認めるけれども、朝鮮学校の卒業生に関しては認めない、教育の機会均等の場をうばう、こういう面でも差別をしている。ただ、この問題に関しては、非難轟々、世界から批判をされ撤回をしまして、いまは前進をしているという方向にあります。「私はこのごろ新聞ですとかテレビもつけたくない。テレビをつけると『北』の核だ、ミサイルだ、拉致だという問題が、報道されない日はない」そういうことをおっしゃる人がおりました。

私はいま冷静に判断しても、悪者扱いというこの流れが、偏見差別を助長する動きとして、具体的には「北」にまつわる問題だけでなくて、これがひいては在日朝鮮人に、アジアの民衆にいくのではないだろうか。これはもう韓国・朝鮮を問わず、国籍・所属団体を問わず、その矛先がやがてはどういう方向にいくのだろうかと思います。「草の根の右翼」という言葉もあるそうですけれども、こういう若い層の考えもかなりの広がりを持っているという話を私は聞くたびに、危惧をするわけなのです。昨日の報告の中でもあったのですけれども、世田谷区では自警団を組織したことに関して評価の声が上がったりしている。私がじかに目撃したものでは外国人犯罪に気をつけましょうという、いわゆる外国人排斥思想を煽りたてるであろう東京北区での町内会の各掲示板がありました。中国人の犯罪であるとか韓国人窃盗団であるとか、そういうニュースをエスカレートさせて、その矛先を結局どういう方向にむけていこうとしているのか。

私は八〇年前のその関東大震災のその異常事態といまの流れと本質的にどれだけの差があるんだろうかということを今も考えたりしているのですけれども、しかしながら時代は大きく変わっていくと思うのですね。逆風の中にあるとは思いますけれども、これは私はいつまでも長く続くとは思っておりません。そういう意味でこれは八〇周年が大きな節目ではありますけれども、新たな出発の第一歩として自分自身は何ができるのかを考え、また新たな第一歩として日本の方々と手を携えて、この運動をどんどん盛り上げていかないといけないという思いを強くしております。

メッセージ　関東大震災八〇周年に寄せて　埼玉であったこと

河《ハ》　正《ジョン》雄《ウン》
（光州市立美術館名誉館長）

はじめに

本日、関東大震災八〇周年記念集会の開催にあたりこれまで実行委員会の皆様が関東大震災によって引き起こされた諸事件、それによって犠牲となった人びとを追悼、この歴史的経緯について追求する学習会を開き、多くの関係資料を発掘して、これらの真実を広く報告されてきましたことに対し敬意を表する。

埼玉県には関東大震災（大正一二［一九二三］年）による朝鮮人犠牲者の慰霊碑、供養塔、墓などが数多く残されている。熊谷市の熊谷寺に約七〇名、本荘市長峰墓地に八八名、上里町神保原の安盛寺に四二名の慰霊碑がある。児玉町浄眠寺に無縁の供養塔、寄居町正樹院に具学永の墓、さいたま市大宮の常泉寺には姜大興の墓などがある。

毎年、熊谷市、本荘市、上里町など行政が主催し、地元の民団や総連も参加しての慰霊祭が行われ、それぞれの寺院では住職が手厚く慰霊している。私は幾度か九月一日の慰霊祭に出席し、流言蜚語による軍、警察、自警団による大量殺戮で受難した同胞たちの霊に合掌した。

1 川口でのこと

私は一九五九年に秋田より川口市領家に移住してきた。仙元橋、耶木《なぎ》の橋の近くで、領家はまだ未開の地でアシヤナギが茂っていた。芝川付近は鋳物工場が林立している一大工業地帯であった。そこに入野鋳工所があった。高校時代、母の手伝いで秋田から運んだヤミ米を買って下さったお得意さんである。社長であった入野作一氏（故人）の家屋を譲り受け、領家に住むようになったのが川口での生活の始まりであった。

入野作一氏は時折、私の足を止めて、関東大震災の話をしてくれた。「『朝鮮人が放火した』『朝鮮人が井戸に毒を入れた』と官憲が流したデマは震災翌日から広がった。その責任を朝鮮人と社会主義者、そして自警団に押しつけた事件。猟銃や鳶口、竹槍や日本刀で武装した自警団がデマに踊らされて、何の罪科もない朝鮮人が関東全域で六六〇〇人以上がその暴力により虐殺された。天災であると同時に人災である。血生臭い歴史は日本人の恥であった」と語った。

「大震災の時、闇に紛れて木船が岩淵より舟戸ヶ原に近づいて来るという半鐘が鳴った。自分は家にあった日本刀を持って駆けつけた。現場では自警団が集団で船の中の菰《こも》の下に隠れている朝鮮人を竹槍で突き、日本刀で斬りつけていた。その時、何のためにと考える余裕はなく、ただ恐怖と朝鮮人に対する憎悪だけがあった。それは如何に当時の日本人が狂っていたかということであった。翌日、荒川は血で染まり、人肉を魚が食べているのを見たときは怖かった。今でも夢に見ることがある」と懺悔していた。

家の近くの宝湯という銭湯で、浅黒い肌のガリガリとした小柄な鋳物職工とよく会うことがあった。

この人も入野作一氏と同じく自警団として舟戸ヶ原に駆けつけた一人であった。「朝鮮人など人間ではない。こちらがやらねば朝鮮人にやられると思い込んでいた」と、その時のことを体を洗いながら武勇伝のように自慢していた。反省など何ひとつ感じられなかった言葉に苦々しい嫌悪感を感じ、それはいまだに晴れることがない。

一九八〇年、青木町にある得信寺（浄土真宗）を訪ねた。同じ町内に住む朝鮮人が得信寺に関東大震災の時の朝鮮人犠牲者の遺骨があると教えてくれたからである。「愚かさとは深い知性と謙虚さである」と寺門の脇にある掲示板に貼り紙があった。高口得信住職は新潟出身の方で、以前は川口神社がある金山町で寺を営んでいたという。一九五九年に庫裡《くり》を青木町に建て、一九六三年に霊堂を建てたと得信寺縁起の石碑に記してある。

住職が「長い間この寺に祀っていたが縁故者があらわれたので、その遺骨は帰しました」と答えられたときは安堵したとともに、よくそれまで守って下さったと感謝した。そのことが起因となって川口にも犠牲者が、どこかの寺に葬られていることだろうと舟戸ヶ原付近の善光寺や錫杖寺《しゃくじょうじ》、そして私の家の近くにあった正覚寺、実相寺、光音寺（ここには私の父が眠っている）など訪ね調べてみたが、どの寺もそのような痕跡がなかった。何もなくてよかったという気持ちと、腑に落ちないわだかまった気持ちをいだく。今も心によぎるのは入野作一氏や鋳物職工の話と得信寺に遺骨があったという事実、山田昭次立教大学名誉教授の調査研究によると、荒川放水路沿いで軍隊に機関銃で大勢の朝鮮人が撃ち殺されたという報告をされた事実などから、

川口付近でも歴史の中で封印されていることが多いと思われるからだ。

2　尹炳道氏の願いと慰霊祭

一九九五年、長瀞に住んでいる在日一世の尹炳道《ユンビョンド》氏が高麗山聖天院横田辨明《よこたべんめい》住職に「終戦までに数十年間にたくさんの無縁仏が日本のあちこちに散在して、誰も訪れる者がいない。なんとかこの地に葬り供養したい」と申し入れた。そして私に「日本国内における民団や総連の垣根を越え関東大震災、第二次世界大戦で犠牲になった同胞の御霊と渡来人の御霊が安眠できるように供養したい。在日韓民族無縁の霊碑建立の事業に協力してほしい」と頼まれた。

「熊谷、本荘、上里で関東大震災の朝鮮人犠牲者の慰霊祭に出席してきたが、いつもイデオロギーによる民団と総連が鍔《つば》迫り合いをして先陣争いをする。スタンドプレーの見苦しい風態は在日韓国、朝鮮人の恥である。霊に対しても、心ある日本人にも申し訳ないことである。なんとか霊が鎮まり安寧でありますように、この聖天院に静かに祀り供養したい」と尹氏は付け加えた。

二〇〇〇年一一月三日、深谷市に住んでいる石田貞氏の協力を得て埼玉県における関東大震災の朝鮮人犠牲者二〇七名の過去帳を奉安して、私は聖天院在日韓民族無縁之霊碑の除幕・開眼法要の式辞を述べた。

「二〇世紀は、韓日、朝日、両民族の歴史において、まさに激動の時代でした。在日同胞一〇〇年の歩みはまさにその象徴であります。この一〇〇年のあいだに、祖国を離れた異国の地で、望郷の思いを噛みしめながら痛恨の生涯を終えた人びとはどれほどの数になるでしょう。今日に至るまで、我が在日同胞は、家業に精励し、子弟を養育し、あらゆる苦難を乗り越えて祖国と日本の発展に大きく寄与・貢献して参りました。

在日一世尹炳道《ユンビョンド》氏の発願により、聖天院寺域奥山に、在日韓民族無縁之霊碑と納骨堂、並びに慰霊塔が建立されました。歴史の中で犠牲になられた在日同胞たちの御霊が安眠できるように供養したいとの願いからであります。それはまた、在日同胞が歩んだ苦闘の歴史が風化しないように、歴史の真実が埋没しないように、子々孫々にまで語り継ごうとの願いによるものであります。民族の統一を願い、日本と韓国・朝鮮の友好・親善を願う多くの皆様のご理解とご尽力によって、この事業が実現しましたことは、何よりの喜びであります。

先人たちが歩んできた二〇世紀の歴史を、二一世紀を担う若い世代に伝えていくことは、我われに課せられた大きな使命であります。慰霊碑の建立が、在日同胞の願いを新しい世紀に伝える新たな一歩になることを祈念するものです。私たちは二一世紀に向け、よき兄弟として、争わず信じあうよきパートナーとして善隣・友好の絆を深めていかなければなりません。本日ここに、よい心、広い心、同じ心を通い合わせて、未来の子孫のために、世界のため、人類のために寄与・貢献し、豊かで平和な二一世紀を創造する起縁を結んだことは、諸霊に対する何よりの供養となるでしょう。諸霊のとこしえに安らかなることを祈ります」。

毎年九月五日は聖天院のお施餓鬼の日であるが霊碑の建立以後、関東大震災朝鮮人犠牲者の諸霊を慰霊する日となった。この日は日韓の歌人たちが集い献歌祭を開いている。

過去の記憶は社会の財産で、我われ在日同胞の財産であるという認識。この尊い犠牲を無駄にせず教訓を生かして同胞社会の発展と住みよい環境づくりに精進する。過去をないがしろにせず、きちんと反省し学んで歴史の流れとして子々孫々伝えていく。真の善隣への懸け橋をつくる役割を担おうという誓いのためである。

3　歴史は繰り返される

震災での死者は約一〇万人。うち火災旋風による焼死者は九万一千人で犠牲者の身元が確認できなかったという史実から見て、地震より火災による二次災害が恐ろしいのだということを示している。

だが私は「デマが怖い。ふだんは実直な民衆が棍棒や日本刀を振り上げた、竹槍を持って突いた人びとの心理が怖い。ああいう凶行がもう起こらないと誰も保証できないだろう」と言いたい。

一九九九年九月七日、本荘市にある長峰無縁墓地で心ない事件が起こった。朝鮮人犠牲者慰霊碑を囲む石柱二三本の内、七本が倒されたのである。また碑の西側にある無縁の墓三四基の内、二七基が倒され、内七基がハンマーで割られてしまった。目撃者の証言によると三〇代から四〇代の男が犯行に及んでいたらしいが、犯人を逮捕することができなかったために、この事件は三年後に時効を迎えた。

また最近の朝鮮人学校女生徒の制服であるチマ・チョゴリを切り裂くという事件や、建国救国団の朝鮮人を日本から駆逐するまで爆弾を仕掛けるなどと恐迫するという事件などは陰険極まりないものがある。

集団虐殺の事実が終戦の日まで明らかにされなかったという事実は、国がなかったため韓国人はあれだけの残酷な虐殺にあって、人権侵害に抗議することはもちろん、弁明の機会もなく事件の調査要求もできなかった無念を知らなければならない。朝鮮人の恨《ハン》という感情にあまりにも無知な行為であると言える。

虐殺事件の根源には日本社会に民族差別がいまだ根深く残っていることを再確認させる。この事件は在日同胞の歴史の原点で、忘れてはならない悲劇である。そしてこの悲劇はいつ何時、繰り返されるとも限らない。我われは英知と理性をもって防災に務めなければならない。

おわりに

私が語りたかったのは、辛く苦しい時代を共に生きなかったからといって目を背けるのではなく、恋人や母親に対し、別れを告げることなく亡くなった人たちが何を思い、何を言いたかったのかを理解したいからだ。

何の罪科もなく、無造作に命を奪われた人たちは大義のために死んでいったのではない。未来の子どもたちのためにも、亡くなっていった無名の人たちを私たちは忘れてはならない。彼らは歴史における悲劇をもって、生きるということの価値を私たちに教える師であり、間違った道を進まぬための物言わぬ道標であるからだ。

思い出してあげること、それが何よりの供養である。それゆえに、亡くなった物言わぬ人たちの代弁者となり、生きている私たちが語り継いでいかねばならない。彼らには慰霊される権利があり、過去を礎《いしずえ》にいまを生きている私たちには慰霊をせねばならない義務があると思うからだ。過去の惨劇を風化させないことが私たちの務めであると胸に抱きつつ、日本と韓国「二つの祖国」で私は生きている。

シンポジウム② 質疑・討論・まとめ

佐藤 義弘
（歴史教育者協議会）

1 福田・田中村事件研究

石井雍大《ようだい》氏の報告に対して、「売薬行商人に対して危害を加えた加害者には、相手が『部落』の人たちであるという認識があったのか」という質問があったが、石井氏の回答はつぎの通りである。「福田・田中村に何度か聞き取りに行ったが、現地の人びとは、『部落』の人びとだとは思っていなかった。私（石井氏）もそのとおりだと思う。宿代だけを払って自炊する最も安い木賃宿に行商の一行は泊まっていたため、鍋・釜を持ち歩いていた。その貧しそうな様子から村人たちは、偏見を持ったのではないだろうか」、「のちに福田村の村長となった人物も、事件の当日、大八車を引いている行商人一行を見ていたが、『部落の人とは、思わなかった』ということであった」。

また、石井氏の報告に対して別の参加者は、以下の感想を寄せている。「当時住んでいた人びとが『加害者』になってしまった福田・田中村の住民が、事件の再検証が進むことに対して困惑している。似たケースにポーランドでのユダヤ人殺害事件がある。ナチスの憲兵隊が手を下したのではなく、村の住民がユダヤ人を殺害してしまった。その事件についての再検証に対して、村の住民が示す反応と福田・田中村の住民が示す反応には、近いものを感じました」。

2　千葉での朝鮮人犠牲者の遺骨掘り起こしと慰霊碑の建立

平形千恵子氏の報告に対して、「収容した朝鮮人に対して、憲兵隊がスパイ（間諜）を送り込み、『殺す人物』と『そうではない人物』とに選別していたのではないか」という質問があったが、平形氏の回答は以下である。「聞き取りの中で、申鴻湜《シンホンシク》さんというリーダー格の中で最も若く、当局から『目立っている』と思われた人は取り調べを受けた。一方、曹仁承《チョンインスン》さんという労働者だった人は受けなかった」、「また元兵士の証言では、スパイを送り込み、『良鮮人』と『不逞鮮人』とを分け、後者は引っ張り出して殺したという証言があった」、「このような証言から、三・一独立運動との関係があると思われるが、憲兵隊はマークすべき民族的意識の強い人や運動を起こしそうな人を分けていたと思ってきた」。

さらに平形氏は、「以上のように思ってきたところ本日（二〇〇三年八月三一日）の朝日新聞に『名古屋で出た憲兵隊の記録によると収容所にスパイを入れた』という記事が載った資料を見て、今後も追究したい」と述べた。

3　日本軍の軍属とされた朝鮮人・朝鮮人被爆者

河正雄《ハジョンウン》氏のメッセージに対して、「慰霊塔の建立によって供養された在日同胞の御霊とは、どのような人たちをさすのか。日本軍の軍属とされた人も含まれるのか」という質問があった。河氏の回答は、「第二次世界大戦中の朝鮮・日本での日本軍の軍属（特攻隊員も含めて）とされたすべての人びとを含むものである」ということであった。

さらに軍属とされた朝鮮人に関する発言が続いた。「在日」の参加者のお一人は次のような人物を紹介し、軍属とされた多くの朝鮮人の悲惨さを訴えた。「（私の知人）キム・デボンさんは、一三歳の時にだまされて朝鮮から、日本に連れてこられ、炭鉱で働かされた。炭鉱のタコ部屋を脱走したが憲兵に捕まり、日本軍の軍属とされ、満州に連れて行かれた。満州でソ連軍の捕虜とされ、シベリアに強制連行させられた。戦後、韓国に帰国しようとしたが、李承晩政権ではシベリアからの帰国者は『赤』とみなされていたため、帰国できなかった。そこで、日本に行ったが、密入国者とされ、長崎の大村収容所に収監された。その境遇に見かねた人がいて、日本人の養子となってやっと日本に住むことができた」と。「朝鮮人の強制連行者に対する聞き取りが進められているが、キム氏のような悲惨な体験をされた人の数は、ものすごい数になる」と発言者は訴えた。

この発言を受け、河氏は広島・長崎での朝鮮人被爆者（広島では二万余人）もまた第二次世界大戦の犠牲者であることを指摘された。

4　イデオロギー・民族・国境を越えて

美術に関係され、光州ビエンナーレ（河氏は、光州《クァンジュ》市立美術館に、ご自身が蒐集した在日朝鮮人画家の絵を寄贈されている）で学ばれた方からは、河氏に対して「日本は朝鮮半島から美術の知識・技術を学んできたのに、震災の際に朝鮮人に対する虐殺があったことを知ってショックである。美術という普遍的な知性を学んでいる若者は、どのようにして社会に貢献するべきか」と問いを投げかけられた。これに対して河氏は「光州《クァンジュ》での第一回光州ビエンナーレのテーマは『境界』であった。そこに込められたものは、イデオロギーも、国境も民族も越えて、ひとつの美術、さらには人類がひとつになろうということであった」と答えた。

5　日本の近代史でふれられてこなかったこと

鄭宗碩氏は「新宿・大久保の高麗博物館の展示は、震災直後の朝鮮人虐殺などの〝地獄絵図〟を赤裸々に表現しているものであること。黒澤明監督の映画題材にも、監督が少年時代に目にした震災後の〝地獄絵図〟が背景としてある」ことを指摘された。さらに鄭氏は、日韓交流年であった二〇〇二年、日韓教育者シンポジウムが千葉県館山市で開催され、韓国から高校生も招かれ、日本の高校生とともに公開授業が行われた折のことを指摘された。それは、「公開授業のテーマが『消された日の丸事件』であり、ベルリン・オリンピックのマラソン優勝者の孫基禎《ソンキジョン》の痛みや、彼の胸につけられた日の丸を消したため朝鮮人新聞記者が拷問され、廃刊に追いこまれた新聞のことを韓国の生徒は全員が知っていたのに対し、日本の高校生がほとんど知らなかった」ことである。このことから鄭氏は、「うわべだけの〝日韓親善〟ではなく、正しい歴史観を日本人がまず持つことが大切である」と問題提起された。

同じような問題を、先述した「在日」の参加者も指摘している。「千住大橋のたもとには陸軍中尉の名のもとに八紘一宇の碑が、白鬚橋のたもとには明治天皇御行幸の碑がいまでもある」との発言があったが、この発言者は、感想の中で次のように述べている。「日本人の大多数の民衆は知らない。今までの日本政府が、アジア近代史における日本の『加害』を隠蔽してきた『成果』が、拉致問題に象徴的に現れていると思う。『脱亜入欧論』の福沢諭吉が一万円札であることに代表されている」と。

おわりに

以上が討議であったが、日韓親善・アジアとの友好をめざしていくためには、今までの日本の近現代史の中で、「隠されてきた加害の側面」をきちんと知っていくことが不可欠であること、また震災時の朝鮮人虐殺を掘りおこし、継承することもそのひとつであることを再認識した討議となった。

シンポジウム③

関東大震災と現在・未来

関東大震災復興小学校と御真影奉安庫
――天皇制教育の舞台装置

東海林次男
（大田区立貝塚中学校）

はじめに

私は、これまでに大田・平和のための戦争資料展や品川平和のための戦争展の実行委員の一人としてかかわってきた。そのなかで、地域にも戦争があったという視点で地域に残る戦争遺跡を掘りおこし、それらの遺跡や遺構を通して戦争を語らせようとしてきた。

東京大空襲のとき、鉄筋コンクリート造建物に避難したために助かったという証言や逆にそのために多数の人が亡くなったという話も聞いた。それらの建物のなかに、関東大震災後の同潤会アパートメントや復興小学校がある。前者は、老朽化と手狭なために多くがすでに改築が済み、残っているのは青山・三ノ輪・上野下・江戸川・大塚の各アパートメントであった（その後、青山・江戸川・大塚は解体された）。その調査が一段落し、ちょうど復興小学校にも手をつけようと思っていた矢先に、滝口正樹さんから「中央区立常盤《ときわ》小学校に防空壕が残っている」という情報が入った。常盤小学校を見学して驚いたのは、防空壕として使われた地下室よりも、職員室の校長・教頭席の後ろに鎮座している御真影奉安庫の存在であった（写真1）。というのは、十年ほど前に奉安殿が神社に転用されて現存していることを確認してから、天皇制教育の舞台装置としての奉安殿や御真影が頭から離れなかったからだ。

1　関東大震災と帝都復興——復興小学校と小公園を中心に

一九二三年九月一日、関東地方は激しい地震に襲われた。地震のゆれで多くの建物が倒壊し、昼食の用意のため火を使っていたので火災が発生し、陸軍被服廠《ひふくしょう》跡地での約三万八〇〇〇人の犠牲者をはじめ、各地でたくさんの死者が出た。その阿鼻叫喚のどさくさのなか、デマがながされ、軍隊・警察や自警団によって朝鮮人、中国人、社会主義者らが虐殺された。ところで、人々が必死で逃げ回っているさなか、次のようなこともあった。「九月二日午前五時全校舎焼失。御真影は、一日午後二時半、安西校長之を奉じて西黒門交番に、同五時上野公園前交番に夕刻池の端弁天前に奉遷し、二日朝忍ヶ岡小学校に避難し、午後谷中墓地に御真影を奉じ、三日美術学校内の戒厳軍隊本部に依頼し、四日本郷岩崎邸に、後宮内省に奉遷した」（東京市役所『東京市教育復興誌』一九三〇年）と。これは、黒《くろ》門《もん》小学校（現台東区《たいとうく》）の例であるが、他の学校でも同様のことが行われている。

関東大震災後の帝都復興事業は、区画整理、街路と広場、運河と橋梁、三大公園（後述）、小学校と小公園など、多方面に及んでいる。たとえば、幹線道路では昭和通りや大正通り（現靖国通り）等が整備され、隅田川に架設された六大橋（相生橋、永代橋、清洲橋、蔵前橋、駒形橋、言問橋）は復興事業で誕生したインフラである。

一方、震災の貴重な教訓として、防火帯や避難地として公園の重要性

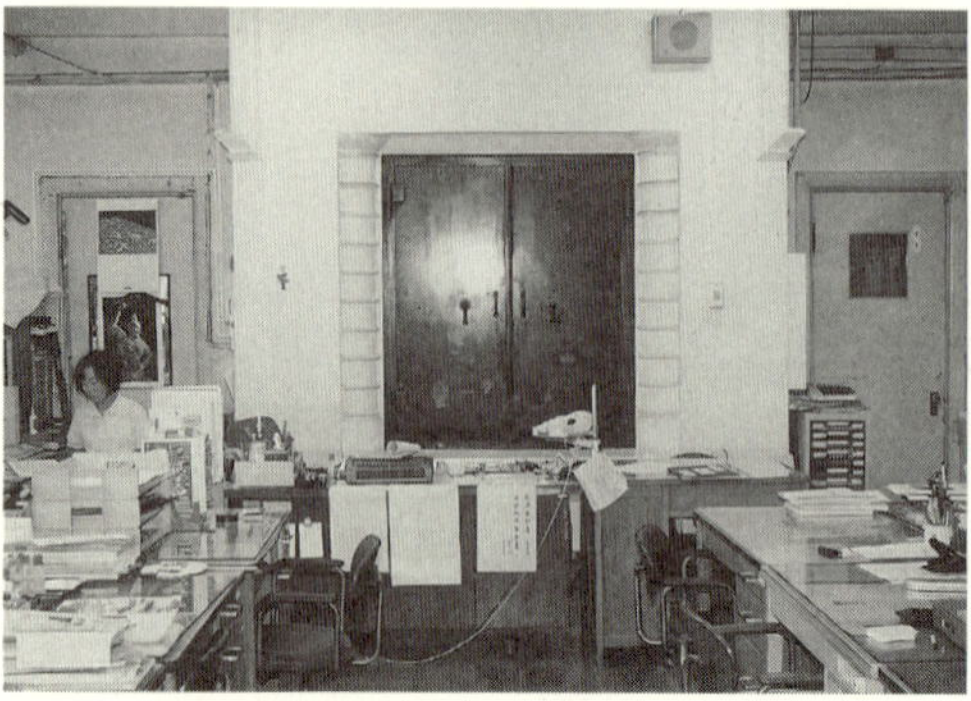

写真１　御真影奉安庫（常盤小学校）

が認識された。復興事業によって隅田《すみだ》、錦糸《きんし》、浜町《はまちょう》の三大公園と小学校に隣接させてつくった五二の小公園が新設されたのは、市民の健康、レクリエーションのみならず、それらが重要視されたためである。小公園は三〜四割を植栽地、六〜七割を広場とし、道路との境界は容易に越えられるように低くし、災害時の住民の避難地になるように配慮した。

佐野利器《としかた》が指導した東京市建築局の復興建築は、病院、卸売市場、区役所、小学校（一一七校）など多岐にわたった。そのなかで最も重要な意味をもっていたのは、地域のコミュニティの中心として小学校とそれに隣接した小公園をつくり、しかも都市不燃化のシンボル・拠点として鉄筋コンクリート造の立派な建物として小学校を新築したことである。教育局は小学校に水洗便所や暖房は贅沢だといい、また畳を敷いた作法室を設けるよう強く主張した。これに対し、佐野は「水洗便所は小学校内の衛生ということだけでなく、子供を通して市民の衛生思想を高めたい」と譲らなかった。また、作法室についても、「今日は理科教育と公民教育とが一番大切だ。理科教室なら工夫して整備しよう。今はお辞儀の稽古の時代ではない」と。このように、東京の復興小学校のモダンな設計と水洗便所には、佐野の近代合理主義が体現されている（越沢明『東京の都市計画』岩波新書、一九九一年）。

2　復興小学校の造りと現状

東京市の復興小学校の建築規模および構造は、次のとおりである。「十六学級乃至三二学級、構造は鉄筋コンクリート三階建で地質に依りて地階室を設けた。地階室は主として汽缶室、物置、使丁室に充て特別教室に利用した所もある。付属施設としては暖房（蒸気又は温水）、電気、水道、瓦斯、衛生（水洗便所）等の諸設備を施し、屋内体操場は講堂を兼ね、（中略）小動物、小鳥、魚類等を飼育する場所を設け、教育上の参考とした」（前掲『東京市教育復興誌』）。

現存している主な復興小学校は、第1表の通りである。その中から数例を紹介する。

〈中央区立常盤小学校〉　同校は、一九二九年に常盤公園とともに建てられた。アーチ型の玄関を入ると両側に足洗い場がある。廊下や教室には腰板を張り、階段の手摺、柱などには曲線がふんだんに使われている。当時は絵画室（現家庭科室）と工作室とが別々に造られていた。音楽室は音響効果を考えた円弧の天井で、教壇も凝った造りである。煙突の跡が残り、これはスチーム暖房が行われていた証拠である。水洗便所は言うまでもない。屋上庭園もある。校庭へは一階から直接出られるようになっていて、朝礼台も造られている。職員室には御真影・勅語類を収容する耐火金庫式の御真影奉安庫がある。体育館の屋根はガラス張で太陽の光がいっぱい入るようになっていた。ギャラリー部分も曲線を活かした造りである。舞台中央には、天皇・皇后の写真を掲げる御真影奉掲所が職員室の同奉安庫と同じ意匠でつくられている（写真2）。

〈中央区立城東《じょうとう》小学校〉　当時の名称は京橋昭和小学校で、一九二九年に竣工。階段中央に柱が立ち、広々としていて上り下りが区別できる。階段手摺は戦時中の金属供出のため取りはずされ、その痕跡

第1表　東京都内の主な現存復興小学校
（現況と隣接する小公園の有無）

区	学校名	RC 造校舎竣工	奉安庫	奉掲所	地下室	小公園名
中央区	常盤	1929	有	有	有	常盤
	阪本	28			有	坂本町
	城東	29	有	有		無
	中央	29				鉄砲洲
	明正	27		有	有	越前堀
	泰明	29			有	数寄屋橋
	明石	26				無
	旧十思	28	撤去		有	十思
	旧京華	29	撤去	有	有	無
台東区	黒門	30	有	改築		無
	小島	28				小島
	旧柳北	26	有	改築	有	柳北
	旧下谷	28	有			無
	旧坂本	26		有	有	無
千代田	九段	26	有		有	東郷
	旧永田町	＊37	有			無
文京	旧元町	27	有		有	元町
新宿区	旧四谷第五	＊34			無	
	津久戸	＊33	有	有		無
港	旧愛宕	28				無

注：RC 造校舎＝鉄筋コンクリート造校舎。＊第二期改築。

が残っている。踊り場は腰板が張られた曲線空間で、天井が非常に高い。教室の壁にガス灯の部品が残っている。職員室の御真影奉安庫と体育館の同奉掲所の意匠は、ここでも同じである。

〈旧新宿区立四谷《よつや》第五小学校〉　一九三四年の完成で、第二期の震災復興小学校群である。竣工時に

「東洋一のモダン校舎」と紹介され、全面ガラス張りの階段室、特別教室群の全面に張り出されたカーテンウォールのガラス面など、優美な外観に特徴をもつ。職員室の大理石製御真影奉安庫は高い位置にあり、梯子を使って出し入れを行ったと思われる（写真5）。一九九七年に廃校となり、旧校舎は区施設として使われている。

〈横浜市の復興小学校〉　関東大震災の震源地により近い横浜市では、二一九校の復興小学校が造られた。その主な特徴を列挙してみる（横浜市建築課編『横浜市立復興小学校建築図集』一九三一年）。ただ

写真2　御真影奉掲所（常盤小学校）

写真3　明石小学校と聖路加病院（左）

写真4　御真影奉安庫（旧元町小学校）

写真５　御真影奉安庫（旧四谷第五小学校）

写真６　御真影奉掲所（旧京華小学校）

し、それらのすべてが、一九八五年までに新校舎に生まれ変わっている。
・児童昇降口に靴洗設備をつけ、上ばき、下ばきの区別をなくした。
・特別教室として、理科、手工、裁縫、図画、歌唱室を設け、歌唱室以外は、それぞれ、その準備室を設けた。
・御真影奉安所を設けた。講堂の壇上中央に、御真影設置棚を設けた。
・一校に三箇所の階段を設けたが、そのうちの一箇所だけを斜路（スロープ）とした。
東京市立小学校の造りと共通する点が多いなか、スロープは際立った特色であり、東京市立小学校には見られない。御真影奉安所は、東京の同奉安庫であるが、東京のものより小さく、応接室の壁面中央に埋め込まれているなど、東京とは異なる造りである。御真影設置棚は、東京の同奉掲所にあたる。

〈旧東京市立千代田小学校の御臨幸記念塔〉　千代田小学校は、一九二九年の竣工、東京大空襲で全焼し廃校になった。現在、その敷地を日本橋中学校が引き継いでいる。千代田公園と校庭の境ははっきりしないが、その一画に金鵄《きんし》と推測される鳥が載っている塔がある。

一九三〇年三月二四日、昭和天皇は復興帝都巡幸と称して、九段坂上、府立工芸学校、上野公園、隅田公園、震災祈念堂、本校、市立築地病院を見てまわった。それを記念して一九三三年に建てられたのが、この塔である。

3　御真影奉安庫と同奉掲所

東京市立復興小学校では、御真影奉安庫は職員室に、奉掲所は屋内体操場にあり、細部は学校によって異なるものの一般的な仕様は次の通りである。「奉安庫＝鉄筋コンクリート壁内面〈アスペス《ママ》トモルタル〉ニ分厚ニ塗リ桐無地板ニテ堅羽目張リ内防火扉ハ鉄板八厘厚ノモノニ〈アスベスト〉ニ分厚板張リ外扉鉄板一分五厘厚両面張リ内部ニ石綿ヲ填充金庫式ニ仕上ゲ図面ノ通リ製作工合良ク釣込ムベシ　奉掲所＝外部漆喰塗リトシ扉及枠米檜又ハ楢図面ノ通リ製作シスパ《ママ》ーニス塗リ内部木材下地ニ〈タイガーボード〉打付ケ壁紙係員指定ノモノヲ張リ立テ隅々ニ絹紐打廻スベシ　奉安庫、奉掲所等ハ特ニ清浄ニ施工スベシ」（『東京市元町尋常小学校復興建設仕様書』）

4　天皇・皇后の分身としての御真影

御真影と対になって天皇制教育を押し進めたのが教育勅語である。文部省は、教育勅語発布の翌年の一八九一年、それまでは単なる休日だった祝祭日当日に教職員・児童を登校させて、御真影への拝礼、教育勅語の奉読、祝祭日の意義についての校長訓話、式歌斉唱などの式目からなる、荘厳な学校儀式を行うこととし、翌九二年四月から実施させた（詳しくは、佐藤秀夫編『続・現代史資料八　教育　I御真影と教育勅語』みすず書房、一九九四年参照）。

御真影の下賜は、学校の設備や管理体制に少なくない影響を与えた。関東大震災が起きたのは、天皇制教育が浸透してきた時期であり、冒頭に記したように、命懸けで御真影・勅語類を奉遷している。なかには、「御真影守護重要書類搬出に奮闘したが力及ばず壮烈な最期を遂げた殉職教員に対し、（中略）勲八等に叙せられた」として一〇名の学校長・訓導名が載っている（前掲『東京市教育復興誌』）。その教訓から鉄筋コンクリート造校舎が建てられ、耐火金庫式奉安庫が設置される。それを踏まえ、次のような奉護規定がつくられた（『城東尋常小学校要覧』一九三五年）。

御真影勅語詔書謄本奉護規定

第一条　御真影ハ勅語並ニ詔書謄本ト共ニ職員室正面金庫式奉安庫ニ奉安ス

第二条　御真影ハ桐箱ニ蔵メ奉安庫内ノ台上ニ奉置シ内側壁面ニ触レザルヤウ注意スルモノトス

第五条　御真影ノ取扱ニ際シテハ清浄ナル手袋ヲ用ヒ直接手ヲ触レザルモノトス

第七条　御真影ヲ式場ニ掲揚セシ場合ニハ挙式中ハ勿論其ノ前後ニ於テモ学校長又ハ其ノ代理

者ハ寸刻モ離レズ奉護ノ任ニ当ルモノトス
第十二条　非常時ニ備フル為メ　御真影奉遷所ヲ予メ左ノ如ク定ム第一奉遷所　阪本尋常小学校
　第二奉遷所　常盤尋常小学校　（以下省略）
第十六条　宿直日誌ニハ必ズ　御真影奉護ニ関スル一覧ヲ設ケ宿直員ノ奉安所巡視ノ時刻御異状ノ有無及ビ奉安所鍵ノ引継等ニ関スル事項ヲ記入スベシ

　現在、教職員の宿直はなくなったが、宿直が始まったのは、御真影と勅語謄本との保管警備に端を発している（宿直設置の東京市訓令は一八九九年）。御真影・勅語謄本を直接入れた奉安箱や非常時にそれらを入れて奉遷する奉遷箱が文京区や目黒区、大田区などに現存している。

　ところで、県立高知追手前《おってまえ》高校（一九三一年竣工）や同高知小津《おづ》高校（一九三二年）は、鉄筋コンクリート三階建の屋上に奉安殿を造っている。その訳は、「東京の場合は、校長室に奉安所を設けて、天井から離して奉安所の天井を造り、直接に二階の床に接しないようにしておりました。私も校長室に設けるのが管理上からも、理想であると思い、其の事を主張しましたが、二階を人が通るから不敬にあたる、との事で、屋上に造る事になりました」（狩野宗平「小津高校改築工事の思い出」『海南百年』一九七三年）。狩野は、東京市役所学校建築課から高知県庁営繕課へ抜擢された技師である。追手前高校の奉安殿は現存している（写真7）。

　木造校舎の場合は、火災を考え校舎から一定の距離を置いた場所に独立の収容施設・奉安殿がつくられた。その奉安殿に対して、子どもたちは登下校の際に最敬礼することが求められるようになる。これは、学校における天皇礼拝の日常化を意味していた。そして、それはキリスト教主義学校にも及

写真７　屋上にある奉安殿（高知追手前高校）

び、たとえば明治学院では、「奉安する適当な場所がない」と抵抗していたが、ついに奉戴せざるをえなくなり、一九三八年、礼拝堂の東南の一角を改造して外に奉安所を造ったのが現存している（明治学院『明治学院百年史』一九七七年）。また、池雪《ちせつ》尋常小学校（現大田区）の奉安殿は稲荷社に転用されて現存し、かつ建設認可申請書（一九二八年）も残っている。

アジア太平洋戦争末期の一九四四年八月、学童集団疎開の第一陣が上野駅や品川駅から出発した。その八月にもうひとつの疎開が行われている。それは伊豆諸島を含めた東京都内のすべての国民学校の御真影や教育勅語等の疎開である。東京で一番安全と考えられた西多摩郡の吉野・三田・氷川・五日市の四つの国民学校に特別奉遷所をつくり、各学校の校長が二人ずつ輪番で奉護にあたっていた、というものである（拙稿「御真影の疎開」『歴史地理教育』五五二号、一九九四年。神奈川学童疎開史研究会編『多摩の学童疎開と御真影の疎開　蓮田宣夫氏講演記録』二〇〇三年）。

おわりに

これまで調べてきて、佐野利器が復興小学校にこめた教育の理想を知ることができた。また、負の遺構である御真影奉安庫が、「いつか来た道をまた歩もうとしているのかな？　歴史に学んでほしいな」と、つぶやいているのを耳にした。復興小学校にこめた教育の理想を語り、隣接してつくられた小公園とともに復興小学校を地域のセンターとして保存していくことを切望する。

阪神・淡路大震災と歴史学——歴史資料ネットワークの活動から

奥村　弘
（神戸大学、歴史資料ネットワーク）

はじめに

阪神・淡路大震災から九年がたった。被災地における歴史資料保全を目的として、関西の学会を中心に、全国の歴史学会の支援を受けて開設された歴史資料保全情報ネットワーク（略称、史料ネット）は、歴史資料ネットワークと名称をかえながら活動を発展させてきた。現在史料ネットは、①阪神・淡路大震災後の保全歴史資料の保存と活用、②阪神・淡路大震災の資料・記録の保存と活用、③被災地を中心とする市民の歴史研究活動の援助、④大規模自然災害についての史料保全・歴史研究についての提言、⑤大規模自然災害の際の歴史学会の史料保全活動の暫定的なセンター的役割、⑥市民社会の中での歴史資料のあり方についての研究を、主たる活動領域としている。このようなあり方は当初から予定されていたものではなかった。大震災という極限状況の中で、若手研究者や大学院生が、現代社会における歴史資料、さらには歴史文化全体の持つ意味を実践的に考え、試行錯誤を繰り返しながら展開していった点に特徴がある。

阪神・淡路大震災後の多様なボランティア活動は日本社会の現状を反映するとともに、日本社会が解決すべき課題とそのための方法を提示するものであった。史料ネットの活動も、現代日本に生きる若手の研究者が被災地と対峙した時、現代社会の中での歴史学の課題や歴史文化の意味を考える重要な視点が浮かび上がってきたと考える。本報告では、震災後の史料ネットを中心とした歴史文化の領域での活動を総括することを通して、現代社会における歴史資料と歴史文化、阪神・淡路大震災資料の保存と関係して、災害文化の形成という課題を考えてみたい。

1　史料ネットの活動とその特徴

大震災発生一九日後の一九九五年二月四日、尼崎市立地域研究史料館に関西に拠点を置く、大阪歴史学会・日本史研究会・大阪歴史科学協議会・京都民科歴史部会の四学会の関係者が集まった。歴史資料保全のために阪神大震災対策歴史学会連絡会を結成し、窓口として歴史資料保全情報ネットワークを開設した。その後連絡会には全国学会である歴史学研究会、歴史科学協議会が参加した。史料ネットの活動は、第1表のように大きく四つの時期に分かれる。第一期は九五年二月から同年四月に至る三ヵ月間。第二期は史料ネットの第一回の改組を行う九六年三月末までの一年間。第三期は同年四月から史料ネットが第二回目の改組を行う二〇〇二年五月末までの六年間。第四期がそれ以降現在に至るまでである。

第一期は、マスコミを通しての市民へ歴史資料保全を呼びかけ、文化庁の関係団体・自治体等による情報提供を受け、被災した家屋から歴史資料を保全する活動が基本になった。歴史研究者が特定の価値ある文化財を問題にするのではなく、地域の歴史を語るものすべてを価値ある歴史遺産と考えて保全を進めるということは、特定

第1表　史料ネットの活動の時期区分

第1期	1995年2月～4月	歴史資料保全情報ネットワークの成立
第2期	1995年4月～1996年3月	巡回調査、市民講座、震災資料への取り組み等開始
第3期	1996年4月～2002年5月	歴史資料ネットワークと改称、目的活動の明確化
第4期	2002年5月から現在	市民と歴史学会による組織として、目的活動のいっそうの明確化　個人会員、サポーター制導入

の価値を持つ歴史遺産を対象としてその保存をすすめるという、歴史研究者の運動とことなる特質をもっていた。九五年二月から九六年一二月まで三九件の史料保全が行われ、参加者はのべ四六六名におよんだ。これにより民具類を除き、段ボールで一五〇〇箱を超える史料が保全された。

しかし、史料保全のためには、連絡を受けたものについて保全を進めるという活動方法では十分でないことがわかった。史料ネットに対して市民から直接、史料保全を要請する例は少なかった。むしろ各自治体の文書館や博物館や地域の歴史研究者からの情報が多かったのである。

この経験から、史料ネットは、直接被災地の住民に史料保全を働きかける巡回調査を開始した（巡回調査は、一九九五年三月から一一月まで三七回、のべ三二六名が参加）。それとともに、震災復興の過程で弱い立場にあった自治体の関係部局を励まし、市民に震災復興の際、地域の歴史を知ることの重要性を訴える市民講座を開始し、積極的に地域社会に働きかけていく方向へと活動を転換させた。これが第二期の開始である。そのことを通して、史料ネットは、現代社会における歴史資料の位置づけ、市民の歴史意識に直接触れていく。巡回調査と被災各市での市民講座の経験は、学界関係者、市民、自治体関係者がいかなる関係を結んでいくかを常に考えさせた。第一期から第二期への移行は、極めて短い期間ながら史料ネットの史料保全を根本的に変えるものであった。

一九九六年四月、史料ネットは、歴史資料ネットワークへ改称した。その理由は、震災での緊急対応から、①被災史料整理の継続、②被災地の歴史・文化を守る、③活動から現代日本社会における普遍的課題を明らかにしていくという三つの課題を設定し、震災での緊急対応から継続的な活動へと展開していくためであった。これ以降を第三期とする。この時期、研究者・地域住民・自治体関係者の三者の関係が、具体的な形をとってあらわれてきた。被災史料の仮整理がすすむなかで、被災史料を利用しての「宝塚古文書を読む会」（九六年五月）、西宮市門戸地区での史料展示会（九六年七月）、尼崎の戦後史聞き取り研究会（九六年五月）、埋蔵文化財と地域の歴史を組み合わせた「現地見学会」、県内の歴史資料機関の交流会（九七年八月）、震災資料研究会の開催（九六年一月）、神戸市森南地区での連続講演会（九八年一〇～一一月）など、震災からの地域社会の復興と深く関連する新たな活動が広がった。第三期の史料ネットは、先の四学会と神戸大学史学研究会・神戸女子大学史学会を幹事団体に、これにボランティアリーダーを加えた運営委員会を毎月開催し、基本的な運営方針を定めるとともに、神戸大学文学部内に常設の事務局を置いた。

二〇〇〇年三月、史料ネットは新たな組織形態に移行することを運営委員会で確定した。それは、次のような状況が生まれたことにある。第一は、地震後の被災自治体財政が困難な中で、保全史料の自治体への移管や、その前提となる仮整理さえ進まないという状況への対処が必要となったことである。被災地における歴史文化に関する活動と、その成果を全国に発信していく活動を継続的に支えうる組織形態が求められていたのである。二〇〇〇年一〇月の鳥取県西部地震、二〇〇一年三月の芸予地震など多発する地震災害に対して、史料ネットは、現地の関係者と連携し、緊急対応を行うとともに、ボランティア派遣、学会等での募金活動などをすすめた。第二には全国センター的な機能の充実が求められたのである。活動内容が大きく変わったわけではない。被災地での地道な活動の継続、頻発する地震への対応は、関係者のカンパで成り立っている史料ネットの活動形態では、限界があると認識されたのである。

また史料ネットを財政的に支え、人的にも連絡を緊密にし活動維持のための会員制を導入することとなった。さらに目的のいっそうの明確化、組織の整備を行うことになった。二〇〇二年五月二六日、新たな組織原則に基づく総会を開催し、その目的と組織を変更した。以降現在にいたるまでが第四期である。新たに位置づけられた歴史資料ネットワークの基本的な活動内容は、「はじめに」で述べた六点である。二〇〇三年七月二六日、宮城県で震度六強の地震が起こり、千戸を越える全壊家屋を出すなど大きな被害が出た。史料ネットは、宮城資料ネットの立ち上げに協力し、緊急の支援カンパ活動を行った。

このような史料ネットの活動はいかなる特徴を持つのだろうか。わたしは、一九九六年一一月の日本史研究会特設部会報告「史料保全活動から見た現代都市社会の歴史意識と歴史学の課題」『日本史研究』四一六号（一九九七年四月）で、第一期、第二期の史料ネットの活動をまとめたが、さらに今日までの活動を視野に入れ、その特徴を四点にまとめてみたい。

第一は、個別具体的な対象の保存を目的とするものではなく、歴史学界だけでなく市民にとっても歴史資料は重要な価値を持つものであり、これが被災地に広範に存在すると考えて活動を進めたことである。研究者が歴史遺産の保存活動に参加する場合、価値がある具体的な遺跡や対象が定められてから活動する場合が従来の基本であった。今回の活動は、従来の文化財保存活動とそのスタンスを異にするものであった。巡回調査活動に典型的にあらわれたように、保存すべき歴史資料の価値をめぐって、市民の歴史意識と研究者の歴史意識がぶつかり合うことになった。

第二は、歴史研究者と市民、他分野の研究者、自治体、文化庁の関係者との共同の作業として活動を進めることを意図し、種々の困難や誤解を乗り越えてそれを実現していったことである。文献だけでなく、埋蔵文化財・建築物・石造文化財・震災資料（記録）など歴史遺産全体に関心を持ち、積極的に意見を交換し、諸分野の活動の交流についてはその中心的な役割を担った。現在、阪神・淡路大震災被災地で歴史文化全体について、諸機関や団体、個人と連携を取りながら、唯一持続的に活動をすすめる団体となっている。

このような活動が可能となった背景には、時代や分野、所属する大学を越えた形で日常的に展開するいわゆる在野の学会活動が歴史学の場合極めて盛んであり、学会が関連分野と日常的に連携を続けていることがある。鳥取県西部地震の際、スムーズに連絡が取り合えた背景には、関係者が日本史研究会の委員などで日常的な交流があったことがあげられるし、芸予地震でも日本史研究会や歴史学研究会などの全国学会の果たしたネットワークは重要な意味をもった。

第三は、今回の活動が、日本の歴史学界はじめての災害時における本格的な歴史資料保全活動であったことである。大震災後の最初の活動であっただけに指針がほとんどなく、組織のあり方や保全活動の方法は、活動しながら考え、試行錯誤を繰り返すことになった。これに対して、鳥取県西部地震、芸予地震、宮城県北部連続地震時の歴史資料保全活動は、大震災後の活動の総括と、史料ネットの援助を前提に行われた。地域的、社会的な差異があるため、史料ネットの経験がそのまま役に立ったわけではないが、このことは活動上大きな違いを生んだ。

なお鳥取県西部地震で注目しておきたいことは、日野町を例に取るなら、ボランティアを受け入れる体制（ボランティアセンター）ができていた。当初から自治体と協力体制ができるかどうかは、史料保全活動を円滑にすすめる点で重要な要素である。大震災の経験が全国に伝えられるなかで、震災時にボランティアが入ることが当然と考えられるようになったことを反映するものであろう。

第四は、歴史研究者が、同時代に起こった阪神・淡路大震災を次世代に引き継ぐべき歴史的事件と位置づけ、その資料を意識的に収集保全するとともに、次世代にその記憶をいかにして引き継いでいくかという方法を議論した点である。このことについては、第3節であつかう。

2　歴史資料と歴史研究のあり方をめぐって

本節では、現代社会における歴史資料の持つ意味をさらに深めてみたい。

歴史資料と歴史研究をめぐる問題は、日本史研究会大会の特設部会で問題としたことである。詳細はそこに譲るが、その際、震災史料保全をすすめようとする研究者とそれを所有する市民とのあいだの歴史資料について意識のズレが問題となった。

初期の活動の中で史料ネットが最も意識したことは、歴史資料に関する認識が、歴史研究者と市民とのあいだで大きく食い違っているということであった。史料ネットは、近代以前の古文書だけでなく、近現代の日記・写真・町内会の記録・ビラ等も、その地域の歴史を伝え、日本史や世界史を構成する際の基礎的な史料であると考え、それを保全することを活動の基本とした。これに対して市民の側はそのような身近にある過去を伝えるものが、そのような歴史的文化的な価値を持つものとは考えられていない場合が多かった。

このことは、市民が歴史に関して関心を持っていないということを意味しない。私たちが巡回調査の際に最も心配したことは、震災後の大変な時期の活動に対して、市民の理解が得られるかどうかという点であった。しかしほとんどの方が丁寧に対応してくださり、数時間も話をしていただいたり、史料をお持ちの方を紹介していただいたこともよくあった。埋蔵文化財も同様であり、岡村勝行氏は「被災地で遺跡調査を行うことに対して、当初、地域住民の方々からの否定的な反応を懸念していたが、むしろ、これまで以上に大きな関心がよせられているようである」（『神戸新聞』一九九六年一一月一七日付）と述べている。

また今度の震災では、市民・団体・企業により多様な記録が編纂され、市民自身がその体験を社会的なものとして未来に語り継ぐという試みがすすめられた（詳細は第3節で述べる）。それは日本の大規模災害史上最大規模のものである。さらに街の歴史を大切にし、それを拠り所として街の復興を考えようという市民の動きも芽生えており、宝塚や尼崎などで史料ネットと連携した事業が行われている。したがって、歴史研究者と市民との間の歴史資料をめぐる認識のズレは、市民の身近にあるものが、歴史的な価値を持つと認識しにくい状況から生まれてくると考えられるのである。ひとつは市民を包む地域社会そのものの歴史意識のあり方から生まれてくるものである。もうひとつは歴史研究者と市民とのあいだの日常的な歴史資料をめぐる関係、歴史資料保存における歴史研究者の主体性にかかわる問題である。

はじめの点については、日本史研究会の特設部会で議論を進め、歴史資料ネットワーク編『歴史のなかの神戸と平家』（神戸新聞総合出版センター、一九九九年）で検討しているので詳細はそこに譲るが、このような歴史意識の原因について、以下の点が重要であると考える。

第一は、第二次世界大戦前の地域社会の古代以来の歴史像が国体観念と結びけられていたがゆえに、戦後、皇国史観が解体することによってそのまま維持できなくなったことである。第二は、空襲による都市の消失から始まる戦災復興以降の経済の成長そのものが地域社会への市民の求心力として考えられていたことである。空襲による都市の歴史的景観の破壊と史料の消滅という物理的な原因と相まって、戦後の都市住民にとって地域の歴史とは、焼け跡から〈はじまる〉都市の復興そのものを意味することとなり、それ以前の地域のあり方は問題とされなくなってしまったことである。第三は、第二の復興と関連する。戦後日本の諸都市は都市域と人口の拡大を目的として、異なる歴史性を持つ地域を大合併することで、大規模な自治体として再編されていった。合併では、行政に必要な規模の自治体を形成することが課題とされた。そこでは、歴史的・文化的な多様性は、合併の障害になることはあっても、積極的に位置づけられることはなかったのである。

次に二つ目の問題を考えてみたい。これまで私たち歴史研究者は、研究の成果としてできあがった歴史像をいかに市民に提示していくかという点では、多くの努力を積み重ねてきた。しかし史料そのものを共有するための努力を自覚的に進めていく点では、不十分な点があったように思われる。

今回の史料保全活動では、研究者と各自治体や民間の史料保存機関と市民が共同することによって、不十分ではあるけれども成果をあげることができた。それを歴史資料の共有という観点からみるなら、地域の中で研究者と市民とが、継続的に歴史資料を共有するための努力を積み重ねていける可能性が生まれていることを意味する。

歴史研究者は、史料を整理し目録を作成・発行し、さらに史料集を刊行することを重視する。もちろんそのことは重要であるが、一〇年単位の時間がかかることも多い。市民とのあいだで歴史資料の価値を共有しようとするならば、そのこと自身に市民の参加を求めるとともに、それと平行して史料の概要やそこからわかる種々の情報を市民の手に継続的に返していくことも重視しなければならない。このような研究スタイルは、地元に史料保存機関があり、それ自身が所蔵文書を歴史的に分析する研究的機能を持っていなければ不可能である。したがって私たちは、史料保存機関の充実を図っていくとともに、史料の価値を市民と共有していくことそれ自体が、歴史研究上重要な位置を占めることを明確にする必要がある。その意味で、歴史研究者が市民に対して、どのようなものが、どのようにして史料として使用されるのかを具体的に語ることや、史料保存機関と協力しながら、地域に存在する史料群がいかなるもので、そこからなにがわかるのかを市民に伝えていくこと、さらにその中で個々の市民が第一次的な史料保管者としての力を蓄えていくことが重要である。全国的にそのような活動が意識的に行われていくのなら、研究者と市民のあいだにある歴史資料についての価値のズレを克服し、市民の歴史観にも大きな影響を与えることができると考えるものである。

3　阪神・淡路大震災を語り継ぐことの意味と震災資料

「完成された」歴史像を歴史研究者が市民に提供していくという考え方は、歴史像を構築する歴史研究者と記録や史料をプロフェッションとして担うアーキビストとを明確に分離する考え方と共通する問題を持つ。安藤正人は、『岩波講座日本通史　別巻三史料論』（一九九五年）の「記録史料学とアーキビスト」で、「アーキビストとは、社会公共から、人類の『共同記憶』の選別と保存・管理という困難な任務を委託されたプロフェッションである」（三七四頁）と述べ、さらにアーキビストと歴史研究者とが、「記録史料認識論の部分で深く重なりあいながら、共同で記録史料学と歴史学を支えていくような関係を確立していくことが社会の『共同記憶』としての記録史料の保存と活用、そして歴史研究の発展のために重要なのではないか」（三七五頁）と述べた。安藤は、歴史研究者とアーキビストとはことなる分野を担当する存在として、純化していくべき対象であるととらえた。しかし、人類の「共同記憶」を次世代に引き継ぐということは第三者に委託できるようなものであろうか。またこのような形での歴史研究者とアーキビストとの関係把握は、「共同記憶」の次世代への継続のために目指すべき方向なのであろうか。阪神・淡路大震災から九年が経ち、記憶の「風化」にいかに対応するかが新聞紙面で語られはじめた。一方、一六万点に及ぶ震災資料が「阪神・淡路大震災記念人と防災未来センター」で保管されており、その活用が課題となっている。本節では、被災歴史資料とともに史料ネットが取り組んできた阪神・淡路大震災資料の収集保存活用の動きから、「共同記憶」を次世代に引き継ぐという問題を考えてみたい。

〈震災資料の調査・保存・活用の実践の深まり〉　震災資料の保存に最初に取り組んだのは、震災ボランティアであった。九五年三月には、地元NGO救援連絡会議震災・活動記録室がボランティアの記録の収集を開始している。そして四月、五月には、坂本勇を中心に結成された地元NGO救援連絡会議文化情報部と兵庫県、猪名川町、堺市、大阪市などの公立図書館や箕面市編纂室など図書館・文書館を中心とする「震災記録を残すライブラリアン・ネットワーク」が積極的に動き出した（宮本博「阪神・淡路大震災記録資料を未来に伝える――震災記録を残すライブラリアン・ネットワーク」『記録と史料』第八号、一九九七年一〇月を参照）。文化情報部は四月にこの問題に取り組み始めており、五月には「文化遺産救援ニュースNo.8」で、行政文書や、映像資料、パソコン情報、ボランティア記録、企業や地域のミニコミ誌などの多様な震災を記録する資料の調査・収集・保存と恒久的保存・利用施設の実現を訴えている。また神戸大学附属図書館も、五月、被災地の中心に位置する大学図書館の責務として、阪神・淡路大震災以降、生産され流通した震災関連資料および地震・防災資料を網羅的に収集することを決定した。

ほぼ震災三ヵ月を経て、震災資料の保存にNGOや自治体図書館・文書館が動き始めたのである。とくに図書館については、ライブラリアン・ネットワークとして被災地を中心に地域の図書館が連携し、図書館機能中の「資料の収集・保存」機能に注目し、「これまで多くの図書館において積極的な収集・保存が行われなかった『ビラ・チラシ』類」（前掲宮本論文、四頁）や、「著作権やプライバシー等の問題があり、図書館で扱う資料としてはなじまないが、重要な『記録資料』として、編集・印刷・刊行されていない〝生資料〟」（前掲宮本論文、五頁）の収集を進めるという一歩踏み込んだ対応が行われた。

この背景には、被災地を中心とした市民や企業・学校・自治体などが、地震直後から、阪神・淡路大震災を記録し、伝えていく活動をすすめたことにある。神戸大学付属図書館震災文庫には、図書・雑誌新聞・パンフレット・写真・地図等、二〇〇一年八月三〇日現在でおおよそ七万件の資料が収集されているが、震災からわずか一ヵ月で八〇〇件弱の資料が刊行され、一年間で、二万五千件もの資料が刊行されていた。さらに二〇〇一年八月末現在の全資料のうち、「記録」というキーワード検索にかかるものは五四九六件、図書資料に限ってみれば二万二二四一件中四〇一六件で、すべてが記録集ではないが、二割程度が記録集であることがわかる。少なく見積もっても数万の人びとが、社会に開かれた形で自己の体験を記録したと推定される。

このような震災の記録は、自費出版も含めて、様々なかたちで図書館や自治体に流れはじめていた。多くの市民がこれだけの記録を自覚的に災害の直後から残したことは、日本において初めての経験であった。震災直後から震災体験を自分自身のものだけにせず、広く社会と共有化しようとする広範な動きが被災地と現代日本社会に存在したのである。

大地震を記録する活動の基礎として、震災そのものの資料を保存する取り組みが被災地で展開していった。史料ネットはこれにも深く関与していく。その具体的なあり方は後述するが、被災歴史資料保存とは以下の点で違いがあった。第一に、被災史料の場合、それを歴史資料として社会的に共有するためにはかなりの努力を必要としたのに対して、阪神・淡路大震災についての個々人の体験は、社会的に価値のあるものとして社会的に把握されている点である。第二には、被災歴史資料の場合、これを扱う方法論や、そしてそこから生まれる歴史像については、学問的蓄積があるのに対して、震災資料の場合は、方法論は未開拓であり、具体的な歴史像提示もほとんど行われていないという点である。

史料ネットは、九五年一一月ごろから震災資料について実質的に動き始める。その詳細については、拙稿「震災資料の調査・保存・活用――災害についての歴史文化の基礎をどうつくるのか」『阪神淡路大震災研究五　大震災を語り継ぐ』（神戸大学震災研究会編、神戸新聞総合出版センター、二〇〇二年）を参照していただきたい。九六年度に入って、図書館を中心とする震災資料の収集保存は進んでいた。しかし民間や行政を含む網羅的な震災資料の収集・保存は、基本的な方向性は関係者の間でかなり明確になったものの、取り組みそのものは大きく進展しなかった。史料ネットはそのような現状を把握し、取り組みを進めるために、兵庫県の外郭団体である「ひょうご創造協会」と一〇月一三日「第二回震災記録の保存と編さんに関する研究会」を開催した。

ここでは震災資料の収集保存利用を支える人的物的な基本的な体制、ひろく社会に根付いた調査・収集・保存・利用のあり方、震災の全体像を深めていくための方法と研究における一次資料の位置、震災資料に取り組む際、解決しなければならない基本的課題が、この研究会の議論を通じて明確となった。

その後ここでは史料ネットは、震災資料収集保存の具体的な事例を積み上げていく取り組みを進めた。九六年一二月には、避難所になった育英高校の資料の保存と関係者への聞き取りを同時に行った。資料調査や収集と聞き取りを平行して行うという方法は、史料ネットから九六年九月に生まれた尼崎戦後史聞き取り研究会（森下徹「尼崎戦後史聞き取り研究会」前掲科学研究費成果報告書）や、史料ネットの関係者が委員をつとめる伊丹市資料修史等専門委員会の伊丹市における震災聞き取り事業の開始（九七年二月秋）によりいっそう深められていった。

一方、創造協会は広報活動だけでは民間からの資料収集は困難と判断し、九六年一二月から三名の嘱託による民間に埋もれた資料の収集を積極的にすすめはじめた。広報による資料保全の呼びかけから積極的な地域巡回調査へという展開は、史料ネットの震災後の九五年の歴史資料保全の展開と共通しており、史料ネットの巡回調査の経験は、震災資料の調査にも生かされていった。

嘱託として芦屋以東を担当した佐々木和子は、避難所における資料収集を総括して（佐々木和子「兵庫県の震災資料保存活動と今後の課題」（『記録と史料』第八号、一九九七年一〇月）、①避難所が市の施設、公立学校、地区集会所、他官公庁、民間施設と多様であり、それにより資料の保存のあり方も多様であること、とくに民間施設の資料はほとんど残っていないことを、②元避難所を訪問することにより、資料だけでなく関係者から様々な重要な話が聞けること、③資料や記録が重要であり後世に残したいと考えている人が多いことを指摘した。また震災資料の多くはいまだ市民の日常生活の一部であったり、プライバシーの問題や、残された資料の作成者と保管者が違うため、自らの権限で寄託や寄贈しうるかが判断しにくい等で、資料収集に応じにくい状況があることを指摘した。その上で資料の種類や所在確認を第一とし、資料の重要性を所蔵者に理解してもらった上で、不要の際には連絡を頼むという方法をとったと述べ、資料を収集するためには、定期的に所蔵者と連絡を取るなど地道で継続的な取り組みが必要であることを強調した。

九七年から九八年初めにかけて、震災資料収集保存の動きが具体化するなかで、①震災の記憶の一部として震災資料を後世に伝えたいという所蔵者の強い要求があること、②現在進行中の震災をとらえる行為としての震災資料の収集は、当事者の聞き取りとともに行われることによって資料価値を増すこと、③自治体資料、民間資料など多様な震災資料の収集保存活動については、資料の現地保存を基礎として広範なネットワークが必要なこと、④個人情報を含む震災資料を保存していくためには、この問題を意識した保存収集体制が必要なこと、収集を優先するよりも、むしろ所蔵者との長期的な関係を築くことが重要なことが明確になっていったのである。

〈「阪神・淡路大震災記念協会」と「震災・まちのアーカイブ」の発足〉　一九九八年四月、兵庫県と被災一〇市一〇町の出資による財団法人として阪神・淡路大震災記念協会が設立された。記念協会は、災害研究、メモリアルセンターを具体化するとともに、創造協会がすすめてきた震災資料保存および記録編さんの事業を引き継いだ。調査にあたっていた嘱託も記念協会に異動して業務を続けることとなった。二〇〇〇年初めには、収集資料は二万点を超えるにいたった。

いっぽう、震災以来ボランティアとして震災資料の収集と整理をつづけた震災・活動記録室は、九八年三月ごろ、被災者への情報提供を主たる事業とする「震災しみん情報室」と、震災資料の収集・整理などを行う「震災・まちのアーカイブ」に分かれた。このアーカイブは、震災資料を資料の作成者や所蔵者自身が保存することを基本理念としている。この二つの団体と兵庫県公館（県政資料館部門）や被災各市の関係機関、震災犠牲者聞き語り調査会などと協力関係を持ちながら、史料ネットは、震災資料問題について取り組んでいった。

一九九九年秋、労働省の緊急地域雇用特別交付金事業の一事業として、兵庫県は、震災資料調査事業を実施、記念協会がこの事業の企画・運営を兵庫県から委託された。この事業は、二〇〇〇年から半年ごと四期に分けて、調査員を一期に約一一〇名、合計約四四〇名を雇用して、被災地全域において民間にある震災資料の調査収集、整理、保存等を集中して行おうとするものであった。以前の調査で、避難所→仮設住宅→恒久的な住宅というかたちで、被災者が一時的な生活空間を移動していくため、施設などが解体されていたり、資料があっても責任を持てる主体がいないなど、資料調査や収集に困難があることはわかっていた。さらにこの調査で、一時的な生活空間の展開に対応するボランティア団体はこの時点ですでに活動をおえており、、震災後六年にして被災地全体で把握することが極めて困難なことがわかった。（佐々木和子「震災資料所在調査について」（『史料ネット NEWS LETTER』第二一号、二〇〇〇年七月）。またこの事業が労働省の雇用対策の一部として行われたため、調査員の雇用期間は半年が限度、同一の人物を二度雇用するということはできなかった。調査員の力量を高めながら、長期にわたって所蔵者と関係を取り結ぶこと、聞き取りと資料保存を同時に行うことという、これまで蓄積された方法を取ることは困難だった。集中した収集の取り組みは、急速に失われつつある震災資料に対応し、その保存を広範な市民に問いかける点で大きな意味を持つものであったが、震災資料と社会をいかにつなぐのかという基本的課題は先送りされることになったのである。

様々な解決すべき課題を抱えながらも、二〇〇一年夏までに、記念協会は被災地全域における大規模な震災資料についての調査を行うとともに、七万点に及ぶ資料を収集した。震災直後の記録作成以来の震災の体験を未来に伝えたいという市民の想いに答えることによって、前例のない規模での資料調査収集活動を行ったことは大きな成果であった。

このような民間の震災資料保存の進展、史料ネットや市民、研究者などによる被災自治体での行政資料保存の働きかけの中で、二〇〇〇年には、兵庫県の行政資料の保存も展開しはじめた。兵庫県は、二〇〇〇年から五年にわたって、震災に関する行政文書等の保存事業を開始した。

そこでは民間資料とともに、震災の全体像を明らかにするために、積極的に行政文書を保存し、利用に供しようとするという姿勢が示された。保存期間内の文書をも一括して保存し、さらに目録化するという方針は、これまでの県の行政資料保存にはなかった画期的なものである。県公館には、二〇〇〇年一二月には、本庁と地方機関から一一八四件の資料が集められ、さらに二〇〇一年の廃棄文書から五二件の資料が保存された。県公館がそれ以前に保存した震災資料は五四件にすぎず、数字の上からも事業の急速な展開がうかがえる。公開の方法など課題は多いが、神戸市の行政文書の保存がすすんでいないなかで、県における取り組みは、被災自治体における行政文書保存において大きな意味を持つものである。

〈人と防災未来センターの設立と震災資料についての課題〉　一九九九年に入るとメモリアルセンターの構想が急速に浮上した。神戸市東部新都心に、第一期の施設は六〇億円の工事費をかけて建設され、「阪神・淡路大震災記念　人と防災未来センター」として二〇〇二年度にオープン、二〇〇三年には第二期の施設が建設された。人と防災未来センターは、阪神・淡路大震災記念協会によって運営されており、四つの目的を持つ（二〇〇一年七月八日のシンポジウム「阪神・淡路大震災をどう伝えるか――メモリアルセンターの問題を考える」における兵庫県配布物による）。①大震災にかかる資料等の収集・保存・展示といのちの尊さの発信。②震災対策にかかる広域支援および実践的な人材の育成。③震災対策に関する実践面を重視した総合的な調査研究。④国内外の防災機関等との交流・ネットワーク。①の部門は、さらに資料部門と展示部門に分かれており、震災資料は資料部門である資料室の担当となった。阪神・淡路大震災記念協会による震災資料の収集保存事業はここに組み込まれ、公開活用もこのセンターで進められることとなった（なお所蔵震災資料は、二〇〇三年末には一六万点である）。

メモリアルセンターという仮称から、人と防災未来センターへの名称変更にみられるように、阪神淡路大震災の経験をもとに震災を中心とした災害対策を実践的に研究し、人材を育成していく総合的な震災対策センターとして計画された側面が強く、当初は、資料部門も展示部門も防災という観点に付随したものとして考えられていたように思われる。震災資料については、それまでの活動成果を十分いかすことなくこれに組み込まれることになったため、三つの課題が生まれた。

第一は、震災資料の調査・収集・保存・公開が、防災研究の素材提供、市民に対する「単純な」資料の出納という視角でしか捉えられていないことである。震災資料の調査・収集・保存・公開という事業は、研究的側面を持たねば実現できないという、これまでの活動において明確になった原則が適用されなかった。資料室には常勤の研究職員がおかれず、嘱託職員によって運営されることとなった。第二は、これと関連するのであるが、資料の調査収集保存と展示が切り離されており、大震災の全体像についての資料に基づいた研究と展示、災害に強い文化育成のための取り組みという視角が弱い点である。展示と研究が学芸員によって一体的になされる博物館での基本原則が適用されておらず、市民自らが研究発信していくことを専門職員が援助していく体制も極めて限定されている。第三は、センターに資料情報だけではなく、民間震災資料そのものが集中したことは、一面では、これによって廃棄されずに保存収集がすすむことになったのであるが、他面ではセンター構想以前に考えられていた震災資料保存活用の基本的な考え方を生かすことを難しくした。震災資料の現地保存という視点から、地元自治体を主体とした保存活用とそのための県、市町村の連携、さらに多様な民間資料の所在を念頭にいれたボランティア団体や市民を含めたネットワークづくりの核に記念協会がなるという当初の考え方を実現することは、専門研究職員を十分配置できないという問題と相まって困難になっている。

おわりに

外岡秀俊は『地震と社会』（上・下、みすず書房、一九八七年・八八年）では「災害文化」という文化のとらえ方を提起し、これを「死を銘記し、災害の惨禍を伝え、被害を防ぐ独自の文化、災害についての集団的な記憶を集積することによって、過去の災害の災害体験を風化させない、社会全体が記憶を喚起する装置となるような文化である」と述べた。ここでは、災害をめぐる諸問題という新たな主題とともに、それを社会全体のものとする新たな方法が問題となっている。「災害文化」の形成は、市民自身が記憶の喚起の担い手であることを要求する。なぜならそうなることによってはじめて社会全体として大規模災害への対応が可能となるからである。

このような市民のあり方は、理念に止まったわけではなかった。阪神・淡路大震災についての記録が多くの市民によって自発的に書かれ、さらに市民の協力の中で、かつてない規模で震災資料が多様なかたちでNGOや自治体、図書館、人と防災未来センターなどに収集された。またすでに述べてきたように史料ネットの活動と関係して生まれた、地域で市民自身が古文書を読んだり、歴史を書こうとする動きも、そのことをあらわしている。過去を未来へと繋いでいくことを市民自身が展開するような歴史文化が、現代日本社会の中で生まれはじめていることをしめしている。

被災歴史資料と震災資料の収集保存の取り組みは、史料を収集保存公開することで、「共同記憶」を次世代へ引く継ぐという点で共通するものである。震災資料の収集保存の場合は、災害文化形成が重要であると考える社会を形成しながら、「共同記憶」形成のための資料収集から歴史像形成にいたるまでのプロセスについて社会的な合意を獲得していくというあり方をとる。このようにみるなら歴史研究者とアーキビストを質的に異なるものとして区別すべきではないであろう。歴史文化にかかわる諸個人が、アーキビスト的性格が強いか、研究者的性格が強いかは、現実の状況の中で個々人がどこに比重を強く置くのかによる。人類の「共同記憶」の選別と保存・管理という課題は、社会的合意に向けて、歴史文化を主体的に担おうとする人びとの不断の努力の中で展開していくものなのである。

歴史研究は、その基本となる歴史資料の保全を社会そのものに求め、また形成された歴史像を次世代へと引き継いでいくことを求める。歴史研究を支える市民社会を形成していきながら、それを基礎として歴史研究を進めるという、独自の市民社会形成に対する実践性を持つ。このことは今はじめてわかった問題ではない。しかしながら、阪神・淡路大震災後の史料ネットによる社会への主体的な働きかけは、現代日本社会における歴史文化形成の具体的な方法を、多くの人びとの活動の中で引き出した点で重要な意味をもった。被災地で市民自身により共同記憶を次世代に引き継ぐ広範な動きが起こったこと、歴史資料の持つ意味についての市民的な合意が史料保全において必要とされたこと、主体的に働きかけができるならば、歴史資料の保存活用自身への市民の参加が進むことが明確になったこと。これら大震災後の活動で明らかになった歴史意識のあり方は、被災地のみならず、日本社会の中で新たな歴史文化が生み出されていく可能性をしめすものであると考える。

朝鮮人虐殺事件と「人権救済」

米倉　勉
（東京弁護士会）

1　人権救済制度とは

私が今日ここでのご報告を担当することになりましたのは、私が日本弁護士連合会の人権擁護委員会の、関東大震災における虐殺事件に関する人権救済申し立ての件を担当してきた調査スタッフの一員だったからです。新聞報道などでご存じかと思いますが、人権救済の勧告が八月二五日に出されております。人権救済の申し立ては、九九年の一二月だったと思いますので、それから四年近く経過してやっと、事件に対する勧告が出たということになります。ギリギリで八〇周年に間に合ったわけですが、大変時間がかかってしまったことをまずはお詫び申し上げます。

日弁連というのは全国的な弁護士の団体ですが、弁護士は各都道府県にだいたいひとつずつ設置されている弁護士会に所属をしております。その各地の弁護士会の連合体が日弁連です。その日弁連にさきほどの人権擁護委員会という組織があり、そこでの活動になります。弁護士法という法律の第一条で弁護士の使命が書いてあるのですが、そのなかには人権の擁護、これを弁護士の使命のひとつとするとしております。こうした役割を帯びて私どもは、それぞれの受任した事件を通じて正当な権利の実現を図るとともに、弁護士会、あるいは日弁連としても、こうした人権救済制度を設けているわけです。

2　問われる公権力の責任

本件につきましては九九年に申し立てがありまして、その後予備審査から始まって慎重に審査をして参りました。顕著な歴史的事実であり、そこに大きな人権侵害があったことはおそらく疑いのないところであろうと考えました。しかし、なにぶんにも八〇年近くたっていて、相当に事実そのものが古いということ、そして、そこにいったい公権力による人権侵害がどういう形であるのかについて、検討課題が非常に多かろうということで、慎重な審査が必要でした。、いまも言いましたように、人権侵害という場合、個人その他の指示によるものもありえますけれども、主要には公権力の責任が問われるということであります。たとえば今回のケースでいえば、ひとつには軍隊や警察による虐殺等が認められれば、これはまさに直接の権力行使でありますから認めやすいわけです。ところが、本件では二つ目にはいわゆる自警団という民間人によるもの、おそらくはそちらの方が数的には圧倒的に大きな、深刻な被害があったはずです。ここに公権力がかかわったからこそ、深刻な事態になった。しかし、民間人による虐殺にいったい公権力の責任というものがどのようにかかわるのか、捉えることができるのか、ということで、かなり突っ込んだ調査検討が必要になったわけです。

それはどうしてかといえば、日弁連が人権救済のための勧告を行うということにどういう意味があるか、ということなのですが、一民間団体である弁護士会、ないし日弁連が行うこうした勧告には、強制力はございません、またはそこで認定した事実についての、事実認定の確定的効力などというものは何もないわけであります。しかし、曲がりなりにも法律家の団体であり、かつ強制加入団体、す

べての弁護士が加入しているという団体が、調査して打ち出す勧告ですから、それなりの社会的な影響力があります。逆に言えば、民間の団体が表明する、調査して、認定し、表明するものだからこそ、価値があるということもあるわけです。たとえば公的な機関にも自浄的な調査機関あるいは人権擁護局といった組織はあるわけですが、どうしても公権力による人権侵害の事実を公務所そのものが調査するとなれば、制度上の限界があるだろうと思いますので、そういった立場ではない、弁護士会が行うということにまたそれなりの説得力なり価値があるのだろうと思います。それがたとえば政府に対する勧告あるいは警告という形で発せられるわけですから、やはり重大なことで、公務所・公権力にとってもそれは無視できないものであります。したがって、そこでは表明したその勧告等に対する、反論を容れる余地のない確実性が要求されざるをえません。たとえば事後的な司法判断――裁判所の判断ですね――に耐えうるような証明力が必要になってくるわけです。そうでないと、制度そのものの一般的な意味、影響力を自分でなくしてしまう、ということにもなるので、どうしても慎重にならざるをえない。そうしたこともあって、やっと日の目を見ました。

内容についての話に入っていきたいと思います。ただ、歴史から読みとるべき事実や教訓そのものについては、研究者の方々の研究成果があるので、むしろ昨日、今日のさまざまなご講演をお聞きいただいた方がよいと思います。ここでは日弁連が政府に対する勧告をなす根拠として認定した事実、恐らくさきほど申し上げた理由もあって、非常にせまい限定的な内容になっているのだろうと思います。しかし、それは限定したくてしたのではなくて、確実な資料に基づいた、さきほどいった文句のつけられないものという趣旨での結果であります。したがって、また歴史学の専門家の方々の見解に対する異論があって、そうした限られた内容になったわけではない。そういう限界のなかでの事柄だとご理解下さい。

人権侵害の救済の申し立て趣旨としては、関東大震災時の朝鮮人虐殺は集団虐殺であり、重大な人権侵害であることを明らかにせよ。朝鮮人虐殺は外国人虐殺であるから、国際法により外国人、他民族に対する集団虐殺事件としての責任があることを明らかにせよ。集団虐殺の加害責任者を日本の国内法により処罰しなかった日本政府の責任を明らかにせよ。四つ目に日本政府は虐殺の責任を認め、謝罪せよ。在日朝鮮人、在日外国人に対する、集団虐殺の再発防止措置をとれ、こういう大変多岐にわたるものです。調査検討の結果としてこの八月二五日付の勧告書では、次のような勧告を表明いたしました。宛名は内閣総理大臣小泉純一郎です。勧告の趣旨一、「国は関東大震災直後の朝鮮人、中国人に対する虐殺事件に関し、軍隊による虐殺の被害者、遺族、および虚偽事実の伝達など国の行為に誘発された自警団による虐殺の被害者、遺族に対し、その責任を認めて謝罪すべきである」。二項、「国は、朝鮮人、中国人虐殺の全貌と真相を調査し、その原因を明らかにすべきである」。こういう内容です。こうした勧告を行うに至った経過および認定された事実について、簡単にご紹介したいと思います。

3 虐殺事件の事実認定

ひとつは軍隊や警察による殺害です。様々な文献資料に基づいて、私たちが確認できる史料に基づいて、いくつかの事実を認定しました。まず、軍隊による朝鮮人殺害。政府の記録に残る事件として、いくつかの事件を認定しています。これらの認定の基礎にしたのは、いずれも政府の記録ですが、「関東戒厳司令部詳報」第三巻、それから「震災後における刑事事犯およびこれに関係する事項調査書」というものに所収された事案です。これらの史料によると、少なくともそこに述べられているだけで、一二件の軍隊による朝鮮人虐殺事件が認められる。その被害者数は、この公的な記録に書かれているだけで、少なくとも数十人以上のようにみえる。おそらくもっともっと大きい規模だったと思いますが、政府の記録によっても、それだけの数が認定される。次に軍隊による中国人虐殺事件。これについても、大島町事件、王希天事件といくつかの事件を認定いたしました。その人数の確定は大変難しかったのですが、当委員会としてはこれらの被害者数について、二百数十名を越え七五〇名程度の範囲の中国人が殺害されたと推定することには相当な根拠がある、こういう認定をしました。いずれもおそらく、歴史学の成果によって考えられているものからすれば、桁が違うと思っております。ここでは、確実な、反証を跳ね返すことができる数字として、そういったものを認定いたしました。これらは端的に、さきほどいいましたように公権力による虐殺ですから、人権侵害として責任を生ずることは当然です。

もうひとつの、自警団による虐殺という方に最も私たちは苦労したわけです。事実の認定と同時に、それがなにゆえに、国の責任といえるのか、という理論構成にも説得力が要求されるわけです。

私たちは、国が、「朝鮮人の不逞行為」という虚偽の風聞、流言蜚語ですね。こうした風聞を積極的に伝播させたと。かつ「朝鮮人の行動に警戒と厳重な取り締まりを加え適宜の措置をとれ」と、こういう指令を国が全国に発した事実。これによって各地の県庁、役場、そして警察が同様の指令を次々に伝達していって、地域住民やこれによって組織された自警団に誤った恐怖感、警戒感を持たせ、それを高じさせた。そうして殺害行為を動機づけて、そうした行動に駆り立てたと。こういう事実認定によって、国の責任がまさに重大であるという結論に至ったわけです。

4　公権力による二つの指令ルート

国がどのようにしてそうした意思の伝達をしていったかの経過として認定したのは二つのルートです。ひとつは内務省警保局、これが当時の日本における治安警察の中枢だったわけですが、この内務省警保局警保局長から海軍省の船橋送信所を経由して、電信として各地に発せられた、地方長官あてに発せられた指令というルートがひとつ。もうひとつは同じく内務省警保局警保局長から埼玉県――埼玉県を具体的に認定できたわけですが――の地方課長、そこから埼玉県の内務部長、そして各郡役所、各町村というルートをたどって同様のその指令が伝播していったというルート。この二つが史料に基づいて認定できたわけです。これによってさきほど申し上げた国の責任というものを認定しております。

まず、船橋送信所の方ですが、その海軍省船橋送信所は九月三日の午前から正午にかけて、各地方長官あて、朝鮮総督府警務局長あて、それから山口県知事――これは要するに、朝鮮半島からの入口にあたるわけです――に対してこの当時内務省警保局長を発信者とする打電を行っています。これらが史料によって認められるわけです。ひとつだけご紹介しますが、「呉鎮守府副官宛打電、九月三日午前八時一五分了解、各地方長官宛、内務省警保局長出」というものですが、「東京近辺の震災を利用し、朝鮮人は各地に放火し、不逞の目的を遂行せんとし、現に東京市内において爆弾を所持し、石油を注ぎて放火する者あり。すでに東京府下には一部戒厳令を施行したるがゆえに、各地において充分周密なる視察を加え、鮮人の行動に対しては厳密なる取り締まりを加えられたし」と、こういう内容です。電報、電信ですからこれは各長官、各地方長官だけに届くのではなくて、周辺の地上および海上の様々なところで、これを受信、傍受し、認識することができるわけですが、これは警保局長からの公式の打電なわけです。

次に二つめの埼玉県の事案ですが、船橋送信所を通じての指示内容と、この埼玉県のルートの内容がぴったりと符合するわけです。そこに私たちは大きな意味があると考えています。この埼玉県のルートについての史料というのは、大正一二年一二月一五日の衆議院における永井柳太郎という議員の質疑として、議事録に取り上げられておりますが、埼玉県の地方課長が九月二日に東京からつまり内務省との打ち合わせを終えて、午後の五時頃帰ってきて香坂内務部長に報告をして、「その報告に基づいて、香坂内務部長は（部下である）守谷属をして、県内の各郡役所へ電話を以て急報し、各郡役所はその移牒されたるものを、あるいは文書により、あるいは電話によってこれを各町村に伝えたのであります」。こういう内容です。おそらく同じことが、それ以外の千葉、神奈川においても行われたのであろうと想像しますが、史料として確実に認定できたのが埼玉だったということです。そこでの移牒の内容というのは、同じく永井柳太郎によれば、「東京における震火災に乗じ暴行をなしたる不逞鮮人多数が川口方面よりあるいは本県に入り来るやもしれず、しかも、この際警察力微力であるから、各町村当局は在郷軍人会会員、消防手、青年団と一致協力してその警戒に任じ、一朝有事の場合にはすみやかに適当の方策を講ずるよう、至急相当の手配相成りたし」と、こういう内容です。

さて、この埼玉県ルートの顛末が、じつはもうひとつ、史料によって裏付けることができました。

それは刑事事件の判決書なのです。この自警団等による夥しい虐殺事件は、その後、そのうちの限られたいくつかについては刑事事件として立件されて、裁判になっています。その裁判記録、記録そのものはもうほとんど手に入らないのですが、判決書はかなり保存がありまして、たとえば浦和地裁の判決にその顛末が記されているわけです。たとえば、北足立郡片柳村というところで起きた、片柳事件と呼んでおきますが、要旨をご紹介したいと思います。大正一二年一一月二六日の判決。具体的な虐殺行為の部分は省きます。それに至る事実経過の判決の認定ですが、「不逞鮮人が過激思想を抱ける一部の内地人と結託して、右震災に乗じ東京市等においてに盛んに爆弾を投じて放火を企て、或いは井戸へ毒物を混入するなど残虐の所為をあえてし、との流言浮説しきりに宣伝せられ、同村地方民はいたくこれに刺激を受け亢奮しおれる折柄、県当局者においても」、埼玉県のですね「当局者においても、とっさの間当時誤風説の根拠たる帝都における鮮人の不逞行為につきその真偽を探求するの術なかりしより、万一の場合を慮《おもんぱか》り翌二日の夜、所轄郡役所を介して、それぞれ管内の町村役場に対し予め、消防手、在郷軍人会、青年団等の各首脳者と協議し警察官憲と協力の上如上不逞の輩の襲来に備うべく、自警の方策を講ぜられたき旨の通牒を発したるより」という経過で、酸鼻な事件が起きることになります。この長い文章を読んだのは、わざわざ「県当局者」が、と書いているわけですね。それは大変なことで、しかも、この判決のなかでさっきも言いましたように、これは誤った風説だと判決自体認めているわけです。つまり、まったく根拠のない虚偽の風説だったのだけれども、それを県の当局者が、調べることができなかったからなのだ、とそういう言い訳のようなものを書いています。非常に問題があるから、逆に「県当局者」という、ぼかした書き方にはなっているのだろうと思うのですが、しかし、証拠上、県の当局であることが具体的に当時明白だったからこそ、こういう判定が、判示ができるのであって、そうでなければ、裁判所という組織はこのように書かないと思います。

5　自警団事件と公権力

これはまた背景があって、このような経過ですから、自警団その他在郷軍人会、その他の人たちは、ある意味ではよかれと思って、お上のいうところに従って行動したのだと、それなのにことが済むと今度は殺人犯人だといって逮捕して責任を問うとは一体どういうことだと、警察のいうとおりにやったのに今度は警察が自分たちを非難するのはおかしいということになったわけです。被害にあった方々からすれば、それはどっちであれ同じことなのですが、検挙された人たちはそういう不満を当然持った。それも当然です。もともとそういう虚偽の風説、間違った指示を発した結果なわけですから。そのことが、やはり当時の刑事訴訟のなかで問題になったわけです。そして、その結果として、やっぱり裁判所も、この程度の事実認定はせざるをえなかったわけですね。そうでなければ収まらない。ここでなんとかバランスをとったのでしょう。ついでに申し上げれば、山田昭次先生の著作（『関東大震災時の朝鮮人虐殺――その国家責任と民衆責任』（創史社、二〇〇三年）のなかでも、詳細に書かれている事柄のひとつですが、大変その判決の内容は軽いです。殺人事件で、大変重大なものばかりですが、その判決が、懲役数年程度、しかも執行猶予がついているものも結構ある。首謀者は実刑になりますが、それもあまり長い実刑ではないわけです。さらにこれが実はその後、現在では高等裁判所、控訴院ですね。控訴されるとそこでは軒並み次々と執行猶予に減刑されて確定しているようですから、また大変問題のある経過を示すわけですが、そういう大変複雑に屈折した経過ではあるけれども、であるからこそ、浦和地裁の判決はこういった「県当局者の云々」ということは認定せざるをえなかったわけですね。

永井柳太郎の国会の質疑のなかでは、浦和地方裁判所の刑事訴訟の記録が、質疑の資料として用いられて朗読されておりますが、その内容がこれまた、裁判所の判決のなかの書き方と内容とぴたっと符合します。このように、両面、あるいは三面から見ていって、当時のこうした内務省警保局長から発せられたこの虚偽の風説を事実であると認定しつつ、取り締まりを加え、適宜の措置をとれ、という指示が伝播していたということを確実に認定できるであろうというのが、私どものとった立論であります。

それからもうひとつの背景として、戒厳令が発せられたということも大きいと思います。当時早々に戒厳令が宣告されております。しかし、もともと戒厳令というのは「戦時若しくは事変に際し」という法律上の要件にもあるように、戦争あるいは内乱状態を前提とした制度です。ところが、震災という自然災害に対してこういった内容の戒厳令を宣告すること自体が、中央および地方の官憲の危機意識を過剰に募らせる。その結果、増幅された危機認識が、先ほどのような中央からの伝達の、伝わっていくときの背景という形で、極めて大きな効果を発しただろうと、これも、当時の政府の誤った政策判断の結果だと考えることができると思います。

6　いまなぜ、人権救済勧告か

こうして、この重大な虐殺事件が各地で行われていったということになるのですが、なぜそれを今、わたしたちが重大な人権侵害事件として、八〇年たったいま問題にし、そして、人権救済の勧告を行う必要があるのか、ということも私たちが調査するなかで、常に考えざるをえませんでした。残念ながら、マイノリティに対する差別はいまも全然なくなっていません。在日コリアンへの嫌がらせ、暴行事件も、後を絶ちません。いままた北朝鮮の問題がその背景にあって、大変深刻な事態になっておりますが、そこに加えて、たとえば東京都知事が公式な発言として外国人を排斥して差別を煽るようなことを述べる。都道府県レベルの行政の長は、むしろ、そういった差別あるいは誤った認識を諫めるべき最高責任者だと思うのですが、そういう人が逆に差別を助長して煽るような発言をして、そしてその人がいまだ支持をえて、職にとどまるという事態を考えると、調査しながらむしろ時代は危ない方向に向かっているからこそ、今これをなお、やらねばならないという思いを強くする数年間だったのです。その途中で9・11事件まで起きて、いわば治安とかセキュリティといったことに対する一種過剰な反応も感じられる。排他性が非常に高まる社会が、日本だけではありませんが世界的にそういう傾向が高まっていると。そういうなかで、たとえ八〇年前であれ、現実に起きた事件についてきちっと調査して国や自治体が、国あるいは自治体としてこういう事件の原因を調査したうえでその対策を講じなければ、やはり、再発の危険、可能性というものは決して否定できないということで、私たちは継続してこの件に取り組んできたわけです。最終的な勧告も、そうしたことを実現するように、という内容になっております。

7　考えられる法的責任とは

さて、今日の報告に、法的な内容についても、多少説明をしておいた方がいいのだろうと思います。この場合の責任というのは何なのかということです。人権侵害ですから、そうした実際に起こった人権侵害の事件について調査を行って、その事実関係を究明したうえで、それが人権侵害であることが確認できる以上、謝罪をする。そして、再発を防止するための措置をとるということは、これは少なくとも道義的な責任、あるいは政治的な責任として当然、発生する。これがまず第一だろうと思います。さらに、それにとどまらない法的な責任は、ということになりますと、法的な責任もやはりある、というふうに私どもは考えております。被害者、おびただしい数の被害者がこの場合いるわけですが、そういう被害者個人に対する賠償責任と、それから刑事責任ということになろうかと思います。ただ、この賠償責任についていえば、もはやご遺族の特定すら困難です。つまり、負うべき責任の相手がもはやその確定・特定できない。そのくらい放置してしまったということでもあるのですが、こういう状態ですから、責任をとるということもなかなか現実化するかどうかは難しいかもしれません。しかし、遺族がいれば、当然賠償、国家賠償責任を追及することができるはずだろうと思います。ただ、問題は時効ということもあります。八〇年経っておりますから、不法行為責任の時効は三年、排斥期間は二〇年という法律がありますから、おそらく実際に裁判に訴えれば、当然国の側は時効ないし排斥期間の抗弁をたててくると思います。日弁連はそこまで今回書いておりませんので、私の個人的見解ですが、こうした重大な大規模な人権侵害に対しては時効制度は適用されるべきではない、と私は考えます。（場内拍手）

それから、もうひとつ刑事責任も発生するはずです。これは国際慣習法上、集団殺人、ジェノサイドとして責任があると、もちろん個別の殺人事件としては大正時代の日本にも法律があったわけですから、すでに責任を問われた人はたくさんいたわけですが、それ以外のもっと責任のある人が放置されているわけです。それも、本来責任があるはずです。ただ、これも刑事責任である以上は当該被疑者、被告人の存在が前提です。これも今となっては、もはや皆この世にはいない方々ばかりなのかもしれません。これもそのぐらい放置してしまった、ということだと思います。なお、この集団殺人に対する刑事責任というのは、一種の国際慣習法上の責任として今まで考えられていたものですが、ICC（国際刑事裁判所規程）がやっと発効いたしまして、これが動き出しました。このICC規程そのものは遡及効果を認めないので、過去の事件をもう一度掘りおこしてここで裁くことはないのですが、もし同様の犯罪が今後起きれば、おそらくICC規程によってその責任者や行為者は処罰されるべき、人道に対する罪ということになると思います。ただ、時間が長く経ちすぎてしまって、それをいま、実際に責任追及することは難しいのかもしれません。しかし、繰り返しになりますが、そのまた前提となる、当然国として果たすべき、負うべき政治的な責任、道義的責任、つまり、こうした人権侵害の実体や原因をきちっと調査して謝罪するべきものは謝罪し、そして再発を防止するための必要な措置をとること、これが、まさにいま一番私どもが政府に対して要求したい、責任の内容だと、そういう思いでおります。

編集委員会注　本報告の土台となった、日本弁護士連合会人権擁護委員会『関東大震災人権救済申立事件　調査報告書』（いわゆる『日弁連勧告書』、二〇〇三年七月）については、朝鮮人強制連行調査団編『関東大震災朝鮮人虐殺――日本弁護士連合会勧告と調査報告』（二〇〇三年）、もしくは「関東大震災八〇周年記念集会のページ」（ホームページのアドレス：http://www.isc.senshu-u.ac.jp/˜thb0644/sinsaiindex.htm）を参照されたい。

シンポジウム③　質疑・討論・まとめ

榎本久人
（都立紅葉川高校、歴史学研究会）

シンポジウム③の質疑・討論では、奥村氏に三件、米倉氏に三件、東海林氏に一件の質問があり、それぞれの報告に関する重要な論点が解明された。討論を紹介し、コメントしていきたい。

1　「阪神・淡路大震災と歴史学」についての質疑・討論

奥村弘氏への質問の第一は、「神戸市長田区は、なぜ焼けたのか」というもので、これに対して氏は、⑴木造住宅が密集する地域であったこと、⑵防火対策をとってこなかったこと、を理由としてあげられた。⑴については、神戸市の都市形成史をふまえて、以下のように説明された。神戸市は、市制施行時の一八九〇年には、人口二〇万人程度だが、大正期は七〇万人で、毎年四〜五万人ずつ増えていくという、急激な人口増となった。長田区は、その南側に川崎造船所と三菱造船所がある地域で、その労働者用の住宅として田地を切り拓いて作られた。そして、計画的な都市づくりをしないままに、市街化が先に進んでしまい、木造住宅が密集する地域という形で発展した。ゆえに地震の揺れは、東隣の芦屋市の方が強く、ビルが倒壊しているのだが、最も焼けたのは住宅の密集地の長田区であった。なお焼けた最大の理由は漏電で、一度、火がついて消えてからまたもう一度電気をつけて焼けたということもあった、と説明された。

⑵については、長田区は、もともと純農村地帯で、近世までは防火用水としての溜池が多くあった。ところが明治以後、溜池をすべて埋め立てて、これを小学校および公共機関に作り変えてきた歴史があり、これも焼けた原因のひとつである、と説明された。関東大震災で最も焼けたのは、現在の墨田、江東の木造の密集地域であった。二つの大震災で、どこが焼け、どこが焼けなかったのか、防火対策はとられていたのかなどを、比較、検討することは、当時の東京、神戸の特質を、都市の防災という観点から明らかにする上で非常に重要な作業である。この討論は、防災という観点から一地域の特質を明らかにした点で、大変示唆に富むものであった。

質問の第二は、博物館で「関東大震災と朝鮮人虐殺」の展示を担当した人から、「紙資料、文字資料でないものがあまりにも少ないと感じた。阪神・淡路大震災の史料ネットでは、モノ資料、映像資料は、どのようにして収集しているか」というものであった。これに対して奥村氏は、モノ資料について、「面的な保存は一箇所か二箇所、残っていたが、人が住んでいるところなので、なくなった。長田区の傾いたアーケードも全部処理されることになるなど、不動産は、ほとんど残っていない。阪神・淡路大震災記念の、人と防災未来センターには、壊れた家が展示されているが、これは模型の展示である。被災地のありとあらゆる状態を一箇所になんとなくそれとわかる形で集約して、あたかもあったような壊れた家を新たに作ったものである。私は、一箇所、本当のものを残せと言ったのだが、人びとに防災というものをわかるように見せたいということで、実際にはどこにもない、ありえないものが、一応原寸展示で、何億とかけて展示されている。時計などの動産部分については、ある程度、人と防災未来センターに展示されているという現状である」と答えられた。

また映像資料については、「人と防災未来センターに、二時間テープ何万本という数の膨大な数の映像資料が保存されている。これは、各報道機関から寄贈されたものもあり、市民の方がビデオにとった部分も相当ある。ただ、メディアのとったものには、著作権問題があり、簡単には公開できない状態になっている」と説明された。

この討論から、阪神・淡路大震災の震災資料をどう保存したのか、資料の公開はどうかという、歴史学上の興味深い事実が明らかにされた。

そして、質問の第三は、「講演で述べられた災害文化という言葉がわかりにくかったので、説明してほしい」というものであった。これに対して奥村氏は、「日本社会では、各時代、各地域で、多かれ少なかれ、台風、地震などの災害が起こっている。江戸時代における火事の備えのように、次の世代に語られるという形で残っている災害への備えがある。阪神・淡路大震災のときも、建ててはならない所に家を建てる、ここは建てるべきではないという議論が多くあり、実際に江戸時代からの古い家は地盤のいい所に立っていて壊れにくかったということもあった。このように、災害の中で、自分たちがどうそれに備えていくのか、それを乗り越えてどのように生きていくのかに関して、歴史的、文化的に蓄積していくことが大事で、これを災害文化と呼んでいる」と答えられた。災害防止のために、こうした災害文化の研究が進むことを祈りたい。

2 「朝鮮人虐殺事件と『人権救済』」についての質疑・討論

米倉氏への質問は、(1)「小泉総理大臣に提出した関東大震災の人権侵害についての勧告書は、具体的にどういう効力を持つか」、(2)「千葉県の地方裁判所に、虐殺事件の判決は残っているか。虐殺事件の判決文を千葉県の地裁と検察庁に請求したが、ないという回答が帰ってきた」。(3)「自治体等が文書を公開しないで秘密保持をするいいかげんさにどう対処したらいいか」の三点であった。

米倉氏は、(1)について、「残念ながら、法的拘束力はない。しかし、これをより広い意味での様々な国の施策を求める国民、市民の要求の材料に活かしてほしい。広い運動の中に日弁連というひとつの組織も、その制度の中で、これだけの調査をやり、こういう結論をだして発表したではないか、それを無視できるのかというふうに、必要な政策をとらせる材料に使ってほしい」と回答された。

(2)については、「刑事裁判の確定記録というものは、確定した段階で裁判所から地方検察庁に送られ、そこで保管される。そこで、私どもも、千葉の検察庁本庁に請求に行った。文書で請求をすると、役所内であれこれと検討されて無難な回答になるのではと推測し、前触れなしに行った。しかし、即座にないと返答された。手回しが良すぎると思ったが、重大な歴史的事件なので、様々な歴史研究者の方が何度も請求している可能性があり、体験ずみのベテラン職員の回答だったのかもしれない」と答えられた。(3)については、「自治体の文書についても、今回、私どもは直接の努力はしなかったので、お答えできない。ただ刑事裁判の記録については、前に述べた法務省の対応をどう打ち破るかという問題意識を持っている。五〇年という保管期間を過ぎているから、これは、法律に定める公開対象の資料ではない、だから見せないということを言えるのか、検討はしている。しかし、今回は、行政訴訟などの法的措置をとることより、勧告を出すことを優先した。また行政訴訟を行うことにより、現在、法務省が応じている研究者の学問的な調査も一律不許可になってしまうのではないかということも配慮した」と答えられた。人権侵害勧告書の意味や、情報公開に対する法務省の姿勢の問題点をより明らかにする討論であった。

3 「関東大震災復興小学校と御真影奉安庫」についての質疑、討論

東海林氏への質問は、宮城県に疎開して敗戦時、宮城県の国民学校三年生だった方からのもので、「九月新学期に、学校へ行くと奉安殿は撤去されて跡形もなくなっていた。四六年一〇月に撤去しなさいという都の命令がでるわけだが、各県によって対応が違っていたのか」というものであった。これに対して東海林氏は、奉安殿の建設費をだれが出したかによって、処理の仕方が違ったと答えられた。建設にあたっては、①行政の予算で作る、②今のPTAにあたる後援会が作る、③PTAにあたる後援会と行政が出し合って作る、の三通りがある。行政がお金を出している場合、壊されているケースが多いが、後援会の寄付で作った場合、転用したケースがある。たとえば、目黒の場合は、寄贈者が引き取り、のち、稲荷神社が老朽化したので、そちらに置かれた。ちなみに、ひとつの小学校の建設費は、三〇万円前後であり、それに対して奉安殿は、一五〇〇円程度であるという。

さらに東海林氏は、補足として以下のことを指摘された。学童集団疎開時、伊豆諸島の小学校のものも含めて御真影、勅語類を全部集めさせて、現在の青梅市、奥多摩、あきる野市の四カ所に特別奉安所が作られ、四つに分けて奉安された。その際、学童疎開の先から校長が四名交替で寝ずの番をするという、紙を子どもの命より重視するという逆転した現象が起こった。

戦前の国家が、火事、災害から守るために重視したものに奉安殿がある。これは、その奉安殿が関東大震災後、どのように建設され、戦災からどう守られようとしたかを知るための興味深い討論となった。

以上、シンポジウム③の質疑、討論は、「関東大震災と現在・未来」についての様々な論点を解明する興趣つきないものであった。

総合討論・閉会全体会

総合討論

逢坂　英明
（東京都歴史教育者協議会江東支部）

総合討論では、山田昭次氏の講演、シンポジウム①〜③での各報告と討論をすべて含めて、感想、質問、意見を会場から述べてもらうこととした。討論時間は四〇分という制約された時間なので、この集会に参加しての感想を中心に七名の方に発言していただいた。以下、発言を要約して紹介したい。

1　戦時中の強制労働を目撃して

まず、日朝協会に昨年入会した男性。「こういう学習会は参加すればするほど、朝鮮・韓国人ほど不幸な民族はいないのではないかと痛感させられる。そしてその責任は日本国・日本人にあることを認識させられる。この認識をもとに各分野で実践を積み重ねるなかで、在日朝鮮・韓国人の人権や生活の権利が保障され、さらには民族の分断をなくし、ひとつの国になることに力を尽くすべきだと思う。私には精神面での罪滅ぼしをしたいと思う原点がある。一九四三年、中学生の私が飛行場建設で学徒隊として動員された時に強制連行されてきた朝鮮人もいた。その作業の中で最も過酷なものは連行された朝鮮人が行っていた。私たち学徒隊と白人捕虜の集団はやや過酷程度、それよりもう少し楽な労働は婦人と老人があてられた。時折行われる朝鮮人に対する人夫頭の折檻は、棍棒や丸太棒でめった打ちにするもので、私たち中学生にとって正視できないものだった。強制連行された人びとがその後どういう運命をたどったのかと思うと心が痛む。このような私の体験は今まで眠っていたわけだが、昨年来からの拉致問題報道から目が覚めた。このままではいけないなという思いに駆られている」。

2　私の中の加害と被害

亀戸事件追悼会の男性。「祖父の代から亀戸に住み、自分も空襲による疎開で亀戸を離れるまで十年ほど生活していた。祖父は亀戸の南葛労働会事務所のすぐそばで煮豆屋をやっていたので、おそらく南葛労働会の若者と交流があったのではないかという思いで、退職後から追悼会の活動に参加してきた。また、空襲で自宅が焼けたので、東京空襲遺族会を結成してその事務局の仕事も手伝っている。私たちは朝鮮人に対し確かに加害者としての日本人の立場にいる。とくに祖父は大震災当時は四〇歳ころで、おそらく自警団の一人としてかかわりがあったのではないかと思い立った時に、自分はそのことをきちんと自分の中におさめながら、この朝鮮人虐殺問題に対処していかなければと思っている。そういう加害の面と同時に日本の権力者が日本の一般市民に対してどういう仕打ちをしてきたのか、空襲の遺族の活動の中で強く感じていることだが、国民として被害を受けてきたという面も踏まえながら、つまり加害と被害の両方をしっかりととらえていく立場が必要だと言いたい。とくに空襲で殺された人は政府からほったらかしにされている。私たちの運動も反映し、東京都はようやく三年前から亡くなった人の名前を調べはじめている。しかし関東大震災で亡くなった人びとの慰霊堂に今なお空襲犠牲者の遺骨をそのまま置いてある事態は問題だ。最近の研究調査では、占領下に東京都が独自に小石川に空襲被害者の慰霊の施設を作ろうとした時に、ＧＨＱがその動きをおさえたということがわかった。占領下では仕方がないにしても、現在に至るまで政府も東京都も空襲被害者に対する慰霊・追悼の施設を作ろうとしない状況は問題だ。私は、このようにいまだに空襲の被害者であると同時に、私の祖父が大震災時におそらく加害者であったかもしれないという二重の歴史的な立場をもっと深めたいと思い集会に参加したわけである」。

3　拉致問題と強制連行

狛江市在住の男性。「大正一五年生まれで軍国少年だったが、日教組の『教え子をふたたび戦場に送るな』の思いから教師をやってきた。基本的な事実で質問したい。強制連行の数字だが、朝鮮半島では二〇〇〜二五〇万の人が対象となり、日本へは八〇万人送られたと聞いた。しかし、死者の数は厚生省が徹底的におさえているようで実ははっきりしないという。中国人は四万人が強制連行されて、約七千人が亡くなっているらしい。朝鮮人の強制連行の数字を改めて教えてほしい。なぜこういう質問をするかというと、昨今の拉致問題での北朝鮮バッシングに善意ある人道的な立場の人びとが利用されている状況に危惧を覚えるからだ。たとえば、良心的な俳優たちが横田夫妻をモデルにした映像に善意の気持ちからだと思うが、出演している。しかし、横田夫妻は『新しい歴史教科書をつくる会』の講演会に参加し教育の問題にまで発言しているように、夫妻の言動には疑問を持つ。もしあの夫妻が、『私たちの気持ちは強制連行された方の遺族、あるいはまだ生きていらっしゃる方の気持ちと同じだ』と言われたら、本当に人道的な気持ちで行動している夫妻として一〇〇％支持したいが、そうではないようだ。やはり加害のことをしっかり頭に入れて頑張らなくてはと思う」。

4　在日の立場から

一九四二年生まれの男性。「私のアポジ（父）は、関東大震災の前年に日本にきた。両親は百姓だったが、日本の土地調査事業という植民地化政策によって田畑を全部取りあげられて、乞食になってしまい、仕方なしに日本に流れてきた。父はそういう体験をしているので、朝鮮人として誇りを持って生きるのがその当時いかに危険であったのかを、たぶんわかっていたのだろう。私の記憶にあるアポジはいつも和服姿でまったく日本人と同じ格好をしていた。亡くなったときも棺の中に和服を入れて葬儀をした。同胞から見れば民族反逆者のような生活を少なくとも表面的にはしていた。私も日本の学校で同化教育を受け、いかに日本人らしく生きるか、徹底的に自分を日本人らしくすることに汲々としていた。私が民族問題に目覚めたのは二二歳の時だ。日本の女性と恋愛した時、はじめて激烈な衝撃を受けた。朝鮮人じゃ世間体が悪いというのが理由だった。たまたま自分は運よく命を取りとめたが、それがきっかけで自分の朝鮮人としての朝鮮人探しが始まった。なぜ、朝鮮人はこのような理不尽な扱いを受けなければならないのか、現在の日本政府に対しても腹の底から憤りを感じる。日本とドイツの決定的な違いは、ナチス・ドイツを支えた政治家が今のドイツには一人もいないのに対し、日本はそうではないことだ。現在の日本政府内で拉致問題について最も急先鋒なのが安倍晋三氏だが、彼の祖父はあの岸信介である。そして昭和天皇についても否定的な部分がいつも隠されていた。なぜ、拉致の問題で日本人がこれほど反応するのか、それは歴代の日本政府、つまり私から言えば日帝の残存勢力をきれいに清算することができなかったからだ。しかもそれがアメリカの庇護のもとで行われたことだ。その結果、朝鮮戦争が始まる前にＧＨＱの指令で阪神地方の治安が強化され、朝鮮学校の学生が殺されているという事実もある。そういう事実を知らされない社会環境が今なおある。このような事実を知ってもらうことが、本当の意味で朝鮮半島との連帯の歴史を作る基でないかと思う」。

5 大震災の虐殺を目撃して

一九一三年生まれの女性。「昨日、今日と参加しているが、とてもこくのある良い会で感動してい る。今日の日本の状態を見ると私たちに責任があると感じている。また、この世界に生きるというこ とはどういうことなのか、私たちが地球に生きている地球家族であることが明らかなのに、どうして 人間は狭い根性でいがみあうのだろうか。この会場でもらったエネルギーをさらに明日の皆さんへの 呼びかけの言葉にしたいと思う。私は『国際みんなの家』という看板を掲げ、みんな一緒に本音を出 し合って生きていこうと呼びかけている。先日も、一七人の韓国人が『アジア・ハウス』の紹介で私 の家にやってきた。秋にもたくさんの韓国人がくることになっていて、親しく語れることを今から楽 しみにしている。ときどき個人で私の家に韓国の人が日本にきたと知らせてくる。『泊まっていきな さい、ここはあなたのお家よ』と言うと、真っすぐ私の家にくる。私は私の前に現れた韓国の人には、 大震災で虐殺された『あの人』に代わってきているんだという思いで、接している。私の家でホッと してほしいと思って。じつは私は大震災の時に虐殺されたのを目撃したので、それに対するこたえの ように思っている。今後も一層韓国の人と近づきになるように力を注いで頑張っていきたい」。

6 研究の発展を実感して

江東区北砂に在住の男性。「七〇周年記念集会にも参加したが、感想を二つ述べたい。ひとつは震災の研究が発展していることを感じた。それは韓国・中国の研究者の方の報告にあるように、大震災の国際的あるいはアジア的な意味について研究が広がっていることについてうれしく思った。三人の方々は、関東大震災の被害・事件が歴史上の記録としてきちんと書きとめられる必要があることを強調された。私は百科事典なども出版している出版社に勤務しているが、亀戸事件や関東大震災についての記述もこの一〇〜一五年前と比べて発展してきていることを実感している。そして歴史教科書の中にも関東大震災事件として改めてきちんと記載されるべきであると考える。第二に、大震災から大空襲までの東京下町の歴史のなかで、民衆がどのような生き方をしてきたのかということを江東区民として関心を強く持っている。現代の歴史の中に生きる一庶民として、この歴史の問題を自分の生活の今後の問題としてとらえていくことが大事だと改めて感じた」。

7　山田昭次氏の発言

最後に山田昭次氏が寄せられた質問に答えるという形で発言した。まず、高校や大学の教育のなかで朝鮮の近現代史教育が軽視あるいは欠落していると考えるが、どう思うかという質問について。「その通りと思う。私は朝鮮を学習することが日本を学習することだと考えている。体験的に言うと、私は一九七二年から二十年間、韓国と日本を行き来していた。徐勝《ソスン》、徐京植《ソキョンシュク》君という在日韓国人で韓国留学中に北朝鮮のスパイとして捕まった兄弟の救援活動のためだ。そこでの感想として、韓国へ行ってから日本のことがよく見えるようになったという実感がある。たとえば韓国の知識人は立派だなぁ、それに比べると日本の知識人は腑抜けだなぁという感想を持っている。日本の左翼知識人はいざとなると逃げ出す人が多い。しかし徐《ソ》兄弟救援に行った私を援助するということは大変なことであるにもかかわらず、私に協力してくれた韓国の知識人の方々がいた。知識人だけでなく刑務所の売店のおじさんまでも協力してくれた」。

次に震災下の朝鮮人暴動等のデマに関しての質問に対して。山田氏は「まず、九月一日と二日の違いの意味について。九月一日段階では個別の警察署や警察官が流しているが、二日になると治安当局の中枢部が朝鮮人暴動の認定をしたということ」と答えた。さらに、姜徳相《カンドクサン》氏の説との違いについて問うた質問に対して。「姜徳相先生は戒厳令を布告する口実として朝鮮人暴動流言を使ったと解釈しているように思われる。私は、この点が違う。実際に治安当局が在日朝鮮人運動に恐怖感を持っていた。従来の説ではいきなり三・一運動の恐怖から説明するのだけれども、私はその後の在日朝鮮人運動が発展し、高まりを示していたことを強調したい。一九二三年には、治安当局は朝鮮人の運動を激しくたたきつぶそうと動いている。メーデーの時など、朝鮮人は参加してはならぬと禁止し、参加者に対しては殴る、蹴るの暴行をして警察署にぶち込むことをしている。私は戒厳令布告の口実ではなく、実際に朝鮮人を怖がっていると判断している。それは必ずしも朝鮮人だけに対する恐怖ではない。メーデーの時に社会主義者と朝鮮人が参加しては相成らぬと言った意味は何かということだ。労働者について言えば、労働者が社会主義者と接近することによって体制内存在から体制を批判する存在に転化することを恐れたのではないかということだ。朝鮮人と一緒に活動するということは国家をこえてインターナショナルになるということで、それが怖かったのではないかということだ。また、従来の研究では言及されなかったけれども、九月一日になると、社会主義者は一斉に検挙されてぶち込まれてしまう。姜徳相先生は、社会主義者が朝鮮人虐殺について発言しなかったことに大変ご不満を持っているようだが、それは無理からぬことで社会主義者はなんにも動けない状況だった。一年後に有楽町の小さな飲み屋で恨みの会という追悼会をやろうとして社会主義者が集まろうとしたら、その程度の会合すら当局はつぶしてしまった。つまり労働者が朝鮮人と連帯したり、社会主義化するのが怖いという恐怖感とからんで朝鮮人が怖くなって、個別警察官から権力中枢までが朝鮮人が暴動を起こしたという幻想に追い込められたと私は理解している。それは、三・一運動から関東大震災前夜までの在日朝鮮人運動をどう見るかということと直接関係する。私の研究はそこを明らかにしたつもりなのだが、ぜひご批判を頂戴したい」。

以上の山田氏の発言を最後に総合討論は終了した。まだまだ発言を求める方々が多くいらっしゃったが、時間の関係上打ち切らざる得ないのは残念であった。しかし、短い討論時間にもかかわらず、それぞれのご発言は会場参加者に深い共感と感銘を与えたことは確かである。

閉会集会・会務報告

坂本 昇
（事務局長）

二日間にわたった本集会も、閉会あいさつを残すだけとなりました。第一日目は、「ほうせんか」合唱団の方々約五〇名や会場要員として動いて下さった方々を含めまして、三三〇名がご参加下さり、二日目の本日も二七〇名の参加者を得まして、二日間でのべ六〇〇名を越える参加者で、成功裏に本集会を終えることができますことを皆さんにご報告して、ともに喜び合いたいと思います。

ふりかえりますれば、二〇〇一年の秋に、「七〇周年」の運動を担った数名の者が参集して、八〇周年集会を開催することを誓い合い、昨年六月、実行委員会創立総会を開催いたしました。当初は、二〇名余りで出発した本会ですが、団体会員二〇団体、個人会員は全国で約一七〇名に及ぶ組織となりました。また、記念集会を準備する過程で、外国や国内の遠方の方にもご報告いただくことになり、「外国人報告者等招請募金」をお願いいたしましたところ、約一三〇の個人・団体の皆さまから、合計五〇万円を超える募金を頂戴いたしました。会員やご厚志をお寄せいただいた皆さまに厚く御礼申し上げます。

本集会は、本当に大勢の方々のお力添えで開催することができました。受付・接待や諸準備などで、本来ならば、フロアでじっくり講演や報告を聴きたかったかと推察いたしますが、実は、二日間とも

会場外の裏方でご尽力いただいた方もいます。また、十年前と比較いたしますと、若い世代の方々に、司会や記録などの任務でご協力いただくことができました。外国からの報告者、在日の報告者の方々に加え、一般参加者の中にも、外国の方や在日の方々が数多く参加して下ったという印象をもっています。こうした大勢の方々の英知を結集して、歴史の悲劇を繰り返さないように、ヒューマニズムの輪をインターナショナルに広げていく必要があります。また、本集会には参加されなかった人たちにも、集会の成果をお伝えしていかなければなりません。そのためにも、来年九月までには記録集を刊行したいと思います。記録集の刊行をもちまして、私の任を解いていただきたいと思います。記録集の刊行を、皆さんにお約束いたしまして、事務局長としての本集会最後のごあいさつと会務報告に代えさせていただきます。ありがとうございました。

閉会あいさつ

鈴木　定夫
（副実行委員長、日中友好協会東京都連合会）

みなさん、この二日間にわたる「関東大震災八〇周年記念集会」に最後までご参加下さいまして誠にありがとうございました。

とくに、講師のみなさんには、ご多忙中のところ、おいでくださいまして心からお礼申し上げます。

さてみなさん、今回の講演とシンポジウムには、各専門分野の講師の方々から、多方面にわたって豊富な内容が報告され、さらにみなさんからの積極的な意見と討議によって、関東大震災の実態とその本質ならびに当時の社会的背景なども明らかにされたと思います。

とくに関東大震災で約六七〇〇人の朝鮮人が虐殺された実態だけでなく、あまり知らされていなかった中国人七五〇人余が犠牲になっていることも明らかにされました。また、この事件を心配し調査にのりだした社会事業家で、クリスチャンの王希天が江東区逆井橋《さかさいばし》のたもとで陸軍中尉に虐殺されましたが、日本政府は当時、独立国である中国人への残虐行為が外交問題になることを恐れ、中国政府の捜査要請に「亀戸署から釈放したあと行方不明」と隠していました。また関東大震災の混乱の中で天皇制政府は、暴動を起こしている朝鮮人の背後には社会主義者や、ロシアの過激派がいるというデマを流し無政府主義者や被災者救援のために活動していた労働組合の幹部など一〇名を虐殺した真相も明らかにされました。

しかし最近の情勢をみると戦前に似た危険な傾向が表われています。それは小泉首相の靖国神社参拝や憲法改悪の動き、さらにイラクへの自衛隊派兵を増強しています。また侵略戦争を美化した「新しい歴史教科書」を再度登場させ朝鮮人をはじめ他民族蔑視の兆候など新たな軍国主義化への策動が強められています。このことによってアジア諸国民との友好の心情が傷つけられ、平和と友好がいちじるしく阻害されています。

それだけに関東大震災における朝鮮人・中国人の虐殺事件などの歴史的教訓から学び再びあのような事件を繰り返させないために右傾化を阻止する闘いを強め、朝鮮・韓国・中国を始め、アジア諸国民との友好と連帯を深める運動を積極的にすすめたいと思っています。今後もみなさまのご支援とご協力を心からお願い申し上げます。

最後になりましたが、みなさまのご奮闘によって「八〇周年記念集会」が盛会のうちに終了できましたことを心から感謝申し上げます。さらにこの「八〇周年」の行事は今日だけでなく、明日九月一日は「朝鮮人犠牲者追悼式」が午前一一時から横網町公園で行われますのでぜひ、ご参加下さいますようお願い申し上げ閉会のあいさつといたします。みなさま、今日はどうもありがとうございました。

二〇〇三年八月三一日

第二部　事前学習会の記録

関東大震災八〇周年の意義と課題

松尾章一
（法政大学名誉教授）

1　八〇周年を迎える世界史的意義

(1)　二〇〇一年九月一一日のアメリカのニューヨークで起きた同時多発テロ事件以後、世界唯一の超軍事大国であるアメリカのブッシュ政権は、「テロ」報復を口実にして大量無差別虐殺の侵略戦争を敢行し、現在も日常的にアフガニスタンにおいてまったく罪のない子供・女性や一般民衆の生命・財産・生活を破壊し続けています。さらにはイラクを「悪の枢軸」と一方的にきめつけて先制攻撃戦略を公言して新たな「核態勢見直し」を発表しています。このようなアメリカに対抗するため、イスラムの教義に殉じた「聖戦」（ジハード）に参加する無差別「自爆テロ」が繰り返されています。

(2)　日本の小泉政権は、このアメリカの報復戦争にまったく無批判に追従し、日本国憲法第九条をかなぐり捨てて自衛隊の海外出兵を強行しました。さらにアメリカ軍の軍事行動にいつでも参加できる戦争国家体制を完成させるための有事法制三法案（とくに武力攻撃事態法）をさきの国会で成立させようとしましたが、国民の猛反対で実現できませんでした。しかし、秋の国会では必ず実現させせようと企図しています。小泉内閣は、靖国神社参拝や教科書問題などに象徴されますように、近隣のアジア諸国からの批判に真剣に耳を傾けようとはせずに、過去の日本帝国主義のアジア侵略戦争への誠実な反省がまったくみられません。このような政治的環境の下で「新しい歴史教科書をつくる会」に代表される歴史修正主義者の策動はますます強まっています。石原慎太郎都知事の「第三国人」発言（二〇〇〇年四月）や、つい先日の小泉純一郎首相の北朝鮮訪問報道の際の北朝鮮との「戦争発言」も看過することはできません。

(3)　今年の八月一五日の社説（『読売新聞』、『東京新聞』、『日本経済新聞』）は、いずれも歴史認識の重要性を指摘していたことが特徴でした。

明治維新以後の日本人のアジア民族認識は、差別と蔑視の意識に貫かれている結果、アジア・太平洋戦争におけるいわゆる軍「慰安婦」問題・「強制連行労働」問題等々の対応に顕著に現れていますように、日本国家と民衆の戦争責任・加害責任に対する自覚と反省は決定的に欠如しています。さきにあげた『読売新聞』の社説「歴史をすなおに見直したい」がそのよい例です。なぜなのでしょうか。それは戦後の日本人が家庭・学校・社会における教育の中で人間性・正義・真実・理想・モラルなどといった、人間が社会的に生存していく上で、最も大切なことがらをラディカル（根源的）に考えてこなかったからではないでしょうか。今日の日本の政治・経済・社会・思想・文化などのすべての分野において、このような危機的状況はもはや回復不可能なまで深刻に拡大しているのが現代社会であると、私は断言せざるをえません。日韓会談反対運動（一九六二〜六三年）のころから、日本人の朝鮮認識への思想的意味の反省が始まり、朝鮮問題に関する戦後民主主義思想の弱点が指摘されるようになりました。中国に対する蔑視感情が形成される歴史の過程と、朝鮮のそれとのあいだに大きな時間的ズレがみられます。朝鮮民族に対する蔑視がテコとなって、中国民族への軽侮の感情がつくり出されているのではないでしょうか。

(4) このような日本と世界史のなかで、関東大震災で軍隊・警察そして日本民衆が起こしたまったく罪のない在日韓国・朝鮮民衆を六千人以上、在日中国人七百名以上の大虐殺事件から八〇年目を私たち日本人はどのように迎えるべきなのでしょうか。日本現代史からみてこの関東大震災を画期として、とくに中国や朝鮮民衆の反帝とくに反日・民族独立運動を敵視し、全面的な中国大陸への日本帝国主義の侵略戦争遂行の国策を成功させるための国家総力戦体制づくりが強力にすすめられました。私には現在の日本の状況は、この時代の歴史と非常に似ているように思えてなりません。ふたたびこのようないまわしい歴史を再現させてはなりません。そのためには、この歴史を正しく学習して、日本のすべての国民の共通の歴史認識にするための歴史普及運動を活発に展開することが必要です。これを加害者である日本人だけの運動ですすめるのではなくて、被害者である韓国・朝鮮・中国の民衆や知識人との国際的連帯運動として成功させましょう。来年の関東大震災八〇周年を画期として、日本・韓国・朝鮮・中国の民衆と歴史研究者の共同で真実の歴史教科書の作成が実現されることを私は心から願ってやみません。七〇周年までよりも現在は、有利な条件があるように私は思っています。思いつくままにそれらのいくつかをあげてみましょう。

①千葉と横浜在住の在日韓国人から人権救済申し立てが日弁連会長と日本政府に出されたため、日弁連事務局人権部会に梓澤和幸弁護士を中心に関東大震災事件委員会が設置。②千葉県八千代市高津なぎの原の共有地に埋められたままになっていた関東大震災時に殺害された朝鮮人遺骨の発掘が実現。③助けてくれた日本人への「感謝の碑」の在日韓国人遺族による建立。④四国の出稼ぎ日本人（被差別部落民）が千葉で朝鮮人と間違われて殺害された遺族の検証。⑤震災時の朝鮮人連行や虐殺画がいくつも発見。

関東大震災八〇周年運動は、二一世紀を「人類の非戦の時代・地方自治の時代」の新しい歴史の開幕に貢献すると私は確信しています。

2　これまでの研究をふりかえって

(1)　一九七三年に日朝協会（私が勤務していた法政大学の総長をされた渡辺佐平氏が会長）の呼びかけで、私は、関東大震災五〇周年朝鮮人犠牲者追悼行事実行委員会に、当時代表委員として所属していた歴史科学協議会から犬丸義一氏と参加したのが関東大震災と朝鮮人・中国人虐殺事件の歴史を本格的に研究することになる最初でした。このとき歴史学研究会を代表して当時横浜市立大学教授であった今井清一氏と横浜在住の在野の歴史研究者で二〇〇二年六月に亡くなった斉藤秀夫氏、当時歴史教育者協議会の委員長であった故高橋磌一氏が参加されました。高橋氏がこの実行委員会内の調査委員長として、『歴史の真実　関東大震災と朝鮮人虐殺』と題する研究成果を一九七五年に私たちの友人であった橋本進氏が経営されていた現代史出版会から刊行してもらいました。この本の中で、私は、当時日朝協会東京都連副会長であった鬼頭忠和氏と共同で第三部「朝鮮人虐殺の歴史資料」を担当しました。

(2)　一九九三年の七〇周年には歴史教育者協議会の加藤文三氏の呼びかけで、関東大震災七〇周年記念行事実行委員会が結成されて、私が実行委員長となりました。このときの成果のまとめは『この歴史永遠に忘れず』と題して日本経済評論社から一九九四年に刊行しました。この後、私が監修者となり、この実行委員会の事務局の中心であった坂本昇・田﨑公司・大竹米子・平形千惠子・逢坂英明・田中正敬の六氏とともに二千頁に近い『関東大震災政府陸海軍関係史料』全三冊をまた日本経済評論社から一九九七年に出版しました。この史料集で、私たちは軍隊が虐殺に直接かかわったことを示す決定的な史料（「震災警備ノ為兵器ヲ使用セル事件調査表」）を東京都公文書館所蔵の『陸軍震災資料』の中から発見することができ、新聞などで大きな反響を呼びました。この資料はおそらく軍法会議のために作成されたものだと思います。私たちに公開された直後からこの史料は一般閲覧できなくなりました。

(3)　私たちが関東大震災と朝鮮人虐殺について研究を始めた当時とくらべて、研究条件は格段の有利な条件が生まれています。まとまった史料集としては、姜徳相・琴秉洞編『現代史資料六、関東大震災と朝鮮人』（みすず書房、一九六三年）が唯一といった状況でした。しかし現在では、私たちの前掲の史料集のほかに、琴氏の編集・解説による労作『関東大震災朝鮮人虐殺問題関係史料』全四巻（緑蔭書房、一九九六年）が刊行されています。東京・神奈川・千葉・埼玉などの虐殺事件の実証的な貴重な研究成果も多数出版されています。山田昭次氏の大労作『朝鮮人虐殺関連新聞報道史料』全五巻（緑蔭書房、二〇〇四年）も刊行されました。

中国人虐殺事件に関しては、今井清一氏や仁木ふみ子氏らの先駆的な研究業績があり、さきに紹介しました王希天生誕百周年訪中の際に私たちに寄贈された『王希天記念文集』『王希天研究文集』『王希天　案史料編』（長春出版社、一九九六年）があります。この三冊は翻訳書が出版されるとよいと思います。この八〇周年を機会に、中国人虐殺事件についても、本格的な史料集刊行とこの事件の研究が一層進展することを願っております。そのためにも、日本・韓国・朝鮮・中国などの国際的な研究体制の実現が望まれます。

3　さらに実証的・理論的に明確にしたいこと

(1)　いわゆる「三大テロ事件」(「民族犯罪」である朝鮮人・中国人虐殺事件と「権力犯罪」である亀戸事件と大杉＝甘粕事件)を個別的にとらえるのではなく、一九二〇年代のアジアにおける革命と反革命情勢下で必然的に起こされた事件であるという世界史的視点が重要です。第一次世界大戦後の国際環境の変化(一九一七年一〇月、ロシア社会主義革命。一九一九年三月一日の朝鮮の三・一独立万歳闘争。同年五月四日中国の五・四運動。東アジア世界の転換点)。一九一八年の米騒動後成立した原敬内閣期の反動政治に対する階級闘争の激化。労働運動の新潮流——アナ(反総同盟系)とボル(総同盟系)の共同・統一戦線的志向(平澤計七の役割)。この時期を解明する上で、当時の総同盟と一線を画した東京鉄工組合・造船工労働組合・日本労働連盟・純労働者組合などの横断組織団体の機関誌として一九二二年二月に創刊された『労働週報』(同年三月一三日の第三九号が最終号)の復刻(不二出版、一九九八年)は大変貴重な第一次史料です。当時日本の労働者や民衆が在日朝鮮人・中国人と国際的連帯で固く結びついて、三悪法(過激社会運動取締法案・労働組合法案・小作争議調停法案)反対運動と普通選挙運動の実現運動を志向した闘争が高揚していた様子がよくわかります。この運動の中心的な労働運動の指導者であった平澤計七の著作集が、『評伝平澤計七』(恒文社、一九九六年)の著者である藤田富士男と大和田茂両氏の努力で出版されましたので(大和田・藤田共編『平澤計七作品集』論創社、二〇〇三年)、この日本近・現代史の明暗を分けた画期である一九二〇年代の研究が大きな飛躍をとげることでしょう。また、当時非合法の日本共産青年同盟の初代委員長であった川合義虎(日本共産党員・南葛労働会所属)が一九二三年九月の第一日曜日に国際青年デーを東京で開催する準備中でした。米騒動の時と同じく在日朝鮮人との連帯運動が前進していました。国家権力は関東大震災が起きなくても、このような階級闘争の高揚・前進を圧殺しようと狙っていたと思います。関東大震災を絶好のチャンスとして戒厳令下で仮想敵として在日朝鮮人（「不逞鮮人」）と「主義者」を的確に殺害したのです。

(2) なぜ亀戸で虐殺が起きたか。この地域は当時低賃金労働者の「スラム」的町（日本化学工業株式会社・富士紡績会社の従業員中八千人が死亡）。とくに大島町《おおじま》は在日中国人労働者や温州地方の傘・飴行商人が密集（仁木ふみ子著『関東大震災中国人大虐殺』岩波ブックレット、一九九一年参照）。またこの地域は戒厳令下の軍事的拠点（戒厳令により第一師団長石光真臣陸軍中将麾下《きか》の東京南部警備部隊駐屯。部隊長寺田騎兵大尉）であり、また軍隊・食糧・医療など房総方面・常磐線による輸送拠点でした。大島町には弘前第八師団の救護班が駐屯していました。千葉県習志野の高津兵舎には騎兵連隊が常駐していました。陸軍のなかで騎兵は日露戦争・シベリア干渉戦争の時までは戦闘の花形でしたが、第一次世界大戦を境にして飛行機・科学兵器戦になり騎兵縮小廃止論が出ました。騎兵は馬を捨てて機関銃をもたされるようになりました。騎兵は陸軍のどの兵種よりも、「勇猛果敢」を誇りとしていましたので、関東大震災の戒厳令下でその存在価値を認めさせたいために「不逞」朝鮮人・中国人や日本の社会「主義者」・戦闘的な労働運動の指導者虐殺の尖兵になったのかもしれません。

(3) 朝鮮人六千名以上、中国人七百名以上といわれている虐殺人数の日本人自身による実証的研究も今後の重要な課題です。神奈川県下の朝鮮人虐殺者数は故梶村秀樹氏の研究がありますが、最近では山田昭次立教大学名誉教授の詳細な研究が発表されています（「関東大震災に虐殺された朝鮮人数の諸調査の実証的検討」と同付表を参照してください（同氏著『関東大震災時の朝鮮人虐殺』創史社、二〇〇三年所収)。

(4)　第一次世界大戦後日本に急増した在日朝鮮人の史料的研究は、故朴慶植《パクキョンシュク》氏によってかなり明らかになっていますので、これらの統計的史料を分析して朝鮮人・中国人虐殺者数を確定する基礎的研究の重要性をあらためて強調しておきます。また朝鮮人と共生しながらも虐殺を起こさなかった地域があるのはなぜでしょう。この研究も当時の日本人の生活と意識を考える上でも重要でしょう。戒厳令下の「朝鮮人騒ぎ」の流言蜚語が飛び交う異常事態の中で、朝鮮人を助けた勇気ある日本人がいたことをもっと評価すべきではないかと私は現在は考えています。

(5)　流言蜚語の出所（支配権力説・支配権力と民衆同時説・民衆自然発生説）。当時の内務大臣であった『水野錬太郎回想録・関係文書』（山川出版社、一九九九年）には関東大震災時に関する記述はまったく収録されていません。権力側がこの時の事件を意図的・組織的に抹殺・隠ぺいしている事実からも、この事件が権力犯罪によって起こされたことを証明しているのではないかと私は思います。当時警視総監であった赤池濃について、人名辞典にもまったく掲載されていない現状です。虐殺事件の三トリオといわれる水野・赤池そして当時内閣官房主事として戒厳令を上奏した内務官僚であった正力松太郎の伝記的研究も必要でしょう。

(6)　自警団の性格と役割の究明。軍隊・警察・右翼・在郷軍人会・青年団との関係の各地域ごとの実証的研究は、日本ファシズムの本質と当時の日本の民衆意識を知るためにも、この解明はとくに重要です。自警団が結成された最初は軍隊・警察の指導があったことが重要です。けっして民衆が自発的に結成したものではありませんでした。のちには自発的に組織されますが、これも官憲側の流す「朝鮮人騒ぎ」というまったく事実無根の流言蜚語を民衆が信じさせられたためであったからです。

大杉栄や川合義虎などの無政府主義者や共産主義者までも自警団に参加したことをどのように考えるかは大変に難しい課題ですが、官憲の目をごまかすためのカムフラージュのためか、隣近所つきあいにすぎなかったのかもしれません。自警団は労働ボスに指導され在郷軍人会・青年団や軍隊・警察（とくに亀戸署）のそそのかしの影響が大きかったようです。大震災時の労働者雇用に際して黒龍会（頭山満・内田良平）や縦横倶楽部（早稲田大学出身の森伝が指導者。同大学校友が中心で一九一七年六月に結成。第一師団長石光真臣陸軍中将や警視総監赤池濃が後援。大杉事件の主犯である甘粕の減刑運動に奔走）の右翼団体は、中国人労働者排斥運動を扇動し、隅田川一帯の日本人労働者が中国人労働者を雇わないように工場や運送店に申し入れたり、警察に中国人労働者の入国を拒否するよう要請するなどの策動を行っていました。

(7) このような状況の中で、中国人労働者が今日までに判明しているだけでも七百人以上が虐殺される事件（大島事件）が起こされたのでした。

一九九六年八月三一日から九月八日に、関東大震災で軍隊から謀殺された中国人留学生であった王《ワン》希天《シィティエン》生誕百周年訪中団（団長・故山住正巳当時東京都立大総長、秘書長・仁木ふみ子氏ら）に参加して、王希天の生誕地である長春に烈士として祭られた陵墓開幕式典と記念館開館の国家的式典に参列することができました。この後王希天研究国際学術討論会において、私は日本側の一人として研究報告をいたしました。軍隊・警察によって組織されてデマに惑わされたとはいえ、まったく罪のない多くの朝鮮人・中国人を無残に虐殺した民衆の自警団員で裁判で有罪の実刑をうけたのは三二名で、その最高刑の懲役四年がわずか二人でした。それも翌年一月に皇太子（のちの昭和天皇）結婚の恩赦令によりすべて釈放されました。当時の日本はこのような「法治国家」でした。

(8)　関東大震災は国家総力戦体制準備の転換期であり、日本ファシズムへの地ならしへの絶好の機会でした。当時支配者層は「大正デモクラシー」期の思想と運動（アメリカン・デモクラシーの影響）を「天譴」（天が与えた罰）であると評した思想史的意味を究明することも重要です。このことから、関東大震災を天災ではなくて人災であるとする歴史認識の正当性が一層理解されるのではないでしょうか。

最後に関東大震災時の大虐殺事件を、今日も続いているホロコーストの人類史の中に位置づけて再検討することを強調しておきます。

（この小文は、二〇〇二年九月一日に墨田区のみどりコミュニティセンターに於いて、関東大震災八〇周年記念行事実行委員会・亀戸事件追悼実行委員会・朝鮮人犠牲者追悼会実行委員会主催で行われた関東大震災八〇周年にむけての第一回学習会の報告を、大幅に割愛し、一部補足したものです。二〇〇四年七月五日記）

描かれた「朝鮮人虐殺」に切り込む

新井勝紘
（専修大学）

1　関東大震災と私――義母の体験から

一九二三（大正一二）年の関東大震災からすでに八〇年。そのときの恐怖の体験者は次第に減ってきている。もう間もなく直接の体験者から聞き取り調査することもできなくなるだろう。みな八〇歳を越え、記憶が怪しくなってきていることも事実である。

私の個人的な関係でいうと、義理の母は、今年（二〇〇四年）八五歳になるが、わずか四歳くらいで運命的な体験をしてしまった。私は結婚後、義母から次のような話を聞いたことがある。

ちょうど夏休みがそろそろ終わるころだったこともあって、東京の本所から西郊の東京府西多摩郡瑞穂町の親戚の家に一家で遊びにきていたのだという。父母と兄弟、それにまだ幼い義母の五人だったという。九月の初めには兄の学校が始まるというので、家族は本所の家に帰ることにしたが、義母だけは幼くて学校にも行っていない年齢だったので、もうすこし泊まることになったようだという。これが運命の別れ道になるのだとは誰も気がつくはずがなかったが、この時を境に父母、兄弟とも永遠の別れになってしまった。義母の父・生江《なまえ》酉作《ゆうさく》は、本所の相生警察署の巡査部長で、九月一日は非番だったというが、親戚から帰りついた先の自分の家であの大震災をまともに受けてしまったのだ。

仕事がら家族の安全などよりも、警察官としての仕事に必死だったことが予想される。間もなく次々に火災が発生する。避難民の災厄を防ぐために本所被服廠跡南側の逓信省倉庫を破壊し、部下を督励しながら救護に従事した。ともかく一刻も早くその安全な場所に住民たちを避難させなければならなかった。当然自分の家族も全員、率先して被服廠跡に避難させたのであろう。このとき近くに住んでいた祖父母も同所に逃げたという。この時の避難先が、人びとの生死の運命を決めてしまったのである。あの猛烈な竜巻のような火柱に包まれて父は殉職し、ほかの肉親は行方不明となった。そこでどんな悲惨な光景が展開していたかなど、幼い義母には知る由もなかったが、阿鼻叫喚の地獄絵が進行していたのである。

のちに親戚の人があちこち探し回ったけれど、結局、義母の家族全員がどこでどんなふうに亡くなったのかは誰も確認できなかったという。一家全員の遺骨も遺髪もない死を認めざるをえなかったのである。ただ、入り口に父の名のあるサーベルがおちていたことだけが確認されている。当時の震災の写真には引き取り手のない膨大な量の遺骨の山が写っている。あの高く積まれた焼けた骨の中に、父や母や、兄や弟の変わり果てた姿があったのだろう。楽しかったはずの数日間の田舎での夏の思い出は、そのまま凍りついたものになってしまい、非情にも親子の絆を永遠に切り裂く旅となってしまった。以来、天涯孤独の境遇になってしまったのである。誰を恨むこともできないが、義母にとってはつらい運命となった。それは八十有余年の人生にさまざま影を落すことになったのである。あの夏のほんの数日間で帰るはずだった親戚での宿泊は、結局、家なき子になってしまった彼女の日常の暮しの場にも大きな転換を迫られ、肉親の愛をほとんど受けることもなく育ったという過去がある。

このような義母の例はけっして特異なものではなかったろう。関東大震災で亡くなった多くの人びとの一人ひとりの、残された家族や遺族にさまざま悲喜劇を生みだしにちがいない。義母はその一例にすぎないと思っている。このことについて多くを語ることはしない義母であるが、八十有余年の人生の中で、やはり忘れることができない重石が心のどこかに絶えず残っているのではないだろうか。関東大震災にはこうした私の個人的な事情もあって、特別な思いをもっている。

2 封印とタブーの朝鮮人虐殺

関東大震災は、十万人以上の人びとの犠牲と多くの建造物の崩壊をもたらした大災害であるが、また同時にかろうじて生き残った者たちにも深い傷を残し続けたのである。ただ、もう一方でそうした人びとの痛みだけをみただけの災害史像にとどまっていたのでは、この災害の本質を見たことにならない。それは震災から数日間に起こった日本人による朝鮮人虐殺事件である。この事件に目をつぶっていては、震災の一面を見たにすぎない。この事件の真実をしっかり見つめることができないと、関東大震災を歴史的に理解したことにならないだろう。これまでも事件の真相が少しずつ明らかになってきてはいるが、事件当時の調書や公文書がほとんど公表されていないこともあって、八〇年を過ぎた今日でも、犠牲者の正確な数さえつかむことができない状況にある。そのため、いまもって歴史的にその全貌が十分につかみきれていないといえる。同時並行した中国人虐殺については、幸いにも台湾にその記録が残されており、実態がある程度わかってきたが、朝鮮人については加害者である事件関係者が口をつぐんでしまったことや、記録類が未公開のままになっていることがあり、なぞに包まれている部分が多い。各地の警察署や関係の役所のどこかに保存されているかもしれないが、現実は、なお公開の対象からはずされている。すでに消滅してしまっているか、あるいは原資料の焼却処分ということも考えられる。永久未公開という状況におかれてしまっているのかもしれない。

ここに、アジアという舞台の中で日本が刻んできた近代の轍のもつ功罪が隠されているともいえよう。とりわけ近代日朝関係史である。問題はアジア・太平洋戦争の総括ばかりではないのである。はっきりとけじめもつけないまま歴史の底に沈ませてきてしまった日本人および日本国家の常套手段がここにもはっきりとみえるのである。

今いえることは、これだけの年数を経ても表に一切現れてこないことの歴史的、社会的な意味と問題を問うてみることではないかと思う。なぜ真相を隠そうとしているのかという問題である。事件の直接の行為者である加害者と被害を受けた詳細な状況についての関係文書を封印してしまっている理由を考えてみることが必要だろう。地域によっては事件について語ったり触れたり、あるいは調査したりすることがタブーになっており、自治体史でもほとんど触れられていない場合もある。時間の経過とともに風化してしまう運命にあるといってもいい。

そうした困難な状況の中でも、こつこつと史料発掘が行われ、今日では、関東大震災時の朝鮮人虐殺の犠牲者は、六六〇〇人を上回るというのが、近代史研究者の常識となっている。多くの研究者の絶え間ない地道な研究調査の賜物である。これからもこの数はそう大きく変動することはないと思われるが、八〇年を経た今日、関係史料の公開の望みがないならば、別の方法で迫ることはできないだろうかという強い思いがしている。関東大震災時の朝鮮人虐殺事件をめぐってのこうした現状を踏まえた上で私は、この事件の真相に迫るための何か新しい光の当て方や迫り方がないだろうかと考えてきた。そのひとつとして提起してみようとしているのが「描かれた虐殺」論というアプローチである。この分析視角については先行研究もなくはないが、まだいずれも不十分である。私自身も序論に留まっているが、すでに同人誌『隣人』第一六号（草志会年報二〇〇二年三月）・第一七号（二〇〇三年三月）に試みたことがあるので、ここでは第一六号での拙稿の一部を加除補筆しながら紹介してみたい。対象は、一九二〇年代から三〇年代に活躍した挿絵画家・河目悌二（推測）が描いたたった一枚の水彩画である。

3　試論「描かれた朝鮮人虐殺」論――少年の視線

この資料は、関東大震災時に現実に起こった恐ろしい光景を描いた一枚の水彩画（国立歴史民俗博物館蔵。縦二一・九センチ、横三七・三センチ）である。表裏とも画面には日付・場所・時間・作者など記録的なデータは何ひとつ記されていない。実証的な手がかりは皆無といってもいい資料であるが、その描かれている光景からは、震災時に起こった朝鮮人虐殺の生の姿をみることができる。朝鮮人虐殺そのものを対象として写し撮った写真は、これまで多くの本に紹介されているごくごく限られた数しかないのが現状である。当時の一般的なカメラ所持の現状と事件のむごさからいっても、これからも写真の発見はなかなか難しいだろうと思われる。ただし、実際の体験やその証言を記録した文字資料は複数残っている。新聞や雑誌の記事として報道されたり、その現場に居合わせた体験者が記録として書き記したりしているものである。また後年、聞き取り調査の対象として自分の経験をありのまま語っている例もある。それらの活字化された記録はまさにドキュメントといえるし、事件のもつ重い事実が伝わってくる。それだけ実際の光景は体験者の脳裏から消えることがなかったといえる。

しかしそれらはなんといっても活字資料である。文字を通しての肉声ということになる。もっとこの事件をリアルに、直接的に伝えているものはないのだろうか、もっと具体的なかたちで記録され

「朝鮮人を芋畑に追い詰める図」（クレヨン画、山崎　巌（当時、東京市本横小学校４年）東京都復興記念館所蔵（「大正震災記念帳」より、国立歴史民俗博物館写真提供、第５展示室・常設展示中）

ていないだろうか。その答えを出すヒントを私は得ていた。それはすでに拙稿「少年が見た朝鮮人追跡」（『歴史科学と教育』第一六号、一九九七年一二月）で紹介したことがあるスケッチである。本所区横川町（当時）にあった本横小学校の四年生の男子・山崎巌君が避難先の千葉県中山村でみた、葉が大きく茂っている夏の芋畑に必死に逃げてこんでいる一人の朝鮮人を、大勢の日本人が手に手に武器らしきものを持って追跡している絵画である。こんな小さな子供でも、あの時見た光景は脳裏に焼きついていたのだ。震災後数カ月たって学校がようやく露天学校として再開されたが、高田力蔵という図工の先生から「君たちが体験した震災でもっとも怖かったもの」を描けといわれた時に、迷わずあの場面を描くしかなかった少年の純粋な気持ちである。少年をしてどうしてもあの場面を描いておかざるをえない気持ちにさせていた強烈な原体験であったにちがいない。あの日見てしまった芋畑の虐殺こそ、まさに狂気した日本人と追い詰められた朝鮮人の関係をまざまざと示しているし、あの場でその後に起こったであろう虐殺を推察させる。そのたった一枚の少年の描いた絵を見た時に、絵画を通して「描かれた朝鮮人虐殺」論を展開することができるのではないかと考えたのがそもそもきっかけである。

アメリカからの救援物資の中に入っていたクレヨンや色鉛筆を手にした時に、黒と赤の二色を基調にした同じ小学校の生徒たちの絵画はある真実を語っているが、なかでも山崎君が描いた光景に、小学生の目線で見た関東大震災の本質がのぞいているのではないかと考えたのである。

その意味で、その場面に出くわした、あるいはその渦中にいた大人の中にも写真を通してではなく、過去に自分が持ったことがある絵筆や鉛筆でスケッチした人間はいなかったのだろうか。少なくとも自分の記憶が新しいうちにその原画の持つ重さを、何か記録として残しておいていた人間がいるはずではないのか。そのような思いで資料を探索しているうちに、幸いにもいくつかの絵画資料に出会うことができた。それは偶然だったかもしれないが、虐殺事件を文字資料ではない形で迫ることを可能にさせてくれた。

4　一枚の水彩画を読み込む——挿絵画家・河目悌二の視線

ここに朝鮮人虐殺を生中継のように描いた絵画がある。たった一枚きりの水彩画で、現場からの実況中継画ともいえる。場所は隅田川とも推測される川べりの広場である。川の向かい側は震災の被害がひどく、樹木は倒れ建物のほとんどが崩壊し、なかにはまだ煙があがっているものもある。川の中には半分水中に沈みかかっている船がのぞいている。遠方に見える建物もどれも原型をとどめているものはない。そうした背景のもと、事件は川のこちら側でまさに進行中である。とりあえず三場面に区切ってみてみよう。

まず最初が絵の左側の場面である。そこにはなんと今まさに殺害しようとしている場面がはっきりと描かれている。手を後ろ手で縛られている一人の朝鮮人に向かって、四人の人間がそれをとり囲み、それぞれが刀や竹槍、木刀のようなものを持って切りかかっている。彼らのスタイルは三人が額に鉢巻、三人は白い夏のシャツに下は褌ひとつである。その恰好で力任せにそれぞれの武器を一人の人間に打ち下ろしている。被害者は何の抵抗もできない状態のまま、その武器の餌食のようになっている。頭から血が噴出し、顔から胸にかけては鮮血が流れ落ちている。縛られている体はすでに斜めに傾き、足元はふらついて、いまにもばたんと後ろ向きに倒れそうな状態である。手を後ろに固く縛られたまま、まったくの無抵抗の状況にさせておいて、めった切りと力任せの殴打である。

そのあまりのリアルな描写に、凝視することさえたじろいでしまう。まともな人間なら目をそらしたくなる。むごい光景といっただけですまされるものではない。そして、その人物の足元には、すでに五人の犠牲者が仰向けになり、あるいは横向きになって斃れている。それぞれ、頭・胸・背・肩・首のあたりから血が流れ出ている。仰向けの男性は口をへの字に結び、薄く目を開けて空をにらんでいる。その五人とも手は後ろに縛られたままである。いま倒れたばかりの人間には一人の下手人が鳶口のようなものでその縛られた後ろ手に引っ掛けて、まるで丸太を引きずるようにしてひっぱっている。ナチスドイツのユダヤ人虐殺の場面でも展開された光景で、人間ならとても凝視などできない凄惨な場面である。

次は絵の中央より右寄りの場面である。まず絵の右の中央に近いところには、やはり後ろ手に縛られて立たされている二人が描かれており、そのうちの一人は帽子をかぶっている。その二人の背には

「関東大震災朝鮮人虐殺図」(水彩画)、河目悌二(挿絵画家　推定)「関東大震災関係資料」、国立歴史民俗博物館所蔵

背嚢のようなものを背負った軍人らしき服装(茶色の帽子と軍服)をした人物二人が、銃剣を突きつけ、それも筒先が背中を突き刺すように密着している。その恐怖たるや想像を絶する極限状況だろう。さらに彼らのすぐ前の方からも同様の服装をした人物が何か武器を突きつけている。まさに前後から狙っているのである。

さらに三番目は、その手前の姿である。夏服である白い制服の一人の警察官が、後ろ手に縛った一人の人物をこの場に連行してきている。この彼にこの先どんな運命が待ち受けているのか。立ち尽くしている彼には左前方に繰り広げられているすさまじい光景が目に入らぬはずがない。その表情は少し肩を落として視線はもはや地面に落ちている。死の恐怖にさいなまれながらうなだれるしかない。その足取りはいかにも重く痛々しい。

さらに四番目は、二番目の描写の軍隊をはさんでのさらに前方の描写である。そこには警察官と思しき人物が両手を広げて群衆の騒ぎを押しとどめている。群衆の中から鉢巻をした二、三人は、高い柵を乗り越えて、その直前で繰り広げられている虐殺に、いまにも加わろうとしている。その行く手を阻むように一人の警察官が両手を広げて立ち尽くしているが、とてもその勢いには抗しきれないだろう。それだけ群衆側に勢いがあるように見え、騒ぎ立てている声まで聞こえる感じである。

また一方、右手の高い柵からは、これも額に鉢巻をした青年らしき一人の人物が、自分もここで何とか参加しなくてはと、すでに身を半分ぐらいのりだしている。その背後には、この川べりで展開している虐殺の現場を一目見ようと次々と押し寄せている多くの群衆の頭が描かれている。柵を乗り越えようとしている青年は、口々に叫んでいる群衆の声を後ろ盾にするようにして、自分では抑えられなくなった感情に押されるようにして、一気に柵越えの行動に出たのである。画面全体からは異様な殺気がただよい、被害者の悲鳴やうめき声とともに、虐殺に手を染めた首謀者たちの激しい息づかいや、そのまわりで煽っている群衆自らの怒涛のような叫び声が聞こえてきそうである。背景に描かれたまさに瓦礫と化した町並の光景と、一枚の構図に切りとられた狂気の場面とのコントラストが、より一層その場のもっている非情な雰囲気を伝えてくれる。画面は〝血と死と憎しみと激情と、どうしようもない悲しみ〟が混在しているが、こうした雰囲気を嗅ぎ取って絵筆をとった人物の冷静さに気がつく。

作者の河目悌二はこの場面にどこで出くわし、どのへんから見ていたのであろうか。構図から見てもこの場面が俯瞰できるような一段高いところから見ていたと推測される。しかしだからといって単なる傍観者としてみていたわけではないだろう。それに彼は怒涛にわく群衆側からみていない。残虐な行為が実行されている側にいて、その行為を一時も見すごすことはできないとばかりに、より近づいて見続け、けして目をそむけていない。むしろ望遠ズームの視点で記録しようという意志が強い。

この場面に出くわした時、歴史的な出来事として刻印しておかなければならないと強く意識したのではないか。体のすべてを使って焼き付けておいたといえよう。それだけの凄みがこの絵から感じ取れる。単なる震災記録画ではない。この時の日本人の行為は、永遠に消えることがないことを認識したからこそ、あえてストレートに描いたのである。この絵のどこにもオーバーな表現はない。多くの体験者の語りと重なるのである。この絵の核心は、誰がどういう立場や役回りでこの現実が起きたのかということを、赤裸々に示したことである。この作者が最も言いたいことはそこにあると私は見ている。犠牲者以外でここに描かれている人物は、すべて責任があり、かかわっているといえる。自警団も青年団も、警察も軍隊も、民衆も誰一人として責任は逃れられないのである。その意味でいえば、この場を見続けた作者さえも糾弾しているのかもしれない。慙愧に耐えない、自己批判の気持ちが絵筆をとらせたといえよう。これまで確認されている関東大震災を描いた絵画のなかでも、出色のものである。河目についてもさらなる追求が必要であり、歴史絵画論としてどこまで迫れるかわからないが、私自身が確認しているほかの「描かれた関東大震災画」「描かれた朝鮮人虐殺画」を通して、分析と考察を進めてみたいと考えている。

そのうちのひとつは、画家・萱原白洞の絵巻物「関東大震災過眼録」であるが、二〇〇三年九月、東京新宿にあるNPO法人「高麗博物館」で私自身の企画担当で、萱原家所蔵の原作を初めて一般公開展示し、在日の方々をはじめ大きな反響を呼んだ。虐殺場面を赤裸々に描いている白洞の作品をどう読むかも今後の私論の基軸になるだろう。この特別展はこれ以外にも堅山南風の「大震災実写図巻」・牛田鶏村の「震災画集」・服部亮英の「関東大震災絵巻」・池田遥邨の「災禍の跡」・鹿子木孟郎の「大正十二年九月二日」・竹久夢二の「東京災難画信」・関貢米（関露香）の「記念画帖」、岡本一平などの作品もあわせて展示し、描かれた資料が発するメッセージを改めて提示できたと思っている。「ねじ釘の画家」といわれた柳瀬正夢の震災画なども含めて論及してみたいと考えている。

（この文は草志会年報『隣人』第一六号、二〇〇二年三月に発表した既拙稿に、関東大震災八〇年を記念する第二回学習会での私の講演要旨を加えて補筆したものである）

阪神・淡路大震災と現代日本の防災政策

池上洋通
（自治体問題研究所）

一九九五年一月一七日に発生した阪神・淡路大震災は、住民に甚大な被害をもたらし、全国民に深い衝撃を与えた。この地震に対する国・地方自治体の対応が批判される一方で、全国各地から自主的に集まったボランティアの活動はかつてない規模になり、「ボランティア元年」と呼称された。

深刻な経済不況下にあった建設産業、とくに大手ゼネコンに大震災を「千載一遇の好機」とする気運が広がり、復興計画に多くの建設企業がむらがった。しかし高度成長期以来の建設事業に対する「技術的安全神話」も震災とともに崩壊した。そして復興計画のあり方、都市あるいは大都市、国と地方自治体の政治・行政のあり方に人びとの関心が集まった。これらいくつかの事項を書き並べただけでも、この大震災の総括が容易でないことがわかる。

そこでこの報告では、被害状況の特徴を端的に示した上で、大震災への対応から見える日本の防災政策とその変化の特徴を素描し、こんにち「構造改革」路線の下で起きている防災政策の変質について述べ、国民的・住民的立場からの防災政策について提言することとしたい。

1　阪神・淡路大震災の被害と震災状況から見た特徴

淡路島を震源地として発生した大地震を、気象庁は「兵庫県南部地震」と名付けたが、ここでは被害地域の広がりを正確に理解するために「阪神・淡路大震災」で統一することにしたい。

この大震災の規模と被害状況は第1表のとおりである。

この震災の特徴を語るときまず確認すべきは、震度七という数字が物語るように、まれにみる大天災だったということであろう。のちに見るように、震災に対する国や自治体の対応、高度成長期以来の都市計画・公共事業計画によるゆがんだ都市像、また防災計画における想定の甘さなどが被害を大きくしたことは明らかだが、それにしても巨大なエネルギー（広島型原爆六八個分）による自然災害であったこと、被害額が一〇兆円にのぼったことを抜きにしては公平さを欠くことになる。

また防災計画における想定についても、地震への想定が甘かったのは、近隣関西の各都市においても同様であった。また仮に同じ規模の地震が東京を襲ったなら、はるかに大きな被害を生じたであろうことは、想像に難くない。これから述べることは、それらを踏まえた上での発言である。

被害状況を見る前提として、もうひとつ指摘しておきたいのは、地震の発生時刻である。第1表に見るように、地震は午前五時四六分ごろに発生した。これがもし交通機関が本格的に動き出し、人びとの活動が一気に拡大する六時以降であったら、被害の大きさは比べようもないものになっていた可能性がある。この点は震災直後から多くの者によって指摘されていた。関東大震災の死者・行方不明者数（約一四万人）など他の災害の被害状況と阪神・淡路大震災のそれとを比べるとき欠かすことのできない視点であり、阪神・淡路大震災をのちの防災計画の教訓とする際に忘れてならないことである。

そこで震災状況から見た特徴であるが、まず神戸市復興計画検討委員会が震災直後（一九九五年二

第1表　阪神・淡路大震災の被害状況（2003年4月1日現在）

（1）地震の概要

発生年月日	1995年1月17日午前5時46分ごろ
震源地	淡路島、深さ16キロメートル
規模	マグニチュード7.3
震度	神戸市、芦屋市、西宮市、宝塚市、北淡町、一宮町および津名町の一部で震度7

（2）被害状況

①人的、物的被害等

人的被害	
死者	6,433人
行方不明者	3人
負傷者	43,792人
重傷	10,683人
軽傷	33,109人
住家被害	512,882棟
全壊	104,906棟
	186,175世帯
半壊	144,274棟
	274,181世帯
一部破損	263,702世帯
非住家被害	
公共建物	865棟
その他	3,983棟
文教施設	941カ所
道路	10,069カ所
橋梁	320カ所
河川	430カ所
崖崩れ	378カ所
ブロック塀等	1,480カ所
水道断水	約130万戸
ガス供給停止	約86万戸
停電	約260万戸
電話不通	30万回線超

②火災

出火件数	285件
建物火災	261件
車両火災	9件
その他火災	15件
焼損床面積	834,663m^2

焼損区分別（棟）

焼損区分	総数	住家	非住家	
			公共建物	その他
総数	7,483	6,558	12	913
全焼	6,982	6,148	5	829
半焼	89	69	－	20
部分焼	299	238	6	55
ぼや	113	103	1	9

罹災世帯（世帯）

総数	9,017
全損	8,414
半損	182
小損	421

出典：災害対策制度研究会『図解　日本の防災行政』ぎょうせい、2003年9月
注：水道、ガス、停電、電話についてはピーク時の数。

月七日）にまとめた「阪神大震災の特徴」から「被災の特徴」の全文を見ることにしたい（第2表）。現象を羅列しただけという批判が出そうな報告文だが、これによって、震災直後の神戸市の状況がほぼ理解できよう。一言でいって神戸市は、大震災への対応能力を持っていなかったのである。

次に広い視野から、社会的に見た震災の特性を述べることにしたい。

宮本憲一氏は、阪神・淡路大震災が「高齢化社会をむかえた近代的大都市地域の最初の災害」であり「戦前の関東大震災や戦後の福井や島原の災害と被害の状況がことなっている」とした上で、被害の社会的特徴を指摘しているが、それを要約的に紹介すると次のようである（大震災と地方自治研究会編『大震災と地方自治』自治体研究社、一九九六年一月）。

第2表　阪神大震災被災の特徴

- ・震災による多大な犠牲者。また高齢者の被害が相対的に多い。
- ・多数の家屋倒壊、また高層の建築物も多く倒壊。
- ・設計上想定していた地震力をはるかに上回る揺れのため、大規模構造物に甚大な被害発生。
- ・木造家屋等が広範囲に倒壊。
- ・地震発生後、広範囲の火災が多数発生。
- ・被害は沿岸の既成市街地に集中し、都市活動が麻痺。
- ・電気、ガス、下水道等のいわゆるライフラインがほぼ完全に寸断。
- ・通信機能の不通及び電話のアクセス量の急増に伴う情報の混乱。
- ・広域幹線道路、鉄道幹線が集中している箇所に被害が集中し、交通ネットワークが麻痺。
- ・港湾、工場、市場、商店街、オフィス等の倒壊・焼失のため経営基盤への影響大。
- ・日本一の取扱量がある神戸港及び港湾施設が壊滅的打撃。
- ・市役所、病院、消防署等の公共公益施設の損壊。

出典：「被災の特徴」神戸市復興計画検討委員会「阪神大震災の特徴」1995年2月7日。

第一に、主たる被害者が老人、子ども、障害者と貧困者に集中したことである。死者に占める六〇歳以上の高齢者は五三%を占めた。日本住宅学会などの調査では、六〇歳以上の被害者の五四%が家賃月額二万円・三万円の木造アパート・長屋に居住していたことがわかった。高齢者に被害が集中したことは震災後の対応にも影響し、震災後三カ月のうちに避難所などの高齢者に五〇〇人を超える死亡者が出ていると推定された。

第二に、地域的差別が生じたことである。一部地域が全滅に近い被害を受けた一方で、新神戸駅近くのダイエー系のホテルは震災後間もなく営業を再開、宝石や毛皮の店が明るい照明の下で営業をしていた。

第三は、都市型災害としての特徴を表したことである。都市型市民の生活は、自給自足的なあり方と正反対の社会的共同消費によって成り立つ。商品消費をはじめ、上下水道、ガス、電気、交通、清掃、共同住宅、公園緑地、福祉、医療、教育、防災などの社会的共同消費システムが止まれば、生命の危険に襲われる。社会的共同消費こそは、まさしく都市住民のライフライン（生命線）である。だが日本の都市は、社会資本の中でも高速道路のような産業道路、事業用地、産業用水道、港湾、鉄道、空港、ダムなどの生産手段とそのサービスを優先し、住民の社会的共同消費の手段やサービスを後回しにしてきた。この矛盾が震災で集中的に露呈したのである。

また、都市は自由の場だが、同時に共同が必要な場でもある。都市的なコミュニティが不可欠なのに、急速な都市化のなかでそれがなくなり、被害を大きくし、復旧を遅らせている。

宮本氏は以上の指摘をした上で、さらに被害の社会的原因を、次のように述べている。

第一は、防災計画の不備である。神戸市に対しても震度六以上の直下型地震の警告が行われていたが、対策が不十分であった。

第二は、「山を削って海を埋め立てる」という神戸市都市経営の欠陥が表れたことである。それが災害を拡大する要因になった。

第三は、これまでの日本の公共投資や国土計画の欠陥である。この点は神戸市以外の大都市圏も同じ構造をしている。

2　震災に対する国と地方自治体の対応、国民・住民の動向

阪神・淡路大震災における国と兵庫県、神戸市など自治体の対応に、厳しい批判が浴びせられた。それはまず初動体制の遅れへの指摘から噴出した。家屋などの下敷きとなった人びとの救出が四八時間以内をひとつの目途とする緊迫した状況の下で、それは当然の批判であった。自治体首長の役所への到着時刻が問題とされる一方で、内閣の体制づくりの遅れが自衛隊出動の遅れと共に重大視された。

かつて神戸市市長室参事であった高寄昇三氏は、震災一年後に発刊した著作で、当事者的立場から丹念な総括を試みている（高寄昇三『阪神大震災と自治体の対応』学陽書房、一九九六年二月）。氏はまず、大震災に対して阪神の都市自治体はまったくの無防備だった、神戸市の防災計画でも想定震度は五で訓練なし、という無策であったと認めた上で、次のように振り返っている。

第一に、自治体自身の初動体制が遅れ、職員の確保が不可能になった。

第二は、通信・交通・水道・電気・ガスといったライフラインが破壊され、消防・医療など重要な公的救急・救助機能が麻痺した。

第三に、自衛隊の出動が遅れた（高寄氏は、当時の自衛隊法でも「自主的出動」が可能であったと

指摘している)。

第四に、防火水槽が不足していた。神戸市は消火栓中心の体制をつくり、その点では全国一の水準にあったが、水道供給の麻痺はこれを無意味にした。

第五は、通信機能の麻痺などによって、消防力が機能不全に陥った。また初期消火の失敗が、広い地域の同時火災を招いた。

第六は、医療機関自身が被災し、水・食料の確保が困難になる中で、救急医療はおろか入院している患者への対応すらできない医療機能の麻痺が起きた。

第七は、災害通信システムが破綻し、極端な情報不足に陥った。

以上のような状況の下で、被災地住民はよく耐え、パニック状態には陥らなかった。これを支えたのが、全国から駆け付けたボランティアであった。兵庫県が九月にまとめた「支援状況」で見ると、ボランティアはのべ一二七万五六〇〇人。ピーク時で比較すると、警察が一日当り一万六〇〇〇人であるのに対してボランティアは二万人を数え、自衛隊の最大出動日人員に匹敵している(高寄氏は、地元や近隣などの人びとを入れると、ボランティアののべ総数は二〇〇万人に達したと推計している)。

ボランティアと警察や自衛隊、医療救護員では活動の質が違い、比較にならないとする意見もありうるが、次のような例もある。

「……官公庁システムが医療空白時間をつくりだしたが、財源・要請と関係のない民間ボランティアは迅速に災害地入りをしている。赤十字は、その日のうちに一〇府県から一五チーム約一二〇人が現地入りした。一番手は、午後零時一二分に神戸市の赤十字兵庫県支部に入り、無線局を開設し後続の赤十字医療チームを誘導している。民間援助団体『アジア医師連絡協議会』も震災当日に六人のチームが到着し、政府・広域活動が本格化するまでの医療の空白を埋めるという重要な役割を果たしている」（高寄、前掲書）。

こうした献身的というべき国民、住民の動きと比べて、政府の対応は余りにも冷淡であった。詳細は省くが、前述のように被害総額は約一〇兆円と算定されていたが、復興のために必要とされる資金のうち、現地が国に要望した金額は、住宅再建、生活維持、中小企業復興のための総額三兆円の復興基金であった。しかし政府はついにこれに応ぜず、最終的に一兆円の支出にとどめたのである。

この議論の中で「個人住宅などの私有財産に補償はしない」という論があった。これに対して高寄氏は、私的企業である金融機関に公的資金を注ぎ込んでいるのに、という旨の反論をしている。また政府支出に含まれていた福祉施設などへの復興補助金は、制度的な位置を確立している公共・公益施設に限られていたので、市民たちが自主的に運営していた福祉・文化・医療・コミュニティ施設などは無視され、ここでも強者・弱者の差別が歴然と現れた。

3　第二次世界大戦後の災害対策政策と大震災を契機とした政策の転換について

わが国の災害対策の法制度は大規模災害の経験を中心に整備されてきた。いま第二次世界大戦後における阪神・淡路大震災までの大規模災害と主な法整備の歩みを見ると、第3表の通りである。

これらの法整備の、大きなターニングポイントとなったのは、一九六一年の災害対策基本法の制定と、阪神・淡路大震災を契機にした法改正・立法（計二四本）であった。

その全体像を示すことは紙幅上無理なので、ここでは防災体制の骨格である指揮系統と権限配分をめぐる問題に触れておきたい。

第3表　大規模災害と主な法整備の歩み

◇	1946年	南海大地震
	47年	災害救助法
◇	59年	伊勢湾台風
	60年	治山治水緊急措置法
	61年	災害対策基本法
◇	64年	新潟地震
	66年	地震保険に関する法律
◇	76年	地震学会で「東海地震発生可能性」の研究発表
	78年	大規模地震対策特別措置法
◇	95年	阪神・淡路大震災
		地震防災対策特別措置法
		災害対策基本法の一部改正
		大規模地震対策特別措置法の一部改正
	96年	特定非常災害の被害者の権利利益の保全を図るための特別措置に関する法律
	96年	密集市街地における防災街区の整備の促進に関する法律
	97年	被災者生活再建支援法

一九六一年の災害対策基本法の制定に当っての最大論題は、災害時の現地指揮系統をどうするかであった。当時、労働組合を含めた民主勢力の間で、災害対策基本法の立法をめぐって警戒論が根強くあった。

その背景の第一は、関東大震災の記憶であり、とくに在日外国人や政治・社会運動家に対する強権的な権力行動を許すようなことになるのではないか、という危惧であった。

第二は、議論が日米安保条約の「改定」と重なった時期に起きたことから、災害対策にかこつけた国民動員体制がつくられるのではないかという警戒心が、当然のように働いたことであった。

そこで、防災体制を中央集権的にするか、地方自治的にするかが議論の中心になったのである。結果としては、市町村長、都道府県知事のいずれもがそれぞれの権限において災害対策本部、現地災害対策本部を設置することができるものとして法の成立をみる。ただし、妥協的な部分も随所に残った。それは阪神・淡路大震災の際に、国・都道府県・市町村との権限関係が上意下達的であることや、関連事項の権限がまたがっていることによる混乱などにあらわれた。

ここで想起したいのは、自衛隊出動の遅れをめぐる議論である。そもそも自衛隊の遅れが被害を拡大したというのは、いざというときに自衛隊に頼らなければ住民の安全を守ることができない防災体制になっていることを端的に示すものである。しかしそれは、必ずしも住民の願いに応える方向とはいえない。

たとえば、災害直後の公共的プログラムのうちで最も強く求められるのは、人命の救済であり、それを実現するには地域的事情に精通した公的なプロ集団の存在が欠かせない。とくに阪神・淡路大震災の結果が示した高齢者、障害者など社会的弱者の死亡率の高さは、それらの人びとの救出がきわめて重要であることを意味していた。しかしそのためには、人びとの日常的な生活の中で、住民と共にプロとしての救出訓練を行うほかはない。自衛隊にそれを望むことが無理なことは明らかである。

この一事をもってしても、災害対策の基本が現地主義、地方自治的でなければならないことはあきらかである。だから仮に自衛隊の出動を要請するにしても、現地市町村の判断で、しかも自衛隊が市町村の指揮下に入る形で働くのでなければならない。

それにしても、自衛隊の本来業務が国防であることは明らかであり、自衛隊に頼る必要のない防災能力を十全に備えることこそ自治体政策の基本であろう。

阪神・淡路大震災の後に、その経験から現地判断優先、地域防災体制の強化の声があがったのは当然であった。その結果、地域防災組織の確立が改めて制度的課題にのぼり、法改正にも反映された。しかし肝心の消防体制など公共的防災組織の充実は、形式的には法が強化されたが、実質的な予算措置が制度的に明確になったとはいえない状態である。

また現地優先ということで、それまで都道府県知事を通じていた自衛隊の出動要請を、市町村が直接行えるようにしたが、これは自衛隊への依存度をさらに強めることになるものと予想されるのであり、この点でも地方自治的な対応とはいえないものである。

4　有事体制と災害対策政策について

一九九〇年代後半から強力に進められはじめた政府・財界による「構造改革」路線は、二〇〇一年春に登場した小泉内閣の下で、さらに加速しつつ今日に至っている。

私は、この路線は「軍事化・統制化」「新自由主義的体制再編」を絡み合わせながら「改憲」を当面の最大課題とする支配層の国家改造計画の推進であり、その結果、「国民生活の貧困化・不安定化」「環境破壊・まちこわし」が急速に広がっていると見ている（第1図を参照）。

ここでとくに注目しておきたいのは、近年における有事体制整備のための立法である。武力攻撃事態法から始まった今回の有事法体制の整備は、国民保護法の成立でひとつのサイクルを形作ることになる。いまここでその詳細を論ずることはできないが、この間進められてきた一連の有事体制づくりの中で、地方自治体が軍事体制の下部機関として位置づけられてきたことについては明確に語っておきたい。これは、「地方分権」のかけ声の下で中央政府の権限を地方自治体に移譲してきた流れからすると、逆方向にも見えるものである。地方自治体の軍事機関化は、いやおうなしに中央集権的組織の一員として自治体を位置づけることになるからである。

ここにねじ曲げられた「地方分権改革」の本質が顔を見せる。それは住民生活に責任を持つための権限を市町村に与えて国民生活に対する中央政府の責任を免除し（中央政府は軍事・外交・貿易、国内治安などの「国家事務」に専念することとし）、市町村合併によって強力な基礎自治体を構築して経済・財政的には市場型の自助自立体制を確立し、道州制も含めた中央・地方体制の単純化によって強力な軍事・動員体制を構築するのである。そこでは、「分権」と自治体の軍事機関化は矛盾しない。

ここに至って防災制度は有事法制と紙一重でつながることになる。

災害対策基本法には「指定行政機関」「指定公共機関」「指定地方公共機関」の規定がある。たとえば「指定地方行政機関」は国の出先機関と地方自治体の行政機関であり、「指定地方公共機関」は公共性を持つと見られる地域の施設の管理者や法人を指す。災害対策基本法はこれらに対して、緊急事態の際に国または地方自治体の指示に従うことを義務づけている。

ところが有事法制においてもまったく同じ概念の規定があり、武力攻撃事態法や国民保護法によって同じ機関や施設・組織が動員される手筈になっている。つまり一九六一年の災害対策基本法制定の際、当時の人びとが抱いた危惧が、実体化してきているのである。

ここで思い出されることがある。それは、阪神・淡路大震災の自衛隊出動の遅れが論議されたとき、「長年、自衛隊違憲論をかかげつづけ、自衛隊を日陰者あつかいにしてきた革新勢力の強い地方に思いもかけない落とし穴、大きなツケが回ってきたといったらいい過ぎか」（馬見塚達雄「自衛隊を頼れ！　阪神大震災の教訓」『正論』平成七年三月号）という論が現れたことだ（高寄、前掲書）。

自衛隊の違憲性を語ることさえ許さない、国民総動員体制の前触れとでもいうべき意見が、人びと

第1図　政府・財界による「構造改革」の見取図

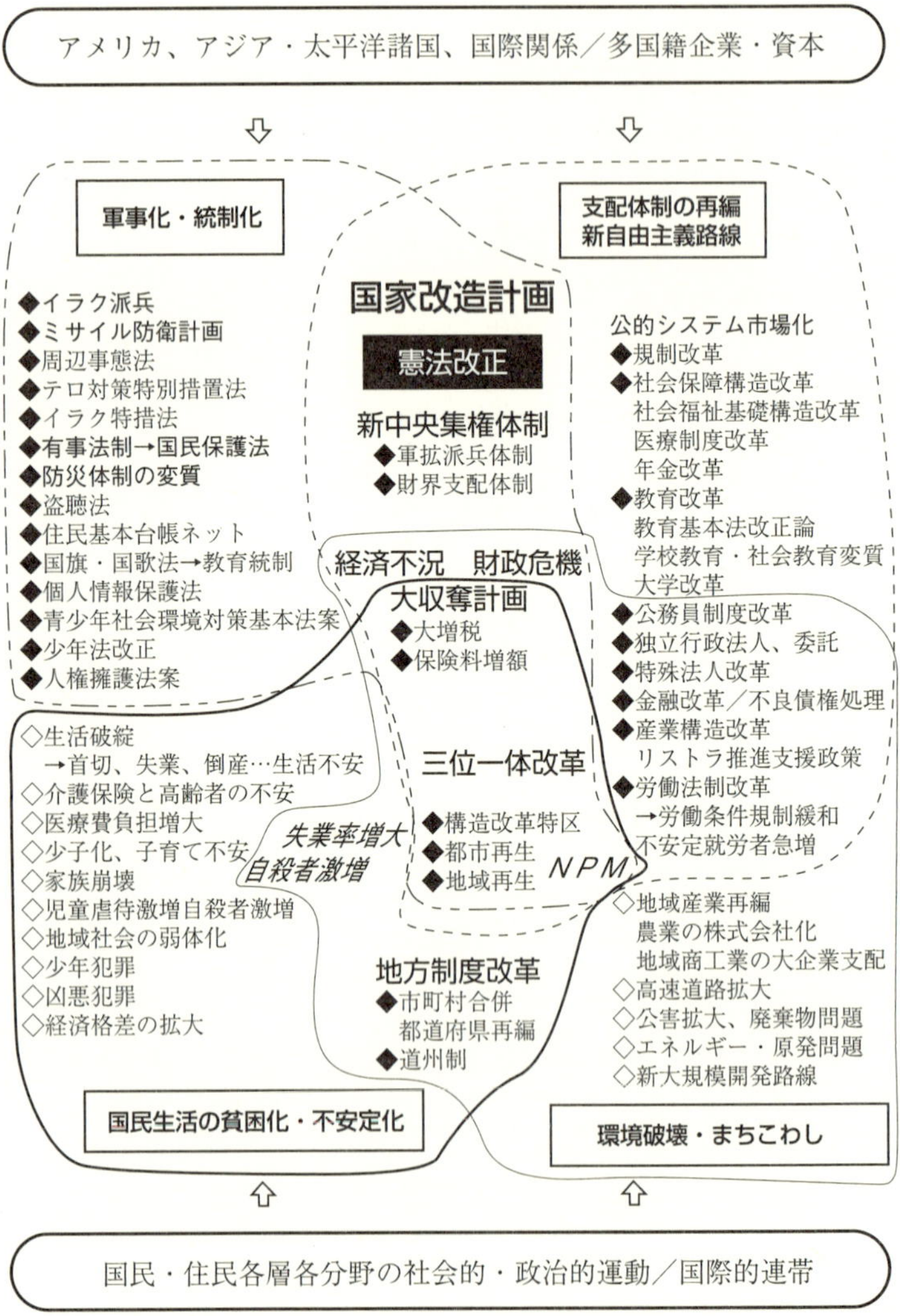
アメリカ、アジア・太平洋諸国、国際関係／多国籍企業・資本
軍事化・統制化
◆イラク派兵
◆ミサイル防衛計画
◆周辺事態法
◆テロ対策特別措置法
◆イラク特措法
◆有事法制→国民保護法
◆防災体制の変質
◆盗聴法
◆住民基本台帳ネット
◆国旗・国歌法→教育統制
◆個人情報保護法
◆青少年社会環境対策基本法案
◆少年法改正
◆人権擁護法案
支配体制の再編
新自由主義路線
国家改造計画
憲法改正
新中央集権体制
◆軍拡派兵体制
◆財界支配体制
公的システム市場化
◆規制改革
◆社会保障構造改革
社会福祉基礎構造改革
医療制度改革
年金改革
◆教育改革
教育基本法改正論
学校教育・社会教育変質
大学改革
◆公務員制度改革
◆独立行政法人、委託
◆特殊法人改革
◆金融改革／不良債権処理
◆産業構造改革
リストラ推進支援政策
◆労働法制改革
→労働条件規制緩和
不安定就労者急増
経済不況　財政危機
大収奪計画
◆大増税
◆保険料増額
三位一体改革
◆構造改革特区
◆都市再生
◆地域再生
NPM
失業率増大
自殺者激増
◇生活破綻
→首切、失業、倒産…生活不安
◇介護保険と高齢者の不安
◇医療費負担増大
◇少子化、子育て不安
◇家族崩壊
◇児童虐待激増自殺者激増
◇地域社会の弱体化
◇少年犯罪
◇凶悪犯罪
◇経済格差の拡大
地方制度改革
◆市町村合併
都道府県再編
◆道州制
◇地域産業再編
農業の株式会社化
地域商工業の大企業支配
◇高速道路拡大
◇公害拡大、廃棄物問題
◇エネルギー・原発問題
◇新大規模開発路線
国民生活の貧困化・不安定化
環境破壊・まちこわし
国民・住民各層各分野の社会的・政治的運動／国際的連帯

が苦しみのどん底にいた震災直後に語られていたこと、そしてそれが「非核神戸方式」を生み出した神戸市民と神戸市に対する悪罵であったことを、われわれは思い知らなければならない。

5　国民・住民の立場からする防災政策の確立に向けて

最後に、国民・住民の立場からの防災政策の確立に向けて、若干の発言をして報告を閉じたい。

第一は、国民・住民の生命と生活・財産を守るという、憲法に基づいた国家・政治の使命を果たす立場からの防災政策であることである。

第二は、住民生活の現場、災害の現地である基礎自治体の判断と指揮を徹底的に優先した防災政策・体制を確立すること、そのために現場に日常的にも十全な物的・人的対応能力を備えることである。

第三は、政府、自治体の産業経済政策、公共事業計画を転換し、地域計画、社会システムのすべてが、国民・住民の日常生活を優先して組み立てられ、とくに高齢者・障害者・低所得者に目を向けつつ、すべての住民を守り抜くまちづくりが実行されることである。

第四は、憲法違反の軍拡・有事政策を直ちに止めることである。軍拡・有事政策への国民動員こそは、国民を戦争の危険にさらし、生命と生活とをおびやかす最大規模の「災害」にみちびくことは明らかだからである。

神戸市真野地区では、震災直後に長年培った住民の共同関係が力を発揮し、他地域と比べて格段に死亡率が低かった。大震災は、民主的な自治による社会の運営が、真の安全を生み出すことも鮮やかに示したのである。

中断された平澤の夢

藤田富士男
（埼玉短期大学）

1　平澤と演劇

土方与志は『なすの夜話』（河童書房、一九四七年）の中に五の橋館（以前は羅漢亭という寄席で、のちには亀戸電気館という映画館になり、薬局となっている）で平澤の労働劇が催された様子を描写している。それによると、当時、キネマ旬報社に勤めていた小山内薫らとともに珍しかった自動車で駆けつけたという。平澤計七（一八八九〜一九二三年）は、そこで自らも役者となって自作の芝居を上演した。平澤は演劇の師と仰ぐ小山内の前で誇らしげに労働喜劇を演じて見せた。ほぼ満席となった館内での熱演と観客の興奮を小山内も土方も満足げに眺めていた。熱気の冷めやらぬ場内で小山内は、「土方君、平澤は僕の弟子だよ」と告げた。

平澤は演劇作法を小山内から見よう見まねで学んでいったのだが、原体験は、幼いころから小千谷の地で、常設館の明治座や小屋掛け芝居を観て育ったことにある。物心がついてからの観劇は、大宮での「労働倶楽部観劇会」だった。父親の福平は、日本鉄道株式会社の鍛冶工募集に応じて、長男の計七だけを連れて一八九九（明治三二）年、小千谷から大宮にやってきた。この年の家族慰安のための観劇会を平澤は観ている。演じた劇団は、新演劇共励会坂井一座で、七月一九日に大宮の末吉座で上演している。演目は、高松豊次郎作「国家光《こっかのひかり》職工錦《しょっこうにしき》」だった。高松は、安部磯雄・横山源之助・幸徳秋水・河上清らとともに『労働世界』の寄稿者として知られていた。高松は、隻腕のハンディを越えて苦学の末、明治法律学校（明治大学）を卒業後、三遊亭円遊の弟子（呑気桜三昧）となったのちに片山潜に感化されて労働組合期成会の遊説に参加するようになった。当時の坂井一座は、地回りの新派役者と『労働世界』関係の労働落語家をあわせた臨時の一座であったのだ。早熟の平澤は、満席となった会場の状況から労働劇や労働落語が労働者と家族の団結のための有効性を発揮していると感じていた。

2　近代的職工から創作家への道

平澤は、大宮小学校の高等科の四年間をすごした後、一九〇三（明治三六）年一〇月に開校された日本鉄道株式会社大宮工場の「職工見習教習場」に二回生として進んだ。そこは、近代的な職工を育成するために、午前中二時間の授業後、午後は実習となっていた。時給一銭八厘を得て学べるという環境の良さが平澤の潜在能力を開花させていった。仕事の合間や休日は、国民中学会の講義録を取り寄せて勉強する一方で『中学世界』や『秀才文壇』などの雑誌を読み漁った。

本工になってからも読書量は増すばかりで、創作への意欲が芽生えてきた。一九〇七年ごろより平澤潮態のペンネームでの投稿を始めると、『文章世界』や『少年倶楽部』へ投稿文が掲載されるようになった。文章を書くのが楽しくて仕方がないといった風で詩・短歌・エッセイへと挑戦していく平澤にうまく書けないのは戯曲だった。周囲を見渡すと見習工から本工になるにしたがい、職場の仲間が仕事の余暇は酒色に溺れるという状態に不満を持っていた。仕事仲間に度々、向上心を持って何か世の中のためになることをやろうと鼓舞してきた。けれども、「これでいいのか」「この世の中は慨嘆に堪えない」と絶叫する平澤を奇人のように、「また平澤の慨嘆演説が始まった」と馬鹿にするだけだった。仲間を増やす方法として、脳裏に浮かんだのは、小千谷や大宮の芝居に集まった群衆だった。人びとの労働の疲れを癒すことのできる娯楽をうまく使えば心に訴えることができる。そう確信して、戯曲を読むうちに『帝国文学』（一九〇四年八月）の「非戦闘員」という作品にたどり着いた。

その概要をいえば、主人公は軍医で、赤十字の精神を信奉している人である。息子が日露戦争へ派兵されることを知り、「戦地へこそ行け、決して戦争へ行くのでは無い」と語りかけた。さらにロシア人と対決すれば感情的になるだろうが武器を取るのは避けるべきだとも諭した。「国という団体が未だ個々のもの程発達をして居らぬのだ！　露国全体は一個のトルストイほど進歩をして居らぬのだ！」と激昂して申しわたす。あくまでも無抵抗主義を貫くようにと父から言われた息子の真臣は、野戦病院で敵味方の区別なく治療していたところをロシア兵に襲われ、通訳官とともに落命してしまう。戦争賛美の風潮のなかで非戦論を内包した作品に、いたく感動した平澤は、ペンネーム「なでしこ」が誰なのか調べ始めた。図書館通いするなかでそれが小山内薫であることが判ると、小山内と会う方法を探り出した。同時に、どうにかして芝居を書きたいという意欲が強くなっていった。

数年後、平澤は、出来上がった戯曲を携えて小山内の家を訪ねた。小山内は、精悍な風貌にやや臆したものの、丁寧な挨拶と物腰の実直さからすぐに心を許した。それに平澤の戯曲を見て驚いた。「日本紙に下手な文字で誤字も混じっていたが、気取りも野心も無く、芝居の体裁を守ったオリジナリティに満ちた作品だ」と感心して、その日以来出入りを許すことにした。

一九〇九（明治四二）年、平澤は鉄道院新橋工場に転勤した。この年の秋には徴兵されて千葉・習志野の近衛歩兵第二連隊に入営する。小山内は「兵隊になってからはなお勉強して脚本を書いた。士官の当直室だの、新兵の生活だのを忌憚無く書いたものに大分面白いものができた。併し、それは公表すると何処からか叱られそうなものばかりだった」と当時を述懐している。その新兵の生活というのは、「夜行軍」と題した作品だった。それは特に小山内の目にとまり、久保田万太郎と吉井勇の協力を得て、『歌舞伎』（一九一一年一一月）に掲載される運びとなった。「夜行軍」は、自らの兵隊経験を下敷きにして、軍隊生活の苦労を描いた反軍的な作品である。

平澤は、除隊になった後も小山内宅に出かけ、劇場へも足を運ぶようになった。仕事も順調だったのだが、いち早くできていた新橋工場は手狭な上に老朽化したので浜松工場への転勤命令が下った。平澤の転勤した一九一一年は小山内の外遊した年でもある。外遊に際して平澤は、新橋ステーションで見送った後、別車両に乗って浜松まで行き、再度の見送りをした。一途な思慕からの思いがけない見送りは小山内夫妻を感激させ、夫人は涙を流して喜んだ。

3　平澤の労働劇団

浜松工場でも平澤は組合員の結束のための芸術活動に精を出すことになる。劇団を創ることも視座に入れて創作した。その結果、この地で書いた「秋の歌」という小戯曲が、平澤の文学仲間たちによって上演されることになった。一九一六年二月、同人誌『第三者』のグループによって朗読劇として日の目を見た。雑誌の一周年記念集会の余興だったにせよ、初の舞台化であり、平澤は喜んだ。ただ、平澤は、二年前に東京に戻っていたこともあり、観劇することはできなかった。しかしながら、その小成功が平澤の夢を大いに育んでいったことは疑いえない。彼は、芸術活動の全国的な展開を心に描いていたわけで、そのためにも東京での活動と友愛会への接近は必然的なことだった。

友愛会は、当時の横断的な労働団体としては最大のもので、自分の夢の実現場所として最も適していると考えていた。彼は、東京スプリング大島工場へ勤務しながら、友愛会へ出向いた。彼の実行力と実直な性格はすぐに幹部の目にとまり、機関誌である『労働及産業』『友愛婦人』の編集を任せられることとなった。その仕事の合間には友愛会の大島支部を作り、労働争議の相談にものり、わずかにあいた時間には小説・戯曲・詩・短歌の創作に励むといった超人的な行動をなしている。それらについては『評伝平澤計七』（藤田富士男・大和田茂、恒文社、一九九六年）に詳述している。

平澤は、先述したように小山内薫・久保田万太郎・吉井勇にも認められる筆力がありながら、専門作家には見向きもしなかった。そのことを裏付けているのが、帝国劇場で芸術座の芝居を観たときのエッセイである。

いつぞや俺は芸術座に社会劇「飯」を見に行った。須磨子の女主人公はその技巧の点で実に光っていた。然し彼女は最も尊いものを持っていなかった。尊いものとは「真実」のことである。従って真実の意味の熱がなかった。観客は観客でこの悲劇を笑い興じて眺める。帝劇の金ぴかぴかは金ぴかぴかでこの暗い貧乏を嘲笑っていた。（「芸術的自覚」『労働及産業』一九一五年八月号）

平澤は、この作品が労働芸術に好意的な中村吉蔵の作品であることを知った上で書いている。つまり、彼ら専門作家やインテリには下層階級の現実が本当のところ理解できないと断裁しているのだ。

これらの言葉に続けて「徒に狭い書斎で広い人生を偽り作っている日本現在の思想家を幾百千年待とうとて、彼等から偉大な芸術を出すことが出来るものか。俺たちが立派な芸術を作らねばならん」と言い切っているところからも、平澤の思想があくまでも労働者に依拠したものであることがわかる。

さらに平澤は、労働者の覚醒のためには自ら作品を創作し、労働者による劇団を創ることを急がねばならないと考えるようになっていったのだ。そこで創ったのが「工場法」を初めとする作品群である。その構想を友愛会の一部のメンバーは、熱心に聞き取った。とくに早稲田出身の久留弘三や慶応出身の野坂鉄（参三）は有効性のあるものと理解を示した。東京での劇団計画が遅々として進まないうちに神戸川崎造船所の大争議が起き、応援に駆けつけた久留らのアドバイスの下に俄《にわか》仕立ての「日本労働劇団」が発足したのだった。けれども、平澤は悔しさを抑え、あわてず、作品の整備に怠りなく挑んだ。

この大争議に際して書いたのが「一人と千三百人」（『労働世界』一九一九年五月号）である。この戯曲を紐解いていくと造船所主の野澤惣兵衛は明らかに神戸造船所主であった松方幸次郎をモデルとしている。平澤は、雇用主のことを熟知した上で争議の問題点と解決方法をサジェスチョンしようとしているに違いない。「工場法」にしてもその法令の施行と概要を理解させせようとしたもので、平澤の労働劇の基本的なスタイルが同時代の労働問題や労働者に即したものであることは判然としている。

4　意図された虐殺

平澤の労働劇団は、一九二〇年の一二月から翌年の二月にかけて上演する運びとなった。特に本公演の三日間は、合計一〇三〇名もの観客を集めた。平澤は、この公演の三カ月前に友愛会を脱退して大島支部を中心に純労働者組合を創っていた。行動的な組合員と結束の見事さ、労働劇に参集した家族の多さなど、いずれもが当局に脅威を与えた。それまでも平澤のリーダー性に目をつけていた国と警察は、以後徹底的なマークをして、平澤の行動を封じ込めようとした。したがって、労働劇の上演も度々の妨害に遭い、平澤の包囲網が作られていく。「平澤は大杉栄の信奉者」「平澤は社会主義者」「平澤は朝鮮人や中国人に暴動をけしかけている」などといった情報をリークした。作家の下村湖人などはそのままに信じた文章を残している。大杉との関係でいえば、大杉の方が労働者のことを知りたくて平澤を訪ねている。平澤は、大島地区を中心に労働者の共生空間を創ろうとしただけで社会主義者ではなかった。また、作品にもあるように平澤はコスモポリートであり、外国人を指導するようなことはなかった。

ところが、一九二三年八月末に開かれた全国警察署長会議の直後にあの未曾有の関東大震災が生じたのである。おそらくそのメンバーのなかから、「社会主義者が朝鮮人たちをけしかけ、井戸に毒を流させ、そのバックボーンに大杉栄がいる」といった図式が示されたに違いない。だからこそ平澤は、即座に殺されることになったのだ。しかも、かつて兵役を果した習志野連隊によって虐殺されたのだった。平澤の夢は無残にも中断されてしまった。この国家的な犯罪が暴かれるまでには相当な時間を要したことは言うまでもない。

亀戸事件へいたる平澤計七の軌跡

大和田茂
（東京都立工芸高等学校）

1　三位一体の活動

平澤計七は多面的な活動をした人物である。日本初の本格的労働組合組織・友愛会初期の幹部であり、のちそこを追われて純労働者組合（以下「純労」）を設立した労働運動家であり、一方でそれら組合の様々な機関誌編集にすすんで携わり、しかもそこに戯曲・小説・評論・雑文などを精力的に発表するというジャーナリストであり、作家でもあった。また、純労時代は、亀戸・大島地区を中心に、先駆的な労働演劇を上演し、岡本利吉とともに消費組合を起こして今日の生活協同組合の礎を築き、労働金庫や文化義塾（労働者と学生が一体になって学ぶ場）を開くなど、労働者の生活と地位向上のために実に多彩な活動をしている。

しかもそれらの活動が、彼においてはばらばらにあるのではなく、すべてが労働者の自立と解放へ向けて渾然一体となっているのである。労働者とともに闘った争議や組合づくり、その経験はすぐに作品に反映され、また作品は組合機関誌を通してほとんど直接労働者へ向けたメッセージともなっている（さらにそれをもとにした労働劇上演と社会講談がある）。つまり平澤にあっては、運動家・作家・ジャーナリストはいわば三位一体であって、どれもが切りはなすことができない必然の絆で結ばれていた。その全身全霊を傾注して活躍した彼の主舞台は、亀戸であり、大島地区であったが、わずか三四年余の生涯をとじた場所もまた亀戸であった。

戦後、文学と演劇方面を主に彼の仕事の再評価が行われてきて、代表作が各種文学全集などに収録された（詳しくは後掲の『評伝』巻末の「主要参考文献」および『作品集』の「著作目録」を参照されたい）。一九九六年には評伝（拙稿、藤田富士男との共著『評伝平澤計七』恒文社）が刊行され、翌年に故郷新潟県小千谷市には「日本労働運動の先駆者　平澤計七　追悼の碑」が建てられ、二〇〇三年の没後八〇年には主要著作を網羅した『平澤計七作品集』（論創社）が刊行された。作家活動をしていたこともあり、亀戸事件の犠牲者の中では最も盛んに顕彰活動が行なわれているといえる。

2　運動の原点

平澤計七の労働運動と文学の原点とは何か。まずそれを考えてみたい。小千谷から埼玉県の日本鉄道大宮工場に鍛冶工として就職する父に連れられ、彼は大宮の小学校を卒業して同工場の職工見習生になる。父と同じ道を歩もうとしたのであるが、この父は酒飲みで身持ちもよくなかった。平澤が本工になった一八歳のとき、初めて商業雑誌の『文章世界』（博文館）に載った投稿文に「職工」がある。そこには「渠等《かれら》にフトすばらしい勝れた向上心が萌すことがある。／然《しか》しそれらは束の間の感想であって、忽《たちま》ち職人気質《かたぎ》という濁った型の中に捲き込まれて仕舞うのだ。むろん酒にも溺れる、女にも狂う。……」と書かれており、幼いころから父をはじめ多くの労働者に接し、その日暮しの荒廃した生活を目の当たりしていた平澤の実感が伝わってくる。

しかし、大宮工場は平澤親子が移り住んだころ（一八九九年以降）には、労働運動が盛んで社会主義者の演説会もあり、労働者とその家族向けの演劇上演もしばしばだったようで、このような環境に刺激された若き平澤計七は、文学や演劇に魅せられながら、すでに一八歳にして「職人気質という濁った型」から抜け出せない多くの労働者をさめた目で見て、その現状を何とかしなければならないと考えていたと思われる。

彼は新橋工場・静岡県浜松工場とその後転勤し、青春の煩悶に陥ったこともあるようだが、このころの戯曲からも、「世間から人間を取り戻す仕事」「私の生命も魂もぶち込むだけの仕事」をするために、労働運動に入っていく決意をしていることが明らかである。すなわち一九一四年九月、二五歳のとき、浜松から上京し直ちに友愛会入りするが、このことは多分に自覚的であり、どこを基盤において労働運動をするのがもっとも有効かということを充分考え抜いた上の行動であったと思われる。彼の労働運動の目標は、単なる労働者の地位向上・生活改善だけではない。それを通しての魂の救済、すなわち人間的な自由の獲得が真の目標となる。労働運動家にして文学者である所以である。以後、彼は雑誌メディアを活用して労働運動・創作活動に入るが、それら組合と関係したメディアの推移をメルクマールとして、三つに時代区分できる。

3　三つの時代

第一に友愛会時代である。むろん平澤は創立にやや遅れて加入したのであるが、私は彼の浜松時代から、上京の折にはそこに出入していたのではないかと見ている。その根拠の一つは、彼も主になってつくった浜松工場の工員購買組合が「友愛会」と名づけられていたことである。一九一二年、東京の友愛会は労働者の修養団体として出発した。大逆事件以来の「冬の時代」において公然と労働組合の組織化が許されない状況下で、会長の鈴木文治らは一種からめ手から静かに船出した。社会主義者の堺利彦でさえ、同時期『へちまの花』という非政治的趣味的新聞を出しながら、徐々に社会的雑誌に移行していったのである。鈴木らは資本家や知識人を顧問に据え、あくまでも労資協調的にことをすすめて、労働者の地位と生活改善をうたっていった。この姿勢が、これまで労働者の無自覚で悲惨な現状をつぶさに見てきた平澤をして共鳴させたのである。あるいは平澤が多分に鈴木に感化されたのかもしれない。鈴木も、気骨も情熱もある生っ粋の労働者平澤を大いに買って幹部に抜擢した。

彼は「日本の労働運動は日本でなくば起らない、また日本に起らねばならぬ日本の労働運動でなくてはならない」「その国の歴史、その国の国民性を無視して世界的であらねばならぬというのじゃない」（「芸術的自覚」）といって、日本は労働運動の後進国であり、労働者は向上心もなく無自覚であり、外国からきた社会主義思想などで一朝一夕に変革できるものではないと考えていた。民族的アイデンティティを保持して一歩一歩着実に、労働者に密着して自らの置かれた位置を自覚させ、組織して改善していくことが大事だと思っていたのである。もちろん鈴木も平澤も友愛会をただの修養団体にしておく意図はさらさらなく、徐々に組織拡大して、労働組合として公認させようとする。平澤は、精力的に分会・支部を駆け巡り、機関誌『労働及産業』『友愛婦人』などにルポを書き、生活改善を促す啓蒙小説を多作する。だが一方では、労働現場の過酷な人間疎外を描いた小説や労働争議を通して労働者の無知・葛藤・暴力などのテーマを深く掘り下げた戯曲を書いて、それら主なものは生前唯一の創作集『創作・労働問題』（海外植民学校出版部、一九一九年）に収められた。

友愛会時代は五年ほどあったが、平澤の労資協調的姿勢は変わらない。ところが、一九一九年、友愛会が大日本労働総同盟友愛会と名称変更し、社会主義を学んだ若い知識人活動家が幹部に入ってきたりするころ、この平澤の「協同的労働組合」主義が追及の的になり、直接には彼を労働ブローカーに擬した糾弾がなされ、平澤は彼を慕う城東連合の労働者三二〇人と友愛会を脱退、亀戸・大島地区で純労を創立した。彼は著書の序文に、自分は労働運動の陣頭に立つものだが「間違って彼の愛している祖国の手で打砕かるるか、間違って彼の愛している民衆の手で打砕かるるか、どっちにしても愉快な死様をする男である」と予言している。平澤は一見改良主義的でのんびりとしたようなことを言っている人物のように思われるが、別の作品では日本において労働運動に挺身することは、親族といっさい縁を切り、死をも覚悟しなければやっていけないということを言っている。実際、最愛の妻松本ヨシとは子どもができても正式結婚はしなかった。平澤は多分に戦術的であったというべきか。労資協調論においても、いったん資本家が労働者を裏切るなら、階級闘争も辞さないというようなことを言っているので、いうならば着物の下に鎧が見え隠れするようなところがある。後述するように、平澤の拠って立つ思想や主義がどこにあるのか、現代に至っても見えにくい。まして当時にあっては、周囲からも様々に誤解されやすかったのではないか。

その平澤が、水を得た魚のようにさらに多彩な活動をするのが第二の純労時代である。友愛会幹部に理解されなかった労働演劇を上演し好評を博し、ちょうど同地区で労働者への啓発教育活動をしようとしていた企業立憲協会の岡本利吉を知り、彼と二人三脚で消費組合・労働金庫を立ち上げたり、岡本主筆の雑誌『新組織』に多くの作品を書き、それを純労の機関誌に変えていく。平澤は純労をつくったので、知識人嫌いだといわれる。たしかに知識人運動家との確執はあったが、一方では鈴木文治・岡本・弁護士山崎今朝弥などをつねに師やパートナーとしたりして活動してきたので、労働運動では知識人の力が必要なことは身をもって知っていた。

一九二〇年前後から、ロシア革命の影響や第一次世界大戦後の経済不況などで、労働争議が増加し激化する。平澤も固守していた労資協調・改良主義が不況下で無効なのを知り、冷酷な馘首や賃下げが頻発する現状で、これまでの道を捨て資本家との対決姿勢を強めて階級闘争的になっていく。『新組織』一九二一年六月号に、平澤は岡本と共同で「分離運動宣言」というものを発表するが、これは「我らは共同自治の新社会を理想とする」という言葉から始まる宣言で、資本主義から分離したコミュニティ建設を目指したと解される。はっきりと反資本主義ではないが、見方によってはイギリスのギルド社会主義のようでもあり、アナキズムのようでもある。その後、平澤は『労働週報』などではっきり資本主義打倒を明言するが、自己をはっきりと社会主義者だとは規定していない。戯曲「二老人」では、暴力革命達成後の老革命家の苦悩と矛盾を描き、「愛と憎厭」「苦闘」などではテロリズムを否定した博愛的「人道主義」や自我主義を掲げている。平澤については、当時から今日まで、様々な主義思想の名称が付せられ理解されてきた。改良主義者・クリスチャン・サンジカリスト・アナキスト、無思想、無節操等々、彼もそういわれることを承知で、その見えにくい主義・思想を作品化していたきらいもある。友愛会で親しかった野坂参三（当時知識人では数少ない平澤の理解者の一人だった）は、平澤の欠点を、文学書ばかり読んで思想を勉強していないことだと言っているが、これは後年の発言（『風雪の歩み』一九七一年）であって、マルクス主義を学ぼうとしなかった平澤への不満を漏らした言葉ととれる。

しかし、はっきりしていることは、平澤が主義主張を乗り越え労働組合を主体とした統一戦線論者であり、反テロリズムの平和革命論者であることである。その点が明確に実践で発揮されるのが、一九二二・二三年労働戦線の全国的統一を目指して奮闘しそのための機関紙編集長を務めた『労働週報』時代であった（第三の時代）。彼はこの全国レベルの統一運動に専心するために、古巣の純労やその上部団体機械連合、そして『新組織』を捨ててまで打ち込んだが、結果は二二年九月の総連合大会のおけるアナ・ボル衝突での瓦解だった。だがそれにめげず、『労働週報』を舞台に、今度は過激社会運動取締法案（治安維持法の前身）など三悪法反対の運動において、初めて全国統一行動を実現させ成功を収めた。平澤の最も輝けるときだったかもしれない。

彼は以後、解雇問題など継続的に個別課題統一闘争を組もうとするが、またしても対立が激化し、『労働週報』は終刊に追い込まれ、古巣の大島でストライキ指導や新たな作品集準備をしていた中で、関東大震災が発生、罹災民の救助など献身的に働いていたにもかかわらず、九月三日から四日にかけて、陸軍習志野騎兵一三連隊の手によって亀戸警察署内で刺殺された[1]。

4　虐殺の理由、そして「世界の一人」として

平澤はなぜ殺されなければならなかったのか。その理由として推察できる五点をあげておきたい。

第一には当時城東地区のリーダーとしてストライキ指導をめぐって、所轄の亀戸警察署とは最悪の関係だったこと。第二は、三悪法反対運動において、アナ・ボル提携を実現させたその実力を権力は恐れたこと。また、実際にはそれほどのつき合いもなかった大杉栄との関係もフレームアップしたかもしれない。第三は、反戦・反軍作品を書いていて、軍部から注目を引いていたこと。第四には、不況下中国・朝鮮人労働者排斥問題で、王希天《ワンシティエン》（僑日共済会代表）や金鐘範《キムジョンボム》（朝鮮人革命家）らと対策を協議していたらしいこと。第五は具体的なことだが、九月三日夜、平澤は自警団に捕らえられた朝鮮人一家を救出している。これが軍部・警察を刺激して検挙の直接的引き金になったのではないか。

ここでは第四の点について、付言したい。平澤が直接中国人・朝鮮人労働者に接触したり、連帯行動を起こした記録はまだ見ていない。だが、僑日共済会の事務所は平澤の自宅とは目と鼻の先であり、労働者のリーダー同士で王と面識がないことの方がかえって不思議であろう。金鐘範は、三悪法問題で大阪から『労働週報』の雑談会（二三年一月、全国統一運動への相談会）に出席したことが同紙で平澤によって紹介されているし、そのあと金は二回にわたって「失業問題と日鮮労働者の関係」を寄稿している。むろんこの記事を書かせたであろうし、載せたのは平澤自身である。明らかに平澤は中国人・朝鮮人労働者排斥問題に強い関心を抱いていたと見てよい。

そして何よりこのことを明示するのは、一九二三年一月『労働立国』に発表された戯曲「非逃避者」である。一九二二年初夏、東京府下某町、人夫頭の茂平は不況下中国人労働者問題で頭を悩ましながらも田舎での隠居生活を考えていた。そこへ子分の吉岡らが中国人排斥を訴えて茂平宅を訪れるが、茂平はかつて渡米して残酷な人種差別を受けた経験を話し、中国人を追放することで問題は解決されないと諭す。そんな折、茂平宅に忍び込んだために吉岡に殴られた中国人労働者たちが、茂平の娘和子を集団レイプする事件が起きる。憤る茂平は苦悶しながらも「誰が全体悪いのだ」と問い、「警察へも訴えない。わしはもう逃げはしない」「世界の唯の一人として、この悪い組織の息のかゝっていないものはないのじゃ」「眼の見えないところで、絶えずこうした争闘が繰返されているのじゃ、みんなが世界の一人だと云う考えが明瞭にならない限りは、世界の不幸は自分の不幸だと云う事がはっきりわからぬ限りは、国とは、国と国が争ったり個人と個人が争ったりする事が、たとえ勝つように見えても結局は人間の負けだとわからない限りは、人間は絶えず苦しまねばならないのじゃ」と、最後に訴えかける。

いまも現代人の胸奥にまで届くすぐれたメッセージといえないか。現代に照らせば、差別的語句も散見するが、この作品ひとつを根拠にしても、亀戸・大島の地で平澤が外国人労働者排斥問題に心を痛め、さらにそれだけではなく、何らかの行動を起こしていたことは明らかだといわなければならない。

現実からの「非逃避者」であることが、葛藤をはらみながらも、いかに重要なことであるか、私たちは平澤から学ぶのである。

（引用文は、新漢字・現代仮名遣いに改めた）

注

（1）詳述はさけるが、平澤が殺害された日について「三日から四日」と「四日から五日」にかけて、という二通りの説があり、筆者は、前者の説をとっている。

関東大震災と中国人犠牲者——事件の概要と現在の教育支援活動

仁木ふみ子
（中国山地教育を支援する会）

1　事件との出会い

一九八一年一月、上海の社会科学院歴史研究所の労働運動関係資料の中で、私はこの関東大震災時の中国人虐殺事件に出会い、数日食事ものどを通らないほどの衝撃を受けた。戦争中の日本人の罪行には少々のことでは驚かなくなっていたのだが、これは地震とはいえ、平時のしかも日本の首都東京で、軍警のみならず民衆までもが加担して起こした事件である。文革発祥の地上海は、まだ文革の思想の名残の残る街であったから、普通なら外国人を警戒して見せない資料を見せてもらうことができたのは、所長沈以行《シエンイシン》と、沈以行を紹介してくださった鄒韜奮《チユウタオフエン》（抗日ジャーナリスト）夫人沈粋鎮《シエンツイチエン》の配慮による。辛亥革命以後の労働者の状況、労働運動に関する新聞記事を各紙から月毎に抽出筆写して綴られた貴重な資料は、積み重ねると、時として一年分が一メートルの高さになった。

2　大島町事件

一九二三年九月三日の朝、大島町八丁目付近の住民は外へ出るなと命じられていた。午前八時、二発の銃声がとどろいてそれが合図であるかのように剣付き鉄砲の兵士二人が大島六丁目の中国人宿舎に来て中国人労働者たちを屋外に整列させ、八丁目の方へ裏通りを引き立てて行った。大勢の民衆が兵士たちと共に取り囲んで行くのを「どこに連れて行かれるのだろう」と近所の主婦たちが見ていた(1)（丸山伝太郎らの調査報告）。

二発の銃声は、八丁目の広場で、青年団から引き渡された二名の中国人を軍隊が射殺したものだった。これを皮切りにこの広場は中国人虐殺の修羅場となるのである。一番ひどかったのは、昼ごろと午後三時すぎであった。

黄子蓮は、大島町事件のただ一人の生き残りであった。一〇月一六日、上海各紙は、黄子蓮の語る大島町事件を報道した。黄子蓮は頭部に重傷を負い、右耳は断ちきられていたのである。

黄子蓮はもともと三〇〇人あまりの同郷の者たちと大島五丁目の林合記客桟（旅館）に住んでいたのだが、一日の地震で家が倒壊したので、二日同郷の者たち一七四人と八丁目の林合吉客桟に移動して来た。

「九月三日昼ごろ、八丁目の宿舎に大勢の軍隊、警察、青年団、浪人たちがやってきて『金を持っている奴は国に帰してやるからついてこい』といって一七四人を連れだし、近くの空き地へ来ると『地震だ伏せろ！』といって全員を地に伏せさせ、手にした棍棒、鳶口、つるはしなどでなぐり殺した。私は殴られて気をうしなったので死んだと思われ捨て置かれた。夜中に痛みのために目をさまし、死体の中をはうようにして蓮池のそばで一昼夜を過ごし、五日に七丁目の駐在によって小松川署に送られ、さらに習志野収容所に送られて一〇月に帰国した」という。

またこの時、現場を目撃した木戸四郎は、「五、六名の兵士と数名の警官と多数の民衆とは、二〇〇名ばかりの支那人を包囲し、民衆は手に手に薪割り、とび口、竹槍、日本刀等を持って、片はしから

江東区大島町虐殺現場

出典：仁木ふみ子『震災下の中国人虐殺』青木書店、1993年

支那人を虐殺し、中川水上署の巡査の如きも民衆と共に狂人の如くなってこの虐殺に加わっていた。二発の銃声がした。あるいは逃亡者を射撃したものか、自分は当時わが同胞のこの残虐行為を正視することができなかった」と一一月一八日現地調査に来た丸山伝太郎らに話している(2)。そして民衆が中国人を虐殺しただけでなく、競ってその財産を略奪したこと、大島町付近には朝鮮人は少なく、中国人は近年多数この付近に定住しているので、これを朝鮮人と混同することはありえないと言っている。

午後三時ごろ、野重第一連隊第二中隊の岩波少尉以下六九名、騎兵一四連隊三浦孝三少尉以下一一名は群衆と警官四、五〇名が「約二〇〇人の鮮人団を連れてきてその始末を協議中」のところへ行きあわせて全員殺害した。「関東戒厳司令部詳報」に残るこの記録には、備考欄に「本鮮人団、支那労働者なりとの説あるも、軍隊側は鮮人と確信しいたるものなり」とわざわざ断わっている。兵隊八〇名が参加したこの殺戮はものすごかったにちがいない。

集まって見ていた者たちは二〇人、三〇人ずつ連れて来られる中国人を見て、「ほらまた来た。あっちからも来た」といっている（留学生たちの調査「内報」一二七号(3)）。

大島八丁目に住む岩崎留次郎さん（一〇年前はご健在、九二歳。その年他界）は、当時七丁目に住んでいて九月三日は、避難民のための炊き出しに追われて、夕方虐殺現場に出かけるのだが、「中国の人たちは幾重にも取り囲まれて逃げられるような状況ではなかったよ。無残なことだった」。と語る。この騒ぎは日が暮れるまで続いたのである。

3　事件の後

警視庁は事件の翌日、すでに事件の概要を把握して、野重第三旅団長および戒厳司令部参謀長に死体処理と中国人保護方を要請している（警視庁広瀬外事課長）(4)。

現場検証はたぶん九月四日である。田辺貞之助は五日朝、番小屋づとめの後、誘われて死体を見に行くのだが石炭殻で埋め立てた四、五〇〇坪の空き地に「東から西へほとんど裸体にひとしい死骸が頭を北にしてならべてあった。数は二五〇と聞いた」（田辺貞之助『女木川界隈』実業之日本社、一九六三年、改題『江東昔ばなし』菁柿堂、一九八四年）と書いている。この情景は検死の後のものである。高梨憲輝が避難した義兄の家はこの広場の近くだった。かれは四日の朝そこへ行き、屍山血河鬼気迫る情景に息をのむ。「ある人は三〇〇体くらいあるだろうといい、またある人は三〇〇体ではきかないだろうといっていた」（高梨憲輝『関東大震災体験記』）。

死体は検死後も放置され、五日夜半から七日までかかって焼却された。大島町の仕事師田中伝五郎が人夫たちを使役してこの仕事をすすめた。警察の指揮の下に行われ、署長は「自動車ポンプに乗って現場を監視した」と木戸四郎は話している。

田辺貞之助は、『江東昔ばなし』に、六日夜明け、脂っこい新鮭を焼くような臭いが町中をひたひたとつつむ不気味さを書いている。

大島町では、六丁目の宿舎前に二三人が路上で殺されている。青田県麻宅出身のひとたちであった。砂町の路上でも一二人、東京ガス構内では二人、新開橋、丸八橋、錦糸堀鉄橋付近でも犠牲者が出ている。

4　王兆澄の告発

大島町の生き残りの中国人たちは、習志野の兵舎に収容され、九月三〇日から送還がはじまった。

一九二三年一〇月一二日、日本の郵船山城丸が上海に入港し、けが人がたくさん降りてきて事件は発覚する。王国章《ワングォヅアン》（左腿一、後頭一刀）、馬岩章《マイエンツアン》（頭上四刀、右腰一刀）、張順禄《ジャンシュンルー》（後頭数刀、右腿一刀）、葉清福《イエチンフー》（右頭二棍、左肩二刀、右肩一刀、左背二棍）らは、すぐ病院にかつぎこまれ、傷の手当を受けた。かれらは横浜での受難者であった。

この船には王希天の友人王兆澄《ワンチャオチェン》が名を変え、労働者にみなりを変えて乗っていた。王はその前日入港した千歳丸に乗ろうとして芝浦で拒否され、神戸へ行っても官憲の手がまわっていて千歳丸には、乗船できず、神戸発の山城丸に乗ったのである。船中で労働者たちの話を聞き、上海に着くとすぐけが人の病院への手配と、記者会見をし、労働者たちの宿舎にあてられた四明公所（寧波同郷会会館）にいっしょに泊まりこんで、すでに到着していた習志野からの送還者たちから聞き取り調査をはじめた。陳協豊《チエンシエフォン》ら一六人が手伝った。この労働者たちの口から、大島町事件、王希天が行方不明であること、習志野収容所の実態が明らかになるのである。姓名、年齢、災前住所、いつ、どこで、だれに、どのようにやられたか、報告者等、一人一行のこの調書はまさに惨劇の告発書である。翌一四日には、調査の第一回分が発表され、一五日から上海の各紙は一斉にその名簿の掲載を始める。上海の新聞の紙面は、一〇月一三日を境にがらっと変わった。九月一日の地震の後、隣国の未曾有の災害を救えと新聞は連日報道し、大人も子どももカンパを新聞社や赤十字社に届けにきた。いわれなき殺人はかれらの善意を裏切ったのである。

四明公所には、千歳丸で帰国したあの黄子蓮もいた。山城丸の入港以前にもけが人はたくさん帰ったはずである。迎える側は、それが天災によるものか、人災によるものか分からなかったであろうし、本人たちは、自ら、告発することなど知らない人たちであった。王兆澄の帰国を待ってこの事件は明るみにでたのである。日本政府としては王兆澄はなんとしても帰国させたくないひとであった。

5　僑日共済会

一九二二年は失業の年であった。前年末のワシントン会議を受けて軍縮が断行され、重工業の大量解雇が続いた。一九二二年一〇月、隅田川を中心とする小揚げ人足三百余名は、連判状で警視庁外事課長に競争相手である中国人労働者の退去を陳情（大原社会問題研究所編『日本労働年鑑四』）。二三年になると横浜市の高島駅構内で中国人労働者と日本人人夫とのトラブル（大原社会問題研究所編『日本労働年鑑五』）、本所・深川の人夫請負人たちの大運送店・工場に対する石炭陸揚げ人夫として中国人労働者雇用禁止依頼等（『日本労働年鑑五』）が相次ぐ。

深川富川町は今でもベットハウスの並ぶ労働市のたつ町である。当時は五〇〇〇人の労働市の立つところだった。そのものすごさは、吉田英雄が『日稼哀話』（平凡社、一九三〇年）に書いている。

一九二二年三月、警視庁は日本人労働者保護の名目で鎹《かすがい》止め職人一七〇名の退去を命じた。外交史料館の「支那労働者入国取締り関係一件」は四巻あるのだが、毎日のように各県知事の名で内務・外務大臣および各庁長官あての報告がつづく。どこそこの工事現場に中国人労働者が何人働いていたから退去を命じた。氏名、年齢、原籍、現住所はかくかくのとおりと書かれている。一九二二年になると上陸禁止がはじまった。本国ではおよそ名もなき民の名が日本の公文書に残っている。

中華ＹＭＣＡは留学生たちと共に労働者保護のため警視庁や、各県外事課と交渉にあたって労働許可を求めてきたが、一九二二年九月二一日、中国人労働者の居住区大島町の真中、三丁目二七八番地に僑日共済会を設立し、王希天《ワンシィティエン》は委員長（後会長）になった。王希天はまず医学部の学生たちに呼びかけて中国人労働者の宿舎の無料巡回診療を始め、共済会内に診療所と薬局を設けた。また言葉の不便を解消するために教育部を設け、日本語学校の教室をひとつは共済会内に、もう一つは小松川に設けた。二〇名の留学生たちが交代で教えた。別の八人の男女学生は慰問部をつくり、宿舎を巡回して衛生や礼儀を教え、賭博禁止の理由も語った。重要かつ困難なのは対外交渉であった。賃金の不払いや、仕事場での殴打、負傷等に対しては、共済会ができた以上は泣寝入りはさせず、王はそのつど交渉に入って解決した。日本人の親方や警察からにらまれる理由は十分だった。

6　王希天のこと

王希天。長春のひと（一八九六～一九二三）。吉林中学から、南海中学へ、さらに日本へ。東亜高等予備校から一高予科を経て八高へ。一高時代一九一八年、日中間の軍事密約に反対して帰国運動を起こす。このころ南海の友人たちといっしょに写った写真がある。それには周恩来も写っている（仁木ふみ子『震災下の中国人虐殺』青木書店、一九九三年、一五二頁）。翌年の五・四運動の時は、デモ中逮捕された学生の釈放のために奔走。その時、陸軍大臣田中義一に王は友人と共に招待される。帰ってから「こんな個人的なことで我々を丸めこもうとしてもだめだ、中国との関係をどうしたいのか、天下に公表すべきだ」と語ったので、要注意人物として以後尾行つきになった。八高は病気療養のため休学後退学し、東京に帰り中華ＹＭＣＡの仕事をする。王兆澄とは八高からの親友。兆澄は東大農学部に進学、東京ではいっしょに労働者問題に取り組む。王希天はアメリカ留学が決まり、八月三一日王兆澄に共済会の会長事務を引き継いだ。地震で中華ＹＭＣＡの建物も崩壊したので学生たちの救護を先にし、九日に心にかかっていた労働者たちの安否を尋ねて大島町にでかけた。

兆澄は、九月二日小石川で暴漢に鉄棒で襲われけがをして外出できなかったので、希天はなお会長として行動していたのである。

九日朝八時、希天は自転車で大島へ向かっている。大島へ着き、亀戸の警察へ労働者の様子を尋ねに行って帰って、管理人の遠山家を尋ね、六丁目、八丁目の労働者の様子を見て来るといって出かけ、それきりかえらなかった。第七連隊に捕まり、憲兵隊、警察とたらいまわしにされ、一〇日、一一日は、昼は、大島町のあちこちから集められて来る労働者たちに習志野に行っても心配ないから安心して行くようにと、支・鮮人受領所で働き、一二日未明午前三時、二人の兵に縄でしばられ亀戸警察を引き出され、佐々木大尉に千葉街道を東へ引き立てられて行った。そして逆井橋のたもとに待ち受けていた垣内中尉に殺された。この経過は「久保野日記」に見張りに立たされた兵から聞いた話として記述されている。遠藤三郎もその日記に「第七連隊長中岡大佐も金子旅団長も全然本問題に関知せずという。やむを得ず江東地区戒厳参謀たりし予、責任をとり、阿部信行参謀長、武田高級参謀と図り、軍に於いて受領せるも習志野へ輸送途中本人の希望により釈放し、その後の消息不明ということにして、殺害を秘匿するに決したるものなり」と書いている。

7　政府隠蔽を決める

中国からは、民間と政府の調査団が派遣されるが、日本政府は、王希天の殺害も大島町での中国人殺害もなかったと白を切りとおした。どのようにうそをつくりあげるか、苦心の作は外交史料館にそのまま残っている。

この事件の隠蔽劇の主役たちはその後、次々と国政の重要部分を担い、中国侵略を進めていったのである。

8　温州を訪ねる

八六年連絡をとりはじめて、私が温州を訪ねたのは、一九九〇年であった。まだ飛行機がなく、上海から船で二四時間かかってついた。温州市の政治協商会議が窓口になってくれた。戦争と文革と二度の騒乱で、文献はすべて失われていた。留学生と労働者のカンパで建てたという王希天の碑も、日本軍が打ち壊してなにも痕跡はなかった。こんな陸の孤島のようなところへなぜ日本軍は三回も侵攻したのか。宋慶齢が香港でつくった中国保衛同盟に世界から救援がくるが、新四軍に送るものは、海路温州へ、甌江をさかのぼって青田まで行きそこから人の背に運ばれて新四軍に届けられていたのである。

こちらから送った二三年の王兆澄の調査をもとに、当時の村の名が、現在の村名のどれに当たるかのめんどうな作業をしてくださったのは、政治協商会議文史資料室主任の黄勝仁であった。

七月は犠牲者の遺族と、温州と瑞安のホテルで会った。話はわかるが生活はわからない。もう一度くるからといって一一月に王希天の家族を長春に訪ね、一二月に再び温州を訪問した。三週間かけて、三つの県の二四の村々を訪ねた。会った家族たちは、八〇数人にのぼる。労働力を失った村は貧乏の回復のしようもなく今も貧しかった。一二月の寒空に小さな子どもが川の中でビニール袋を洗濯していた。石灰や石を入れるビニール袋は洗えばまた使える。わずかの洗濯賃でも家計の助けになる。小学校三年になるまでにほとんどの子は学校をやめていた。工場のトラックがきて、道端にどーんと落していくビニールの山の意味はそういうことであった。

九一年九月「関東大震災の時、殺された中国人労働者を悼む会」（今は「中国山地教育を支援する会」という）を結成し、子どもたちを人並みに人生のスタートラインに立たせるべく、義務教育（中国では普通教育という）だけでも我われの手で保証しようと募金をはじめ、九三年関東大震災七〇周年に、現地に温州山地教育振興基金会をつくって、助学金（小・中）、奨学金（高）を支給している。一〇年たって、親たちもがんばれば子どもたちに教育を受けさせることができるとわかって、中退させなくなったのと、国の政策として九年の普通教育が徹底したこともあって、いわゆる義務教育を終えることができるようになった。沢雅県の五鳳垟《ウーフォンヤン》中学校と湖嶺県湖嶺《フーリン》中学校に寄宿舎を、青田県方山《ファンシャン》に小学校を建てている。芳庄中学にはミシン三〇台を寄贈し、女子の職業教育の一貫にと九七年から三年間、日本から家庭科の先生に洋裁の基礎の実技指導に入ってもらい、今は、三階建てのミシンの教室棟も建っている。小学校の教材を持ち込んで授業をさせてもらったこともある。

九五年最初の寄宿舎ができた時、桂川村（五鳳垟から一時間谷底に降りていく）の書記は言った。

「みなさんが、なんどもなんどもこんな不便な村を訪ねてくださるので、村人の心もほぐれてきているのです」。

宋慶齢は福祉や救済には、いつでも「はじめ」と「方法」と「終わり」を考えることが大切だといっているが、「はじめ」は常に「いま」、「終わり」を見定めて「方法」を考えるということであろう。

わたしたちもあの山のひとたちの悲劇を知って一〇年の目標で子どもたちの支援を考えてきたが、この一〇年間の温州の経済の発展は、貧しい山地と連帯できるまでになっている。経済的な支援は支えてくださった会員のみなさまに感謝して今年をもって終わりにする。

一九九三年、温州華蓋山に王希天の碑は、再建した。九六年長春に王希天の墓ができ、記念館が建った時、展示資料の主なものは調達し、中庭にブロンズの王希天の胸像を建てた。

ごきげんいかがと問う旅に終わりはない。

注

（1）外務省外交史料館所蔵（以下「外」と略す）・支那人被害救済に関する件　4　顧維鈞外交部長書簡添付資料「一九二三年一一月九日、一八日の丸山らの調査報告書」による。

（2）外・大島町事件其他「支那人被害の実状踏査記事」。丸山伝太郎、河野慎吉、小村俊三郎連名で、松井外相へ提出したもの。

（3）外・被害及救済　1　留日学生たちの調査、「内報」一二七号、一九二三年一〇月二五日。

（4）外・大島町事件其他支那人殺傷事件、一九二三年九月六日、警視庁広瀬外事課長直話。

この事件につき詳しく知りたい方は、左の本を参照してください。

仁木ふみ子著『震災下の中国人虐殺』青木書店、一九九三年

今井清一監修、仁木ふみ子編『震災下の中国人虐殺資料集』明石書店、二〇〇四年刊行予定。

関東大震災と憲兵隊——憲兵曹長林兵一郎旧蔵文書について

松尾尊兊
（京都大学名誉教授）

はじめに

林兵一郎旧蔵文書（以下林文書と略す）については、二〇〇三年八月三一日付の『朝日新聞』名古屋本社版が「憲兵隊の内部資料発見」と題して大々的に報じ、他本社版も社会面でこれを取り上げた。さらに『論座』同年一一月号は「新史料発掘　関東大震災ト救護警戒活動　東京憲兵隊（推定）」の題下に、林文書の中の関東大震災関連の資料を抄録して紹介し、筆者が解説を書いた。本編はこの解説を土台とし、さらに詳しく資料の内容について検討を加えたものである。

1　林文書の概要

〈林文書とは〉　本文書は一九二三年の関東大震災当時、陸軍憲兵曹長として東京憲兵隊麹町分隊に勤務しており、のち一九二七年から翌年にかけては板橋分隊に所属していたと推定される林兵一郎（一八九五～一九三四）の手元にあった憲兵隊内部資料である。

現所有者の伊藤重信・香子（林の長女）夫妻によれば、林は一八九五年一月二六日、愛知県知多町内海の農家に生まれ、一九一五年、志願して憲兵となり（憲兵の最下級は上等兵だから、この年代は誤りだろう＝松尾）、曹長まで進んだ。二三年八月一日転任で台湾から東京憲兵隊麹町分隊に移り、三〇年退官して郷里旧内海町の収入役に就任。三四年一〇月二四日に病没した。本文書は林家に保管されていたが、伊藤氏が九〇年、亡父の形見として譲り受け、名古屋市の自宅に保存した。これを朝日新聞名古屋本社の中川史記者が知り、その重要性にかんがみ、その存在を公表する運びに至った。

軍隊の秩序とともに一般治安の維持をも職務とする軍事警察機関たる憲兵の歴史については、戦前において、田崎治久編著『日本之憲兵』（軍事警察雑誌社、一九一三年）、『続日本之憲兵』（同上、一九二九年）、宝来正芳編著『日本憲兵昭和史』（憲兵司令部、一九三九年）、戦後においては大谷敬二郎『昭和憲兵史』（みすず書房、一九六六年）、全国憲友会連合会編纂委員会『日本憲兵正史』（同会本部、一九七六年）、『日本憲兵外史』（同上、一九八三年）などがある。しかし、これらが典拠とした第一次資料で、今日まで公表されているものは極めて少ない。

管見に属するものとしては、大濱徹也編『近代民衆の記録　第八巻兵士』（新人物往来社、一九七八年）所収の第二憲兵隊（第二師団管区）が管区の各分隊を視察した状況を憲兵司令部に報告した「憲兵検閲報告」（一八九六～九八年）、および、みすず書房の『続・現代史資料　第六巻軍事警察』（一九八二年、高橋正衛解説）所収の「第十軍（柳川兵団）法務部陣中日誌」ほか三点にすぎない。関東大震災関係としては、憲兵司令部作成と推定される「関東大震災ト救護警戒活動」（前掲『続日本之憲兵』所収）が存在するだけである。

林文書は、一九二〇年代における国内の憲兵の日常的活動および関東大震災という異常事態下の活動を記録した文書として、これまで紹介されたことのない重要な記録であり、もし将来、前記『続・現代史資料』が補充されるようなことがあれば、当然その中に収録するに値する資料である。

林文書は四つづりとなっている。第一は表紙表題を欠くが、おそらく「関東大震災ト救護警戒活動東京憲兵隊」のごとき記載があったものと推測される。枚数は六九枚。第二は「現地演習実施ニ関スル注意」の表題がある。二八枚。第三は「日本共産党千葉関係者ノ公判ニ関スル件」。二二枚。第四は「暴力行為等処罰ニ関スル法律釈義」ほか一六点の各種の文書を含む一つづり。九三枚。以上である。

〈第二文書以下の紹介〉 本稿で取上げるのはもちろん第一の文書であるが、その前に、第二文書以下について簡単に説明しておきたい。

現地演習実施ニ関スル注意 表題に続いて「昭和五年一月二十三日 上野憲兵分隊石田大尉」の記載がある。これは当時の分隊長石田乙五郎（『続日本之憲兵』七五三頁による）が、千葉県成田町付近の小作争議が暴動化したことを想定し、その状況を一二段階にわたって述べ、その場面場面における所轄佐倉分遣隊長のとるべき行動を問うたものである。この演習の参加者は「専修員」と呼ばれているが、これは憲兵司令部に置かれている憲兵練習所の学生を指しているのではあるまいか。憲兵訓練の一端を示すものとして興味深い。

日本共産党千葉関係者ノ公判ニ関スル件 四・一六事件で検挙された千葉県在住の被告六名に対する公判が三〇年五月六、七、八、一一、一二、一四日の六日間に千葉地裁で公開され、これを東京憲兵隊千葉分隊所属の憲兵が傍聴し、審理の状況、被告の発言、傍聴者の顔ぶれなどを詳細に記録し、東京憲兵隊長および管内の佐倉、下志津の両分遣隊長に内報した文書である。被告の中には、戦後日本社会党の衆議院議員となった実川清之も含まれている。憲兵が共産主義運動に日常的に目を光らせていたことを如実に示す史料として注目される。

雑文書一七点　このつづりには①「暴力行為等処罰ニ関スル法律釈義」(司法省刑事局)②「外国人ノ犯罪取扱法ニ就テ」(大塚大尉)③「法制局仮名遣法」④「物権法ノ筋書(総則)」⑤群衆心理について(表題なし)⑥「剣道型」⑦「陸軍工廠」⑧「年末所感」(昭和二年末、林兵一郎)⑨〜⑰「答案」(昭和二〜三年の各種設問、たとえば「現役軍人軍属及在郷軍人ノ思想悪化ヲ防キ不良分子ノ宣伝ヲ防止スル手段方法ヲ詳述セヨ」のごとき設問に対する林の答案)が含まれている。とくに終わりの「答案」は、曹長のごとき分隊内上位の者に対しても、訓練が施されていたことを示すものとして注目される。①も重要な筆者未見史料である。⑦も一九二〇年代の労働運動史研究に利用しうる。

これら三資料群は、第一のつづりが後述するように書き落としや誇張があるのにくらべ、憲兵の日常活動の一部を如実に示すものとして、史料としての信頼性はむしろ高いといってよい。

〈第一文書の内容〉　問題の第一文書であるが、伊藤氏の談によれば、表紙に「東京憲兵隊麹町分遣隊特務曹長　林兵一郎」の筆書きと、朱で「マル秘」の印があったが紛失したという。「マル秘」の印があったことは事実だろうが、筆書きの部分は誤りがある。「麹町分遣隊」は「麹町分隊」でなければならぬ。特務曹長も、単に曹長であろう。雑文書中にある林の「手記」や「答案」は、すべて「曹長」となっている。文書の記述形式は、後述するように、憲兵司令部の作成とおぼしき「関東大震災ト救護警戒活動」(『続日本之憲兵』所収。以下「憲兵司令部文書」と略す)と似ているので、本文書の表題もこれに類似したものと推測できる。

内容から見て、本文書は東京およびその周辺(市川、習志野、千葉、横須賀、甲府にも分隊あり)を管区とする東京憲兵隊が、一二三年一一月一六日の戒厳令解除後まもなく作成した公式の行動記録で、憲兵司令官に提出したものの写しと推定される。

この文書は、前記憲兵司令部文書の中にごく一部が出典の記載ぬきで引用されている。憲兵司令部文書の「第二　行動の大要」のうち、「一、九月一日」、「二、九月二日及三日」の項は、林文書を下敷として書かれていることは、明白である。しかし、林文書の全文は、これまでいかなる関東大震災関係史料集にも収録されていない。

本文書の目次は「一、一般状況」「二、行動ノ大要(警備及救援)イ、震災直後ノ行動、ロ、震災第二日ノ行動、ハ、震災第三日ノ行動、ニ、九月四日ヨリ十日迄ノ行動、ホ、九月十一日ヨリ尽日《じんじつ》迄ノ行動、ヘ、十月一日以降ニ於ケル行動」「三、犯罪検挙ノ状況」「四、行政警察ノ状況」「五、高等警察ノ状況」「六、経理及給養ノ状況」「七、建造物被害並応急処置ノ状況」「八、将来参考トナル所見」「九、業務遂行上特ニ功績アリタル者ノ氏名及事績」の各章にわかれ、震災当時治安維持の一翼を担った憲兵の活動の大要を語る。

ちなみに憲兵司令部文書「関東大震災ト救護警戒活動」の目次は、「第一　一般ノ状況」「第二　行動ノ大要(警備及救援ヲ含ム)」「第三　衛生救療」「第四　経理及宿営給養」「第五　外国人其他ニ関スル事項」「第六　建造物其他被害ノ状況　並《ならびに》之カ応急ノ処置」「第七　業務遂行上特ニ功績アリタル者ノ氏名及事績」「第八　警務上ノ事故一二」「第九　将来参考トナルヘキ所見」。以上である。林文書を材料の一部として使ってはいるが、全面的に依拠したものではない。あくまでも憲兵司令部としての独自報告である。「将来参考トナル所見」は後述するように両者は食いちがっている。

なぜこの東京憲兵隊文書が、麹町分隊所属の一曹長の手元に残されたのだろうか。前記『日本憲兵外史』（七八頁）には次の記載がある。「東京憲兵隊本部は実働部隊ではないから、事件の捜査検挙は麹町憲兵分隊の任務となる。（中略）皮肉な見方をすれば麹町憲兵分隊は東京憲兵隊本部の下請機関ともいえる。したがって東京憲兵隊史は大体が麹町憲兵分隊史であるといえる」。このような密接な関係が憲兵隊本部と麹町分隊との間にあるとすれば、分隊「副官」（伊藤氏の表現）たる林曹長の手元にこの書類が存在しても不思議ではない。

2　東京憲兵隊文書の問題点

〈朝鮮人虐殺と憲兵〉　この文書の特徴の第一は、朝鮮人虐殺への関与を意識的に書き落としていることである。憲兵司令部の報告書同様、もっぱら朝鮮人策動流言の防止、朝鮮人保護、自警団取り締まりのみを描いており、憲兵隊が朝鮮人虐殺に加担した事実に触れていない。それはこの種の報告書としては当然のことであるが、その事実がなかったとは到底言えない。『日本憲兵外史』（六四頁）は「大震災で憲兵司令部を始め東京憲兵隊本部、隊下各分隊は必死の救援活動をしたところ、戒厳司令部の判断の誤りによって朝鮮人殺害事件が各地に発生して……」と記している。戒厳司令部の指揮下にある東京憲兵隊も、当然「戒厳司令部の判断の誤り」にしたがって、殺害事件に加担した可能性が濃い。この報告書も、都合の悪いことは一切書かぬということの種官憲の報告書の特色を備えていることを忘れてはならない。

例外的に一カ所だけ尻尾を出しているところがある。「二、行動ノ大要、ホ、九月十一日ヨリ尽日迄ノ行動」に次の記述がある。

6、習志野鮮人収容所警戒ニ就テハ習志野憲兵分隊ヲ以テ之ニ充当セシムルノ外、鮮語ニ通暁セル上等兵三名ヲ私服ニテ収容所ニ派遣シ、鮮人ノ動静知悉ニ努メシメ、有力ナル資料ヲ得タリ。

憲兵が収容所にスパイを入れたことは、元騎兵第一五連隊の瓜生武軍曹がすでに証言している（千葉県における関東大震災と朝鮮人犠牲者追悼・調査実行委員会編『いわれなく殺された人びと』青木書店、一九八三年）。

また、姜徳相氏が多年の研究を集大成された『関東大震災・虐殺の記憶』（青丘文化社、二〇〇三年）によると、習志野旧俘虜収容所に入れられた朝鮮人は最も多い九月中旬には三二〇〇名に達した。彼らはまず習志野憲兵分隊の尋問調査を受け、収容後は捕虜として扱われた。体験者の談によると「虐殺の真相究明とか待遇改善のうごき」に対し、「朝鮮語に堪能な」スパイが投入され「あらゆる機会をとらえて」収容者の「行動及赤裸々なる雑談を聴取」した。その結果「あやしい」者は営倉に入れられて追及され、「適当処分」された。すなわち収容所で殺されるか、あるいは付近の自警団に引き渡された。その数は二七五人または二八五人に及ぶという（二〇二～二二四頁）。林文書の一節は、瓜生証言や姜氏の調査を裏付けし、スパイが憲兵自体であることをはじめて明らかにするものとなっている。

〈高等課の編成と行動〉　第二の特徴は、憲兵司令部文書には欠けている「五　高等警察ニ関スル状況」の存在である。震災下の社会主義者の弾圧については、甘粕事件と亀戸事件が有名であり、それぞれ研究が進んでいるが、その他の社会主義者については、たとえば浅沼稲次郎や稲村順三の逮捕についての中村高一・稲村隆一・田原春次の証言（浅沼追悼出版編集委員会編『驀進』日本社会党、一九六二年）など、各種の伝記類に分散的な記述があるだけで、その全貌は知られていない。その中にあって本資料は憲兵隊による組織的な弾圧について自ら語る唯一の証言であるといってよい。煩をいとわず、全文を紹介しておく。

以下引用資料に句読点と振り仮名を付し、当用漢字に改めた。

五、高等警察ニ関スル状況

這般《しやはん》ノ大震災ニ遭会スルヤ平素社会革命ヲ叫フ主義者又社会運動ニ奔走スル各種労働者等ハ此絶好ノ機会ヲ利用スルノ恐レアルヲ慮《おもんぱか》リ、九月二日夜、新ニ准士官一、下士三、上等兵九ヲ以テ臨時東京憲兵隊高等課ヲ編成シ、警視庁及各警察署ト協力シ今日ニ至レルカ、昼夜兼行各方面ニ活動シテ一般ノ情況ヲ明ニシ、一般警察ノ活動ト相俟テ高等警察ノ目的ヲ達成シツヽアリ。即チ震災直後ニ於テハ主義者使嗾《しそう》ノ下ニ在留不逞鮮人ヲシテ放火掠奪及毒薬投入等、凡ユル暴挙ヲ敢テスルノ流言頻リニ伝エラレ、競々タル人心ヲシテ更ニ甚タシカラシメタリ。之等ノ風説ハ主義者常時ノ行動ニ照シテ全然根拠ナシト認メ難ク看取シ、極力其ノ真因探求ニ努メタリ。三日戒厳令施行ヲ図ルニ汲々タルノ状態ニシテ、中ニハ憲兵隊ニ保護ヲ願出ツルモノアルニ至レリ。今震災以降ニ於ケル社会主義各派ノ動静並ニ取締ノ概況ヲ挙クレハ左ノ如シ。

1、共産主義派

(イ)社会主義運動ニ於テ最モ優越セル勢力ヲ有シ、而モ精緻ナル連絡方法ト秩序アル組織関係ノ下ニ結束セル共産主義派モ、本年六月初旬検束サレタル所謂日本共産党事件ニ於テ其主脳《ママ》ノ殆ント全部ヲ尽サレタル為、爾来確立セル中心点ナク、唯山川均等数名カ建設者同盟、進メ社、農民運動社、出版従業員組合、学生連合会等ヲ率イテ結束ノ維持ト宣伝トニ努メツヽアリシカ、山川ハ震災ノ為其住宅倒壊シテ一時付近同志ノ宅ニ避難シ、六日、市川義雄（出版従業員組合）、森崎源吉（農民運動者《ママ》）等数名ヲ集メ、思想、労働ノ各団体ヲ糾合シテ罹災民救護ノ名ノ下ニ「震災救援会」ヲ起シテ主義者ノ宣伝ニ便セントセルヲ探知セラレ、森崎以下七名ハ検束セラレ、救援会ノ企テモ自然消滅ノ状態トナレリ。斯《か》クテ九日、山川ハ妻菊栄ト共ニ姻戚ナル麹町区四番町九森田松栄方ニ居ヲ移シ、爾来四囲ノ事情ニ鑑ミ、全然同志トノ来往ヲ避ケ、努メテ自重ノ態度ヲ持シツヽ、アリタリ。

（ロ）進メ社（府下大井町一本松二四七八）ハ福田狂二ノ主催ニ係リ、其配下ニハ常ニ粗暴無頼ノ徒ヲ集メ、隣人トノ交際兎角円満ナラサリシカ、幾分其反動トモ認ムヘク、自警団ノ此ノ一派ヲ敵視スル事甚シク動モスレハ暴力ヲ以テ当ラントスルノ状態アリシヲ以テ郷里又ハ縁辺《えんぺん》ヲ辿リテ地方旅行ノ途ニ上レリ。

（ハ）建設者同盟（府下巣鴨町池袋九〇三）ニハ震災前ヨリ高野純三郎、高津渡外六、七名在泊シ、震災ノ突発スルヤ本部外ニアル本沢兼次ハ神道久三ト連絡ヲ執リ流言ヲ放チテ人心ヲ感《ママ》乱セントスルノ風評アリシ為メ、関係者十名ヲ巣鴨署ニ検束セリ。

（ニ）出版従業員組合（府下巣鴨町三ノ一九）ニハ震災当時安村庸三等ノ同志数名アリタルモ自警団襲撃ノ説ヲ聞キ、且ツ社会主義者ノ検束頻々タルヲ見テ六日夜、何レモ所在ヲ晦シ、組合小林米蔵ノミ巣鴨警察署ニ検束サレタルカ、其后木部正行、山川寛三等モ検束サレタリ。

（ホ）学生連合会ハ多ク会員ヲ地方ニ有スル関係上、今次ノ震災ニ就テハ多ク注意ヲ要スヘキモノナク、只其中心タル新人会アルモ是亦《これまた》会員ノ総テガ学生ナルヲ以テ暑中休暇ノ為メ帰省不在中ナリシヲ以テ何等ノ行動ナシ。

2、無政府主義派

（イ）共産主義ノ主張ハ基礎ヲ社会大衆ニ置キ、巧ミニ之レヲ誘致シテ民衆的革命ヲ目的トスルニ反シ、無政府主義ハ権力ヲ否定シ、暴力革命ヲ高調スル点ニ於テ今次ノ如キ突発事変ニ際シテハ警戒ノ必要寧ロ前者ヨリ以上必要トスルモノアリ。此ノ一派ニハ大杉栄ノ率ユル労働運動社（本郷駒込片町二五）アリ。加藤一夫ノ主宰スル自由人社（府下巣鴨町宮中二六五六）アリ。

（ロ）労働運動社ハ主幹大杉ガ曩《さき》ニ府下淀橋町柏木三七一ニ別居シ、本部ニハ近藤憲二等ノ配下数名共同生活ヲナシ、機関紙「労働運動」発行ノ傍ラ主義ノ宣伝ヲナシツヽ、アリシカ、十日、駒込警察ニ検束セリ。

右ノ外、高尾平兵ヱ主唱ノ下ニ其主義ノ如何ヲ問ハス当面ノ敵タル資本家階級ニ当ラントノ主義ヲ以テ組織シタル戦線同盟一派アルモ、震災後ヨリ同人ノ多クカ各地方ニ旅行中ナル為メ何等ノ行動ナシ。

臨時東京憲兵隊高等課の編成は、これまでまったく知られなかった事実である。甘粕事件の公判記録には「特高課」が出てくるが（後述）、それが何時どのくらいの人員で編成されたかは明示されていない。ただしこの貴重な史料も鵜呑みにできないことはもちろんである。山川均が「震災救援会」を起こそうとしたという件は、『山川均自伝』（岩波書店、一九六一年）、山川菊栄『女二代の記』（日本評論社、一九五六年）には記載がない。行動的組織者ではない山川が、異常事態下に敏速に救援会をつくり「主義者ノ宣伝ニ便セント」したとすることは、大いに疑問がある。憲兵司令部文書「第九将来参考トナルヘキ所見」で「危険思想抱持者ハ大震災等非常時ニ乗シ往々ニシテ不穏不逞ノ行動ニ出ツルヲ以テ軍隊ハ出動ニヨリテ厳ニ之ヲ監視シ要スレハ機ヲ逸セス検束スルヲ要ス」（五二二頁）と記しているところから見ても、憲兵司令部の方針は有無をいわさぬ社会主義者の検束であり、「震災救援会」云々は理由付けの疑いがある。

「進め社」の福田狂二についての記述も、現場に向かった憲兵司令部副官上砂勝七（のち憲兵少将）の自伝『憲兵三十一年』（東京ライフ社、一九五五年）は次のように記す（九九頁）。

社会主義者の検束に際しては、私も福田狂二の逮捕を命ぜられ、或る夜十一時頃、補助憲兵十名を連れ、北品川の彼の寓居を襲った。補助憲兵で周囲を取り巻き、戸を叩いたが返事がない。地震のため電燈はつかず、附近は真の闇で静まり返っていた。留守かと思ったが、更にどん〳〵叩いて呼ぶと、やっと玄関が開き、福田が姿を現わした。入って室内を見廻すと、トランクや衣類、雑品が散らばっている。憲兵隊へ同行を告げると、彼は、「実は社会主義者の一齊検挙が始まるらしいので、東京にいるのは危険だから、明朝大阪へ避難しようと、今、御覧の通り仕度しているところです。決して不穏な行動は致しませんから御見逃しを願いたい」と歎願した。その夫人や、又幼い女の児の姿も見えた。

既に戒厳命下で、警備は厳重を極め、市民は、夫は妻の、妻は夫の、親は子の、子は親の安否を血眼で捜し求め、家を焼かれて田舎の身内へ落ちて行く者、焼跡の復興に甲斐々々しく槌を下す者など、このように真剣な、赤裸々な人間性の現われている時、どうして主義の宣伝や陰謀が廻らせよう。一人の福田を落したとて、大局には影響もないと思い、大阪へ出発させたのである。

つまり、福田は自発的に地方に逃れたのではなく、上砂が自己の判断で見逃したのである。

ここで一言せねばならぬのは本文書における甘粕事件の扱いである。大杉栄らの虐殺で有名なこの事件の主役甘粕正彦は、震災当時渋谷憲兵分隊長兼麹町憲兵分隊長であり、しかも軍法会議は、殺害現場を東京憲兵隊本部と認定した。軍法会議は大杉殺害を甘粕の独断によるとしているが、前記上砂勝七『憲兵三十一年』は「無政府主義者大杉栄の検束が時の憲兵司令官小泉六一中将（少将＝松尾）から東京憲兵隊甘粕正彦に下った」と明記している（九七頁）。詳しくこの事件を調べた角田房子『甘粕大尉』（中央公論社、一九七五年）も、命令系統については不明としながらも、甘粕単独犯行説に否定的である。高等課の設置とその活動を明示する林文書の出現により、はじめて大杉らの殺害が高等課としての仕事であったことが明らかとなった。すなわち甘粕の共犯者森慶治郎曹長は第一回の公判で、自らが「特別高等課勤務」で、課長が甘粕であったこと、第二回の公判で同じ被告の平井利一伍長、鴨志田安五郎・本田重雄両上等兵が「高等課配属の兵」であることを証言しているからである（『法律新聞』一九二三年一〇月一五日、一一月二三日）。

軍法会議公判中（一〇月八日～一二月八日）とはいえ、甘粕事件にまったく言及していないのは、東京憲兵隊の報告書としてはおかしな話で、故意の不記述というほかはない。この件に関しさらに注目されるのは「九、業務遂行上特ニ功績アリタル者ノ氏名及事績」の筆頭に甘粕の名を掲げ、救護と防火、警戒活動において「部下ノ統帥ニ優秀ノ手腕ヲ示」し「時々刻々変化スル状態ニ着眼シテ臨機応変且敏活ナル処置ヲナセリ」と高く評価していることである。これは公判中の甘粕への援護射撃、間接的な弁護行為とみてよい。さらにいえば、罪を甘粕個人に押しつける陸軍上層に対する反発ともとれる。憲兵司令部文書の「第七　業務遂行上特ニ功績アリタル者ノ氏名及事績」は、対象を憲兵司令部勤務の者に限定している関係からか、甘粕には言及していない。

〈共産党事件被告引渡要求の有無〉　高等警察課の活動に関連していまひとつ検討しておかねばならぬのは、市ヶ谷刑務所に未決囚として収容中の第一次共産党事件被告二六名を憲兵が引渡しを迫り、所長がこれを拒絶したと伝えられる件である。高瀬清『日本共産党創立史話』（青木書店、一九七八年、一六四～一六五頁）にいう。

この甘粕事件のあった直後、東京憲兵隊は市ヶ谷刑務所長にたいし、われわれ共産党事件の被告の身柄全部を即時引渡せ――との強硬な要請を続けていた。ときの刑務所長の大野数枝は、この強硬な要請に困惑し、躊躇した。震災による当時の混乱は裁判所と刑務所との連絡さえこと欠くことが少くなかった。憲兵隊は膝詰談判で、ことを解決すべく数台の護送自動車を用意して、即時、共産党の被告二十六名の引渡しを迫ってきた。大野所長はこの強要に悩んだ――。いかに処置すべきかに迷った——。しかし、彼は刑務所長としての本分を弁え、その立場に立ってこう答えた。

「この共産党事件の被告は、憲兵隊から預っているものではなく、裁判所から預っているものです。したがって裁判所の命令がないかぎり、一人の被告といえども憲兵隊に渡すことはできません。」

と厳粛に答え、この要求をキッパリと拒絶した。憲兵隊はこの厳然たる態度に押し切られたものか、二、三の押問答のすえ、断念して引き上げていった。この大野所長の背後にはときの内務大臣後藤新平の指示があったという説が後に流布されていた。（中略）

朝鮮人の大量虐殺事件も相次いで起こっていたが、もし大野刑務所長が憲兵隊の恫喝に屈していたら、われわれ二十六名の共産党事件の被告は、大杉栄氏夫妻と同じように震災テロの犠牲に供されていたのであった。われわれは後でこのことを知ったのであるが、思わぬ命拾いをしたわけであった。

ちなみに右の文章の初出は、高瀬清「関東大震災と獄中の共産党」（『自由』一九六三年一〇月号）である。

震災時の獄中共産党事件被告の動静をつたえるものとしては、まず小岩井浄「青年無期徒刑囚の顔」（『冬を凌ぐ』ナウカ社、一九三五年、所収）があげられる。しかし、そこでは九月二日か三日には刑務所内に銃剣の兵士が配備されたことは記しても、憲兵隊の引き渡し要求一件については何も語らない。語れなかったかもしれない。

敗戦後の徳田球一・志賀義雄『獄中十八年』（時事通信社、一九四七年）で、徳田は一日の夕方には着剣した軍隊が刑務所の中庭に入って、八〇〇人の収監者を包囲したことは書くが、憲兵隊の件には言及がない。ところが、同じ刑務所に収容されていた野坂参三は、敗戦の翌年帰国直後に公表した『亡命十六年』（時事通信社、一九四六年）で、徳田同様軍隊の出動を記したあと、「あとで話をきくと、大杉栄を殺した甘粕大尉たちのあの憲兵隊が、このとき監獄へきてわれわれ共産主義者をだせと要求した。ところが典獄は、監獄は自分の管轄だ、憲兵隊の管轄ではない。だから引渡すわけにいかぬと拒絶した。憲兵たちは機会があればわれわれを殺さうとしていたらしい。実はわれわれも監獄にいたので助かったのである」と書いている。震災下の刑務所内の状況については野坂『風雪のあゆみ（四）』（新日本出版社、一九七七年）が詳しいが、憲兵についての記述は『亡命十六年』と大差はない。震災当時獄外にいた志賀義雄は一九四八年八月二七日の日付をもつ「日本解放運動の犠牲となった人びと」（志賀『日本革命運動の群像』新日本出版社、一九六三年所収）で、「軍国主義者は当然共産主義者の引き渡しをも要求したが、所長はその引き渡しを拒絶した」と記す（一二〇頁）。

これらの記述をあわせ考えると、憲兵の獄中共産党員引渡し要求の話は、戦前すでにある程度流布していたと思われる。ただしその日時はあいまいである。『風雪のあゆみ（四）』のいうように「亀戸事件のあった四日ごろであったのか、それとも、大杉栄夫妻が憲兵隊によって扼殺された十六日の前後であったのか、詳かではない」。

この話は事実かもしれない。甘粕自身が第一回公判で「私は単に大杉一個を殺すを以て足れりとはせず、警察力の足りない場合、大杉同様の者を殺す積りでゐました。その一二は堺利彦、福田狂二の類です。当時大部分は検束されてゐましたが、機会があれば此の類を悉く殺したいと思つてゐました」と証言している（『法律新聞』一九二三年一〇月一五日）。しかし私は事実である可能性はかなり低いと判断する。結論を先にいえば、次の林文書記載の如き事実が訛伝されたのではあるまいか。

「九月二日　震災第二日の行動　2、午前二時二十五分、市ヶ谷刑務所破損、囚人逃走ノ虞アリトノ通知ニ依リ憲兵三名派遣セシモ事容易ナラサルヲ以テ四谷分遣所長ヨリ、近歩四ヨリ二十五名、電信第一連隊ヨリ五十名ノ増援ヲ求メ警戒ス」。

憲兵司令部文書には、より具体的に次のように記す（五二二頁）。

「東京刑務所ニ於テハ九月一日夜囚徒ヲ屋外ニ避難セシメタルカ不穏ノ挙動アリ。偶々憲兵巡察ノ際往訪シタルニ、所長ハ何ントカシテ軍隊ノ来援方尽力アリタキ七日依頼アリ。依テ憲兵ハ刑務所ノ自動車ニ看手長ト同乗、電信第一連隊長ニ事情ヲ具シ、更ニ兵員五十名ノ来援ヲ得テ多大ノ好感ヲ受ケタリ」。

戒厳司令部ないし憲兵司令部は、震災当初社会主義者の一斉検束は意図しても、抹殺までは考えていなかった。主要危険人物の抹殺を企てたのは震災発生後二週間もたってからのことであろう。亀戸事件はどうかとの反論もあろうが、あれは警察と騎兵第一三連隊との合作で、憲兵は介在していない。もし憲兵隊が当初から「主義者」の抹殺を意図していたならば、甘粕事件はもっと早く発生していたはずである。また二六名もの共産党員を囚人たちが環視する中でひそかに連行、殺害できるはずもなかった。もし刑務所長が伝えられているような正当な処置をとったとするならば、徳田をはじめとする多くの被告たちの記憶に、「あとで話を聞くと」というあいまいな形でなく、鮮明に残っているはずである。

それでは高瀬のいう九月一六日前後では如何。そのころには混乱はかなりおさまっていた。「裁判所と刑務所との連絡さえこと欠くことが少なくなかった」とは根拠のない推定にすぎぬ。現に所長は検事局と交渉して二日から一六九名の囚人を釈放している（野坂『風雪のあゆみ（四）』三二〇頁）。秩序が回復しているとき、公然と「共産党の被告二十六名の引渡しを迫って」数台の護送自動車が乗込むことがあり得ようか。大杉の場合、こっそりと拉致して抹殺したつもりが、警察に曝露される破目となった。憲兵司令官たるものが、二六名ものひそかな拉致抹殺が可能だと考えたのであろうか。

震災直後にしても、九月半ば以降にしても、陸軍上層が第一次共産党事件被告を全員抹殺せねばならぬ必然性も可能性も乏しかった。堺利彦だけを狙う計画の存在は前記公判での甘粕発言をみてもありうるが、震災直後ならともかく、混乱の静まった甘粕事件前後では刑務所長に引渡しを迫ることは不可能に近い。震災直後でも、その可能性に乏しいことは前記のとおりである。

〈警察無力化の強調〉　林文書の第三の特徴は、自警団に対する警察の無力と、憲兵の威力を強調していることである。たとえば「三、犯罪検挙ノ状況」には次のような事例が記されている。

2　野村二等主計傷害事件

九月四日午后十一時頃陸軍二等主計野村義文ハ臨時勤務所タル陸軍省ヨリ市外巣鴨町宮仲自警団体ナル至誠会々員ノ為ニ傷害セラレタル件ニ関シ、巣鴨警察署長二重作兼蔵ヨリ、警察ニテ之レカ検挙ハ困難ヲ来シ且ツ将来ノ行政上ノ影響大ナルヲ以テ憲兵ニテ検挙方九月六日嘱托サレタルニ依リ、同七時捜査本部ヲ巣鴨刑務所内ニ設ケ、取調ノ結果真犯人浅井庄三郎外三名ヲ検挙シ、九月八日東京地方裁判所検事局ニ身柄及一件書類ヲ送致セリ。
7　九月六日国粋会ノ腕章ヲ付セル者七名府下西巣鴨町池袋ニ現住シ巣鴨警察署池袋警部補派出所前ニ於テ無銭飲食殴打等ノ暴行ヲ仂キ居タルモ、約十名ノ警察官ハ之ヲ制スル能ハス却テ彼等ニ追ハレ居タルヲ、他ノ巡査カ憲兵ニ対シテ大声ヲ発シテ助力ヲ乞ヒタル為、憲兵は内四名ヲ取リ押ヘ警察ニ引渡シタリ。

憲兵が自警団取り締まりにつくしたことは疑いないが、記述の中には誇張も含まれている。「二、行動ノ大要」「ロ、九月二日　震災第二日ノ行動」の中で、「午前九時二十分各分隊分遣所ニ命シ各地自警団ノ所有セル凶器没収方ヲ命シ、之カ為ニ各分隊ヨリ直チニ凶器没収巡察憲兵ヲ昼夜間断ナク派遣セシメテ多数凶器ヲ没収セリ」とあるのは、時日の点で疑わしい。また三日のこととして「自警団ノ暴行」を取り締まるために「各憲兵分隊、分遣所ハ一時主力ヲ之ニ注キ」「引致同行取調ヘタルモノ壱百五十有余名ニ達セリ」とあるのも同様である。流言が東京全域に広まるのは早くみて九月二日の午後に入ってからであり、自警団の簇出《そうしゅつ》も同夜以降のことである。また、戒厳司令部が自警団の凶器携帯禁止を指令するのは九月四日に入ってからのことである。本報告の記述は時日を早めている可能性が濃い。憲兵司令部文書ではさすがにこれらの記載はない。

本文書では、いたるところで警察の無力化が強調されている。警察の無力化自体は事実であろうが、強調の度合いが強すぎる疑いがある。本文書の「八、将来参考トナル所見」は「這般ノ災害ニ於テ警察官ノ無能ハ明白ニ暴露セラレ、職務ニ対スル熱誠献的《ママ》精神ヲ欠キ、到底非常事変ニ遭会シテハ之ヲ信頼スル能ハサルノミナラス、市民ヨリ軽侮ヲ受ク。之地方警察ノ本質然ラシム所ナランモ甚タ憂慮ニ堪ヘス」として、大都市への日常的な憲兵の多数配置と補助憲兵（一般軍隊よりの援助兵＝松尾）の訓練の必要だけを強調している。

これに対し、憲兵司令部文書の「第九、将来参考トナルヘキ所見」は「一、公秩ノ維持ニ関スル着意」など八項目にわたり、その中で「警察官ノ威令徹底セサルコト多カリシ」と指摘し、「非常時ニ於ケル警備保安ハ一ニ軍隊ニ俟タサルヘカラス」とうたいながらも、結論としては「事毎ニ軍隊ノ出動ヲ見ルハ好マシカラサル現象ナルヲ以テ、威力アル警察機関ヲ充実常置シテ之ヲ訓練シ、以テ万一ノ警備保安ニ任セシムルハ焦眉ノ急務ナリト思料ス」と、憲兵の充実ではなく、警察力の強化の必要を強調している。

二つの文書の強調点の差異は、大所高所からの政治的判断可能な司令部と、近視眼的見地から、憲兵の充実を要請せんがために、警察官の無力を実体以上に強調した嫌いがある現場との、立場の相違がもたらしたものではなかろうか。

おわりに

以上のべたように、関東大震災についての東京憲兵隊文書には、故意の書き落としや誇張があり、厳密な資料批判を必要とする。しかし震災に直面した現場の憲兵隊記録としては、他に例のないものであり、貴重な史料であることに違いはない。とくに憲兵自身がスパイとなって習志野収容所に潜入していたこと、臨時東京憲兵隊高等課なるものが設置され、大杉栄らの殺害はこの高等課による作業であったことは、この文書により、初めて明らかとなった。この文書以外のものをふくむ林文書の全体が複刻されることを期待したい。

総括と展望

関東大震災史研究運動の成果と展望

坂本　昇
（東京都立駒場高等学校）

はじめに

私は、一九九三年の関東大震災七〇周年、二〇〇三年の八〇周年にあたり、微力を顧みずに実行委員会の事務局長をお引き受けした。そもそものきっかけは、七〇周年の際の呼びかけ人であった加藤文三氏には歴史教育者協議会会員として長年ご教示いただいてきた私が、加藤氏の推薦をお断りできなかったからであり、八〇周年の際は、七〇周年に引き続き委員長をお願いした松尾章一氏ら七〇周年時の役員の方々の推挙があったからということだけである。そうした私にとって、関東大震災史を学ぶことはどんな意味があったのだろうか。また、実行委員会をともに担った人びとにとって、さらには集会の一般参加者や各地の賛同者にとって、この間の運動や研究活動はどのような意義をもったものなのか、あらためて考えてみたい。それは「日本人」にとって関東大震災時の出来事を歴史的に認識する意義を考究する課題でもあると考える。本稿では、七〇周年以前の研究活動について概観した上で、私が主体的にかかわった七〇周年、八〇周年を主として論究することにする。

1　七〇周年以前の研究・運動の蓄積に学ぶ

(1) 研究の基礎構築

松尾章一が指摘するように、朝鮮人虐殺事件を中心とした関東大震災史研究は、在日韓国・朝鮮人研究者によってその基礎が構築されてきた。姜徳相・琴秉洞・姜在彦・朴慶植各氏らの諸研究である（松尾「関東大震災研究の成果と課題」『関東大震災・学習会の記録』一九九三年）。亀戸事件や甘粕事件（大杉事件）などに比して遅れていた朝鮮人虐殺事件についての日本人研究の嚆矢となったとされる斉藤秀夫「関東大震災と朝鮮人さわぎ」が『歴史評論』に掲載されたのは一九五八年一一月のことであった（雑誌掲載時には「朝鮮人さわぎ」にはカッコなし）。斉藤秀夫の回顧によれば、『神奈川新聞』が「デマは内務省命令、関東大震災朝鮮人ぎゃ《ママ》く殺事件、一工員が真相究明、病床での研究論文発表へ」と報じると、警親会（警察ＯＢ）から抗議が続いたという。そして『歴史評論』が一時休刊中に脱稿した斉藤論文は、原稿が短く要約された編集過程で「朝鮮人さわぎ」のカッコがはずれてしまったという（斉藤「関東大震災史研究が問いかけるもの」『歴史地理教育』一九九三年八月）。そのカッコなしの「朝鮮人さわぎ」という表現がのちに在日韓国・朝鮮人研究者から批判されたが、その経緯は掲載後三五年たって明らかになった。

また、山田昭次による墓碑・追悼碑などの建立に関する網羅的な資料収集で明らかなように、戦前に建立された碑に加えて、一九五〇年代に入ると埼玉県児玉郡神保原村・本庄市、群馬県藤岡市などでの追悼の碑の建立が続いた（東京・千葉・神奈川などは建立が遅れた）。しかし、この時期の碑は各地の行政側（官側）が関係したこともあってか、山田昭次が指摘するように虐殺の主体や責任を明記したものはほとんどないという状況であった。

こうして在日の研究者と、日本人の「在野研究者」、事件関係者や一部行政の手によって、震災時の諸事件の基礎研究や追悼碑建立などがしだいに取り組まれていったのである。

(2) 四〇周年・五〇周年のころ

姜徳相・琴秉洞『現代史資料六　関東大震災と朝鮮人』がみすず書房から、また関東大震災亀戸事件四十周年犠牲者追悼委員会編『関東大震災と亀戸事件』が刀江書院から刊行された、一九六三年の震災四〇周年を前後する時期の活動を物語る資料は多くない。斉藤秀夫の前掲の回顧によれば、一九六四年には「関東大震災殉難朝鮮人四一周年追悼法要」が日朝協会横浜市保土ヶ谷区支部の主催で開催されている。朴慶植ら朝鮮大学校の教官および学生らとの交流のなかで実現したものであるという（一九七三年にも「関東大震災殉難朝鮮人五十周年追悼法要」が日朝協会神奈川県連などの実行委員会主催で開催されている）。東京でも日朝協会豊島支部は同趣旨の追悼行事や体験談の掘り起こし運動を進めた。大震災五〇年にいたる活動の中心は各地の日朝協会およびその周辺に結集する人びとの手に委ねられていた感がある（日朝協会豊島支部『民族の棘』一九七三年。日朝協会が独自に総括して展望を指し示されることも期待したい）。一方、亀戸事件建碑記念会『亀戸事件の記録』が一九七三年に国民救援会によって刊行され、追悼碑も建立された。

こうした在地の研究運動に、歴史学研究会・歴史科学協議会、歴史教育者協議会などが結集して刊行されたのが関東大震災五〇周年朝鮮人犠牲者追悼行事実行委員会編『歴史の真実　関東大震災と朝鮮人虐殺』（現代史出版会、一九七四年）であるといってよいだろう。実行委員長となった高橋磌一（歴教協委員長）は、巻頭言で次のように述べた。

戦後もまた、日本の支配者は、一貫してアメリカ帝国主義のアジア政策に追随し、朝鮮人民の敵視政策を続け、在日朝鮮人に対する差別政策をやめようとしていません。こうした情勢のなかで出版された本書が、真の日朝人民の連帯、アジアの平和をめざす運動に役立てられることを心から願っております。

今から三〇年前の提言が、三〇年たった現在も決して色あせていないのは、運動の進捗の遅さを物語る証左なのかもしれない。ただし、記録運動の面では、同年埼玉県の記録集として『かくされていた歴史――関東大震災と埼玉の朝鮮人虐殺事件』が、埼玉県の「革新県政」を生み出した統一戦線的な運動に参画した人びとの叡智を結集して刊行された。また、神奈川県では同年九月、一市民の石橋大司によって「関東大震災殉難朝鮮人慰霊碑」が横浜市久保山墓地内に建立された。私財を投じ、「少年の日に目撃した一市民之建」とだけ記された碑で、開眼供養は、石橋と斉藤秀夫と僧侶だけというひっそりとしたものであったという（斉藤前掲回顧論文、一九九三年）。この碑は、震災七〇周年集会後の神奈川県内バス見学会でも訪ね、多くの参加者に感銘を与えたのである。

(3)　六〇周年から七〇周年へ

一九八〇年代に入ると新しい追悼の動きが広まった。一九八二年七月「関東大震災時に虐殺された朝鮮人の遺骨を発掘し慰霊する会」の準備会が結成され、九月には荒川堤防の一部の試掘が実現した。年月の推移のなかで証言の箇所から遺骨を発掘するにはいたらなかったが、同年一一月、「会」は正式に発足（のち「追悼する会」と名称変更）し、以後毎年九月の第一土曜日の追悼会や聞き書きなどの活動を進めている。この会の準備会の段階から参画した山田昭次は、長く会の代表を務めた絹田幸恵らの努力に敬意を表しつつ「底辺民衆の子として育った」絹田らの犠牲者の民衆への「共感と愛」と一方で「深い自責の念」を見出している（この会との出会いは、山田昭次自身がこの課題を研究し続けるようになった「契機」であったと記している。山田『関東大震災時の朝鮮人虐殺』二〇〇三年、創史社、二五一頁）。山田昭次は「東京下町の朝鮮人虐殺事件掘り起こし運動」『歴史地理教育』一九八三年九月）のなかでこうした民衆によって担われる運動の意義について次のように整理した。「この運動の意味は殺された者の意志や願望、想いを生者が継承し、被殺者の視点から歴史と人権を考え、これを運動の原動力としていくということにつきるだろう」と。

中国人殺害事件についてはジャーナリストの田原洋の『関東大震災と王希天事件』（三一書房、一九八二年）が刊行され、また、千葉県における関東大震災と朝鮮人犠牲者追悼・調査実行委員会『いわれなく殺された人びと』（青木書店、一九八三年）のように、地域住民による虐殺事件の背後にあった軍隊の関与を正面から取り上げる労作も刊行されたのである（本書の仁木ふみ子・平形千恵子の各論文を参照）。狭義の研究者から、一般民衆の手へと研究運動の枠が広がる地歩がこの時期に固められたのである。

2 七〇周年に際する研究・運動の成果

ここでは、七〇周年に際する学習会・記念集会などで提起された論点を中心に整理したい。

(1)　一九二〇年代をどうとらえるか

アジア太平洋戦争への道程を考察する上で、一九二〇年代をどのように把握するかは、近現代史の重要な課題である。かつて「関東大震災後からのファシズム化」（井上清ら）という提起があったが、震災を契機にして直線的にファシズム体制が成立するのではなく、一九二〇年代は民衆が軍部や権力から自立していたのであって、一九三〇年代後半の総力戦体制の段階とは異なるとされてきた（雨宮昭一）。また松尾尊兊は、大震災前は、国民の政治参加の自由を抑えながら政党勢力の伸張をはかる原敬路線と、国民の政治的自由をある程度容認する野党路線が対立していた時代であり、軍部大臣武官制を廃止してシビリアンコントロールを可能にすべきだとの建議案が衆議院で可決されるなど軍部の押え込みが始まっていたが、震災後に普選法と治安維持法が成立し、軍部を押え込む姿勢は後退するとした。松尾は、大震災の混乱のなかで優れた活動家が虐殺され、野党路線は崩壊して護憲三派路線が成立したとして時代の転換を強調する。

また今井清一は、「幼弱ながらはやる革命的動きと軍国主義の立て直しをめざす動きとが対抗しあっていた時代だ」と規定した。教育現場からも、大震災後を「ファシズムの萌芽期」としてとらえる視点が提起されている（平形千恵子・坂本昇ら）。

(2)　朝鮮人・中国人虐殺事件などをめぐって

《流言蜚語の発生源について》　これまでは、松尾尊兊の「民衆発生説」と、姜徳相・斉藤秀夫らの「官憲発生説」が対立的にとらえられてきた。後者は、赤池濃警視総監・水野錬太郎内務大臣らが米騒動のような民衆騒乱を警察力だけでは鎮圧できないと考えて、戒厳令を公布するためにデマを流布したとする。今井清一は、後藤新平を内務大臣とする山本権兵衛内閣が成立する前に戒厳令を施行しようとしたことを重視し、前内閣残党説(水野・赤池ら)を提起した。松尾と斉藤は、その後の研究を踏まえて、ともに民衆側と官憲側の「相互発生説」を提起した。斉藤は、警察の関与にふれつつも朝鮮人の「保護検束」を見た人びとのなかから流言が発生した可能性を指摘した。摂政裕仁の箱根への避暑行が予定されており、「保護検束」の準備が進められていた中での事件だったという。金原左門も、官憲作為説が成立する一方で、作為と自然発生の二つが考えられるとした。日本人の朝鮮人への差別意識を視野に組み込みつつ、隠蔽工作の中にもかいま見られる官憲側の関与と主導についてさらに明らかにしていくことが課題である。

《軍隊と自警団について》 松尾章一や坂本昇・平形千恵子らは、虐殺事件の主体は軍隊であると提唱してきた。松尾らは、軍隊・政府関係文書を収集した。『関東戒厳司令部詳報』の「震災警備ノ為兵器ヲ使用セル事件調査表」などの史料が刊行され、軍隊が朝鮮人・中国人殺害などに深く関与していたことが実証されうる基礎資料が整備された(後述)。

一方、自警団の構成や役割も明らかにされてきた。名望家のもとの「お出入り」職人層が「朝鮮人殺害差し支えなし」という警察の「お墨付き」が出て実行に及んだ(斉藤秀夫)り、在郷軍人会と青年団を主体とし雑業・半プロレタリア・小ブルジョワ下層の民衆が家主・商店主・人足請負業らの援助のもとに組織された(雨宮昭一)。山田昭次は、これらを含めて自警団をその成立の契機から次の四つのタイプに分類した。初発時の流言には関係なく自然発生的に成立したもの、デマの流布により警戒のために一斉にできたもの、県の通牒にもとづいて権力側の要請によりつくられたもの(東京周辺の県)、震災以前に警察の主導下で地域有力者を中心に組織されていたものの四つである。自警団の組織化に憲兵の勧奨があったという証言も多い。山田は、組織した地域有力者や組織された民衆の政治意識、社会意識のさらなる分析が課題であるとし、国家責任と民衆責任を追及する。また山田は、戦前・戦後にたてられた追悼碑・慰霊碑のほぼすべてを検証しつつ、日本人が自己の責任を具体的に記したものがほとんどないことを指摘している。社会主義者も自警団に参加していた（姜徳相ら）という問題とも合わせて、検討が必要である。

《「三大テロ史観」と中国人虐殺について》　姜徳相は、朝鮮人虐殺事件・亀戸事件・大杉（甘粕）事件の三つを並列して把握していた日本人による研究を厳しく批判してきた。朝鮮人虐殺は、官民一体となった民族的犯罪であり国際問題であるのに対して、亀戸事件・大杉事件は官憲の権力犯罪であり階級問題であるのだから、これらを峻別すべきであるとした。また、社会主義者は階級問題と民族問題が未分化の状態であったし、亀戸事件や大杉事件への責任追及や追悼に比して、朝鮮人虐殺事件への追究は皆無に近い状況すらあった時期もあると指摘した。中国人・沖縄人の殺害を加えた「五大事件」という把握も批判し、中国人などの事件は朝鮮人虐殺事件の「巻添え」であるとした。一方、松尾尊兊は、諸事件を並列的にとらえてはならぬという意見に賛意をしめしつつも、朝鮮人虐殺がなければ亀戸事件・大杉事件はあっただろうかという認識にたって、機械的に区別することへの疑問を呈した。

また、中国人虐殺事件研究では、仁木ふみ子ら「関東大震災の時殺された中国人労働者を悼む会」の活動が特筆される。大島町事件・王希天殺害事件などを追究してきた今井清一・田原洋らの先行研究がさらに深められた。仁木は、大震災前の中国人労働者の就労状況を明らかにし、警察とりわけ亀戸署の「高等政策」（朝鮮人・中国人・社会主義者への弾圧）と、労働ブローカーらの中国人排斥の実態を事件の背景として指摘した。姜徳相のいう単なる「巻添え」とは明らかに異なる事件である。朝鮮人虐殺からはある面で独立し、また一方では朝鮮人虐殺事件や亀戸事件などとも関連性のある事件であることが確認された。

《亀戸事件について》亀戸事件については、二村一夫らの先行研究を深めた加藤文三によって、権力犯罪の実態、犠牲者は九名とするのではなく一〇名、殺害日時は九月四日夜から五日にかけてであることなどが明らかにされた。また「権力は当時の最も貴重な担い手を『的確』に刺した」(松尾尊兊)とされてきたが、平澤計七・川合義虎ら事件の犠牲者を中心とした南葛労働運動の特徴(統一戦線理論と大衆路線など)が確認された。遺体処理が隠蔽されたままで、死亡証明がなく墓すらないといわれてきた犠牲者のうち、加藤高寿の墓が栃木県矢板市にあることが、大嶽浩良・梅田欽治によって確認された。

(3) 大震災と現代の課題

阪神・淡路大震災の影響もあり、現代・現在の問題として大震災から何を学ぶかということも課題化している。金原左門は、災害と民衆の対決の歴史という側面から近代社会史を深めるべきであることなどを提起した。また、震災時と現在の類似点として、都市化・工業化が進展し外国人労働者が増加するなかで、差別構造が残存している現在、外国人排撃が起こりうる可能性を警告した。また、清水恵介・宮村摂三・池上洋通・林茂雄・榎本武光・大内要三らからは、液状化への対策、震災予知、防災計画と自衛隊の治安出動、災害時の人権侵害など現代の社会問題が、震災史研究の課題であることが報告されて、共通理解となっていった。七〇周年記念集会や事前学習会で、こうした視点で震災史を追究したことは特記してよいと思う。

3　関東大震災八〇周年記念集会を終えて

二〇〇三年八月二五日、関東大震災に関する研究・運動関係者にとっては、画期的な出来事が報じられた。日本弁護士連合会（日弁連）に設置された委員会が、小泉内閣に対して、関東大震災時の朝鮮人殺害事件などに関する日本政府の責任を明らかにして、虐殺の責任をみとめて謝罪すること、集団虐殺の再発防止措置をとることなどを勧告したのである。軍隊を中心とした国家犯罪が明らかにされ、八〇年目にしてようやく勧告が実現したのである。八〇周年記念集会でこの経過を報告した日弁連の担当弁護士の一人・米倉勉氏は、「歴史研究の成果」であるとしてこれまでの研究運動の労苦をねぎらってくださった。勧告の末尾は、石原慎太郎都知事の「第三国人発言」や有事三法案の危険性などにも言及し、「大規模な人権侵害が引き起こされる危険性がまったくないとは言い切れないのである」と結ばれている。記念集会では、山田昭次氏が朝鮮人殺害の国家責任と、国家責任を追及してこなかった民衆責任問題を啓発した。外国人・外国籍報告者五人、阪神淡路大震災の教訓、香川県・石井雍大氏、千葉県・平形千恵子氏、東京歴教協・東海林次男氏など長年研究に取り組まれた方々の貴重な報告など、豊かな内容は、本書の各論文を参照されたい。ここでは、震災八〇周年の研究運動や七〇周年以後の研究・研修運動の成果について整理したい。

(1)　天皇制軍隊の権力犯罪と史実の隠蔽

関東大震災直後に引き起こされた亀戸事件や朝鮮人殺害事件・中国人殺害事件・甘粕事件は、自警団による朝鮮人殺害を含みつつも、軍隊と内務省・警視庁上層部による権力犯罪であった。軍隊による蛮行について、『関東戒厳司令部詳報』（以下『詳報』と略記）を検討してみたい。『詳報』は、これまで部分的に利用されてきたが、震災七〇周年に際して全面的に収集し、刊行された（参考文献の欄参照）。二〇部だけ作成され、極秘扱いの文書であった（東京都公文書館所蔵・現在は非公開）。『詳報』第三巻（第四～六章）の第四章には「震災警備ノ為兵器ヲ使用セル事件調査表」という資料が添付されている。戒厳部隊が兵器を使用した合計二〇件の事件をまとめたものであり、前述の日弁連の勧告にともなう調査でもこの資料が最も重視されている。部隊名・日時・場所・関係部隊・兵器使用者・被兵器使用者（犠牲者）・処置（殺害方法）が順に記載された大変重要な資料である。例えば、騎兵第一三連隊の九月五日午前三時ごろの記事として、一〇名の労働運動家が亀戸警察署構内で「刺殺」された亀戸事件のことが詳細に書かれている。もちろん二〇件だけのはずはない。亀戸事件などは、遺族や南葛労働会などが、亀戸警察署に抗議したり、真相を追求したりしたこともあり、隠しきれなかったのであろう。隠しきれない二〇件に絞って作表したのだと推定される。なお日弁連勧告では、この二〇件のうち一二件を軍隊による朝鮮人殺害事件として認定した。

次に、隠蔽しようとしつつも部分的に露見した隠蔽工作の実例について見てみよう。

その実例の第一は、『詳報』第二巻「第三章・警備（兵力使用）」の表紙に残された、以下の但し書きである。曰く「警備（兵力使用）ニ関スル部内ノ計画意見其他ノ機密事項ハ別冊ニ之ヲ収録シ陸軍省、参謀本部、東京警備司令部ニ夫々一部ヲ提出ス」。つまり、極秘扱いの『詳報』にさえ載せられず、別冊にして、陸軍省・参謀本部・東京警備司令部にだけ提出された三部の機密記録があるはずなのである。これは残念ながら未発見である。「兵力使用」の権力犯罪の中心部が隠蔽されたのである。

実例の第二は、『詳報』第五巻には一部に意図的な欠損部分があるということである。第九章から第十二章の目次のうち、第十一章は切り取られて紙で補修してある。本文にも第十一章はない。この第十一章には何が書かれていたのだろうか。前後の構成を見てみると、「第十章・輸送」の内容は「避難支那人ノ輸送」「避難鮮人ノ輸送」などである。「第十二章・情報及宣伝」は「鮮人ノ不逞行為」などの「情報」等の記述である。したがって、切り取られた第十一章には、朝鮮人殺害・中国人殺害などの事件が記述されていたと推定してほぼ間違いないであろう。『詳報』に記載された（または隠蔽された）史実から、「権力犯罪」が見えてくる。

中国人殺害も、自警団による事件ではない。明らかに軍隊による殺害行為である。亀戸事件・甘粕事件（大杉栄らの殺害）、王希天殺害事件などもいずれも、自警団事件ではない。さらに、軍隊が直接手を下しはしなかったが、いわば間接的に殺害に関与した事件も確認されている。軍隊から地域住民へ「呉れるから取りに来い」と命令した「朝鮮人の払い下げ」の実例である（千葉県内の調査は『いわれなく殺された人びと』参照）。現在の千葉県八千代市にあった廠舎には、たくさんの朝鮮人が収容されていた。そこに間諜（スパイ）を入れて「不逞」とされた朝鮮人を軍隊が引き出して（本書の松尾尊兊論文参照）、各地区に払い下げて殺害させたのである。ある地区は、合計六人の朝鮮人を殺害しているが、一九九八年、証言通りの場所から六体の遺骨が確認された。千葉県の有志の方々の長年にわたる努力の成果である（本書の平形論文参照）。

また、八〇周年に向けた第二回学習会で、新井勝紘は、小学生が千葉県で見聞した情景を描いた絵画を紹介した。朝鮮人と思われる人物が里芋畑に追い込められて、肩章をつけた軍服の軍人や、自警団と思われる人物群に取り囲まれているのである。軍人が指揮し、自警団と一緒になって殺害しようとしている絵である。また挿絵画家河目悌二の作と推定される水彩画では、自警団員による殺害、サーベルを下げた警察官による朝鮮人の連行、背嚢を背負い銃を突きつける兵士などが描かれている。これこそ軍隊・警察・自警団が一体となって、朝鮮人の殺害に及んだ場面の目撃資料である（本書の新井論文および参考文献の欄参照）。私は、軍隊は単独で、また自警団は自警団独自に、朝鮮人の殺害に及んだという認識でいた。確かに、埼玉県北部の事件のように、自警団単独とされる事件もある（それとて警察や軍隊の示唆・誘導があったものなのだが）。しかし、こうした絵画資料が示すように、自警団事件とされてきたもののなかにも、警察・自警団と軍隊が一体となった事件があったことを忘れてはならない。

(2) 歴史教科書記述の改善と「美談」

「高校日本史A」の東京書籍版は、震災直後に「戒厳令」がしかれたこと、扶桑社版『新しい歴史教科書』などにいう「噂」ではなく、「警察・軍隊・行政が流言を適切に処理しなかったこと、さらには新聞が流言報道をかき立てたこと」が民衆の不安を増大させて、流言を広げることになったなどを記述している。焦点の朝鮮人・中国人の虐殺については「軍隊や自警団によって」と明記し、さらに「天罰論」「国民精神作興詔書」や宇垣軍縮・軍事教練などを解説した上で「時代は転換し、重苦しい不安と深刻な動揺がおとずれようとしていた」とまとめている。虎ノ門事件への影響、関東戒厳司令部の写真、大杉栄夫妻の写真、亀戸事件の側注、阪神・淡路大震災時のボランティア活動と関東大震災時の学生セツルメント活動について解説したコラムなどで、見開き二頁が構成されている。事件の実態や、時代の転換（ファシズムの萌芽期）がわかるような記述になっている。これらは、朝鮮人虐殺事件や亀戸事件などと軍隊の責任（国家責任）が曖昧な教科書記述が多いなかで、研究の成果を取り入れた一つの到達点を示している。

震災時に朝鮮人を救出した事例も、確認されてきた。一つは、鶴見警察署長・大川常吉の「美談」であるが、警察署長がいわれなく殺害される人たちを救出するのは「当然」なのではないかという評価もある。近年、こうした救出事例のなかで注目しているのが、鄭宗碩氏と真田富士彦氏の交流のことである。祖父と父一家が真田氏の祖父にかくまってもらった鄭さんは、二〇〇〇年夏、遺族の真田氏を捜し当てて真田家の墓参が実現し、さらに、鄭さんは、翌年夏には墨田区の真田家の菩提寺の墓地に「感謝の碑」を建立した。八〇周年記念集会での鄭氏の報告は、参加者に大きな感動を与えた。こうしたヒューマニズムの史実は、「過ちを繰り返さない」重要な教訓となりうる。ただし、日本の帝国主義統治や虐殺の史実が後景に退くような提示の仕方では、本質的な歴史意識は育たない。警察署長などの「美談」だけを一人歩きさせてはならない。

まとめ――歴史と現在から何を学ぶか

日本近現代の歴史は、戒厳令・天皇制軍隊の出動や、現代の米軍・自衛隊などの治安出動計画の権力犯罪性を証明している。注意を怠ってはならない。ただし、現在の民主主義と民衆運動の到達点も確認しておきたい。たとえば、阪神・淡路大震災時には、国境と国籍の壁を越えたボランタリーな動きがあった。また、歴史の風化を防ぐために、朝鮮人犠牲者・中国人犠牲者などの追悼会や、亀戸事件追悼会などは各地で、毎年開催されている。

八〇周年記念集会で報告した李修京《イスウギョン》は、フランス人作家バルビュスらの影響を受けた小牧近江らの

『種蒔く人』の運動や、その継承者としての金基鎮《キムキジン》という人物（日本留学後、朝鮮で「種蒔く人の一人」として活動した）のインターナショナルな活動が、今日の韓国で高く評価されていることを紹介した。李修京のこの指摘は、参加者の一人としてまた集会を準備してきた者の一人として大きな感銘を受けた。同時に、震災史研究や追悼活動に対して、あらたな展望を付与していただいたように思う。本稿の一章で紹介したように、私たちの研究や運動の意味は「殺された者の意志や願望、想いを生者が継承し、被殺者の視点から歴史と人権を考えて」いくこと（山田昭次）にあったのだろう。こうした意義に加えて、ヒューマニズムのインターナショナルな継承・発展の道を切り開く展望をもつことができたように思うのである。在日二世の河正雄《ハジョンウン》は「惨劇を風化させないことが私たちの務めであると、日本と韓国『二つの祖国』で私は生きている」と自身の集会報告を結んだ。

現在の民主主義運動の到達点や市民のヒューマニズムに依拠しつつ、歴史の真実に学び、平和・人権・連帯・民主主義の徹底を求める声を、世界へ広げていく時期である。関東大震災七〇周年・八〇周年記念集会は、その一つの大きな橋頭堡となったと考えている。

なお、これまでの歴史研究・追悼活動の成果は、二〇〇三年八月二五日、日本弁護士連合会による小泉純一郎内閣に対する勧告（朝鮮人・中国人被害者・遺族への謝罪、事件の全貌・真相や原因を明らかにするべきことなど）となって結実した。重ねて特記しておきたい。

主な参考文献

松尾章一・田﨑公司・坂本昇他『関東大震災政府陸海軍関係史料』第Ⅰ～Ⅲ巻（日本経済評論社、一九九七年）

千葉県における追悼調査実行委員会編『いわれなく殺された人びと』（青木書店、一九八三年）
新井勝紘「『描かれた朝鮮人殺害』論」『隣人』一六号（二〇〇三年三月）。
加藤文三『亀戸事件』（大月書店、一九九一年）。仁木ふみ子『震災下の中国人虐殺』（青木書店、一九九三年）
関東大震災七〇周年記念行事実行委員会編『この歴史永遠に忘れず』（日本経済評論社、一九九四年）
松尾章一『関東大震災と戒厳令』（吉川弘文館、二〇〇三年）
山田昭次『関東大震災時の朝鮮人虐殺』（創史社、二〇〇三年）
姜徳相『関東大震災・虐殺の記憶』（青丘文化社、二〇〇三年）

近年の関東大震災史研究の動向と課題——現在までの十年間を対象に

田中正敬
（専修大学）

1 震災八〇周年を迎えて

二〇〇〇年四月九日に陸上自衛隊記念行事で石原慎太郎東京都知事が、大災害の際には不法入国した外国人による騒擾事件が予想されるので自衛隊による治安維持活動が必要となる、という主旨の発言（いわゆる「三国人」発言）をしたことは記憶に新しいが、この発言は、それ自体何ら根拠のない「予断」に基づいているという点と、関東大震災において同様な予断に基づいて流言が広がり、警察・軍隊自身が多くの人びとを殺害したことを学んでいないという点で、二重に問題を抱えている。

震災七〇周年に際して、松尾章一は、先行研究を整理しつつ次のように述べた（「関東大震災の歴史研究の成果と課題」『多摩論集』第九号、法政大学、一九九三年）。

六九年たった今日（一九九二年——引用者注）、このようないまわしい大惨事が絶対に起こらないという保証があるだろうか。「防災の日」とされている九月一日の新聞報道を見ても、大災害にたいする準備がきわめて不十分であるばかりでなく、自衛隊を中心とする上からの国家統制的防災対策が感じられてならないし、上述した関東大震災時の諸事件への指摘がまったくなかったといってよい。

今日、松尾の憂慮は、解消されたのであろうか。歴史学において関東大震災をいわゆる「人災」の側面から研究するものが多いのは、第一に、この「人災」に対する公的な調査が一度たりとも行われず、被害者たちへの謝罪や補償もなされないまま現在に至っているためであるが、第二には、戦後もその背景としての意識と制度の両面にわたる民族差別が解消されず、先の発言が象徴するように治安の対象として在日外国人を扱うような思想が今なお醸成されていることへの危惧があるためであろう。この意味において、関東大震災時に現れた排外的な国家・民衆の動きは、決して関東大震災下に現れた特殊な現象なのではなく、より普遍的な問題と捉えるべきである。

本稿は、こうした問題意識を土台とした関東大震災史研究について、その成果と課題について考えることを目的としたものである。

なお、本稿の対象は、主として七〇周年から八〇周年の今日にかけて歴史学・歴史教育の立場から関東大震災の「人災」の側面を扱った研究・資料集・資料紹介などに限定する。それ以前の研究については、前掲、松尾章一「関東大震災の歴史研究の成果と課題」、同「関東大震災史研究の成果と課題」（松尾章一監修『関東大震災　政府陸海軍関係史料　Ⅰ』日本経済評論社、一九九七年、の総合解題）、望月雅士「関東大震災研究をめぐる諸論点――虐殺事件と復興論」（『歴史評論』第五二一号、一九九三年）、坂本昇「関東大震災」（鳥海靖ほか編『日本近現代史研究事典』東京堂出版、一九九九年）、および本書所収の坂本昇論文を参照されたい。また、紙幅の関係で市町村史や講演記録などを含むすべての研究は紹介していないが、流言や虐殺の問題などを積極的に取り上げられたものがあることを記しておく。

ところで、震災八〇周年を迎えた二〇〇三年にも、様々な形でこれを記念する行事が行われた。また、単行本が出版され、雑誌でも特集が組まれた。

追悼行事や集会は、神奈川・千葉・東京・埼玉・静岡などの各地で行われたが、継続して行われている行事とこれに付随する調査が震災研究の進展に果たした役割は大きい。研究にあたり、地域における市民の活動に目を向けることなしに成果を得ることはできないであろう。

単行本では、新たに発見された震災時の写真を収録した、小沢健志編『写真で見る関東大震災』（ちくま文庫）、概説書として、太平洋戦争研究会編『図説　関東大震災』（河出書房新社）などが出版されたが、研究書としては後述する、姜徳相《カンドクサン》『新版　関東大震災――虐殺の記憶』（青丘文化社）、山田昭次『関東大震災時の朝鮮人虐殺――その国家責任と民衆責任』（創史社）、松尾章一『関東大震災と戒厳令』（吉川弘文館）が、現在の研究のひとつの到達点を示すものである。

雑誌の特集では、管見の限りではあるが、『別冊　スティグマ』（第一五号）、『歴史地理教育』（第六五七号）、『情況』（第四巻八号）、『アプロ21』（第七巻八号）、『統一評論』（第四五六号）、『季刊Sai』（第四八号）、『中帰連』（第二六号）が、論説や講演記録、論文を掲載した。

前述したように、震災研究の重要性はいっそう高まっていると思われるが、次にこの十年間の歴史学・歴史教育における研究の方向性などについて見ることとしたい。

2　震災七〇周年における諸論文から

一九九三年の震災七〇周年には、『歴史評論』（第五二一号）、『歴史地理教育』（第五〇六号）などで、歴史学・歴史教育の立場から特集が組まれた。

『歴史評論』では、金原左門「関東大震災と現代」が、虐殺の問題はもちろん、震災そのものによる被害や地震学の成果から、関東大震災をトータルに捉える必要があるとする。山田昭次は「関東大震災時の朝鮮人虐殺責任のゆくえ」で朝鮮人虐殺に対する国家の責任問題が国家の一連の工作により隠されたと指摘する。松尾章一「朝鮮人虐殺と軍隊」は戒厳令下の軍隊の動向とその虐殺の実態を描き、その責任を追及する。丸浜昭「自治体史の中の朝鮮人虐殺事件――東京を事例として」は、東京の市区町村史を検討し、とくに虐殺が起こった地域においてその記述が忌避されたとする。坂井俊樹「虐殺された朝鮮人の追悼と社会事業の展開――横浜での李誠七《リソンチル》、村尾履吉を中心として」は、この二人の人物の協同による下からの朝鮮人追悼と社会事業が、上からの「内鮮融和」により潰されたとする。横田豊「王正廷《ワンジェンテン》のもうひとつの『大アジア主義』」は、中国から中国人虐殺の調査に派遣された王正廷の、孫文《ソンヴェン》とも通ずる思想について紹介する。

『歴史地理教育』では、矢野恭子「東京下町での調査と追悼から――震災下の朝鮮人虐殺事件に取り組んで」が、荒川土手周辺の朝鮮人虐殺調査の取り組みを、平形千惠子「地域からみた関東大震災と軍隊」が千葉県習志野を中心とした軍隊と虐殺とのかかわりを紹介する。坂本昇「実践記録　高校関東大震災と亀戸事件」は、亀戸事件を歴史教育で扱う意義について言及し、その方法を示した。近年亡くなった斉藤秀夫の「関東大震災史研究が問いかけるもの」は、戦後いち早く震災下の虐殺事件について研究を始めた斉藤の「自分史」ともいえるものである。

同じ一九九三年の関東大震災七〇周年記念集会では、パネルディスカッションおよび四つのテーマによる分科会が開催された。この記録は、関東大震災七〇周年記念行事実行委員会編『この歴史永遠に忘れず――関東大震災七〇周年記念集会の記録』（日本経済評論社、一九九四年）にまとめられたが、その論点については、本書所収の坂本昇論文に譲る。

次に、ほぼ同時期の研究について。関東大震災時に虐殺された朝鮮人の遺骨を発掘し追悼する会編『風よ鳳仙花の歌をはこべ――関東大震災・朝鮮人虐殺から七〇年』（教育史料出版会、一九九二年）は、荒川河川敷周辺の自警団や軍隊による虐殺を、資料と聞き取り調査により明らかにした。在日大韓民国居留民団神奈川県本部編著・発行『関東大震災横浜記録』（一九九三年）は、これまでに発掘された横浜に関する資料を取り上げ、流言や虐殺に関する証言をまとめた。

いっぽう、田原洋、今井清一らが先駆的に手がけた中国人虐殺問題については、仁木ふみ子『震災下の中国人虐殺――中国人労働者と王希天はなぜ殺されたか』（青木書店、一九九三年）が、中国での聞き取り調査などもふまえて、大島町事件や王希天の殺害事件、横浜での虐殺等を描いた。

以上のように、震災七〇周年前後には、朝鮮人虐殺、中国人虐殺、日本人社会主義者の虐殺それぞれについて研究の進展が見られ、その実態解明のための聞き取りなども活発に行われた。また、歴史教育においても、授業の実践記録などを通じて震災の現代的意義が問われたのである。

3　震災八〇周年に向けた動き(1)――資料の発掘

前述したように、金原左門は、関東大震災の天災の側面と人災の側面との双方を捉える必要性を訴えたが、現在のところ、これに応えた研究は出ていない。だが、災害・復興史や地震学の分野では引き続き取り組みが進んでいる。

「（資料）関東大震災および災害・防災に関する文献・資料等」（『都市問題』第八六巻八号、一九九五年）、東京市政調査会市政専門図書館「関東大震災に関する文献目録　図書編」（『都市問題』第八六巻九号、一九九五年）、同「関東大震災に関する文献目録　雑誌編」（『都市問題』第八七巻四号、一九九六年）は右の観点からの文献目録である。また、震災時の各地の被害状況について、武村雅之『関東大震災——大東京圏の揺れを知る』（鹿島出版会、二〇〇三年）からは同じ東京の中でも地盤の違いなどにより、感じた地震の大きさやその被害が大きく異なっていることが読みとれる。こうした研究を歴史学が積極的に取り入れていくことも重要であろうと思われる。

次に資料の発掘・復刻や地域における取り組みについて。

湯河原町立図書館編集・発行『湯河原村の新聞——関東大震災の記録』（一九九四年）は、震災時の情報不足を補うために作られた『村の新聞』を復刻したもので、湯河原における流言を含めた情報の伝播を見ることができる。

東京下町の軍と自警団による朝鮮人虐殺の証言については、その後も記述としては少ないながらも、太田政之助（文と絵）『関東大震災——実況記録・ペン画集』（あまのはしだて出版、復刻版、一九九六年）が、九段における流言発生についての著者の分析、自警団の活動、東京へやってくる軍の兵士に対して流言がいかに伝えられたかについて記す。

仲間恵子「『朝鮮人虐殺』生々しく——萱原白洞画『関東大震災絵巻』」（『大阪人権博物館紀要』第一号、一九九七年）は、虐殺の現場を描いた絵画についての考察である。後述する新井勝紘もこうしたアプローチのもとに、「『描かれた虐殺』論」という視角を提示する。

ほかにも、特高課に勤務していた父を回顧した、萩原悠子『関東大震災の記憶』（私家版、一九九八年）、東京における朝鮮人虐殺場面の生々しい目撃記録を記した、成瀬勝著、成瀬嘉一編・発行『大震災の思い出』（二〇〇〇年）、などが出版されている。

被害にあった朝鮮人の証言については、「百萬人の身世打鈴《シンセタリョン》」編集委員編『百萬人の身世打鈴——朝鮮人強制連行・強制労働の「恨《ハン》」』（東方出版、一九九九年）、朝鮮人強制連行真相調査団編著『朝鮮人強制連行調査の記録——関東編』（柏書房、二〇〇二年）の中にも見られるが、震災後八〇年を経た現在、直接に当事者の証言を得られる機会はほとんど失われつつあるといえよう。

いっぽう、文書資料についてであるが、基本史料とその所蔵場所の紹介については、松尾章一「関東大震災史研究・史料探索ガイド」（前掲『歴史地理教育』第五〇六号）が参考となる。

資料集について。松尾章一監修『関東大震災　政府陸海軍関係史料』（全三巻、日本経済評論社、一九九七年）は、防衛庁防衛研究所図書館、国立公文書館、東京都公文書館、法政大学などが所蔵する政府および陸海軍関係の資料を刊行したもので、政府の文書により軍隊が虐殺にかかわった明確な証拠が示された点で画期的なものである。

東京憲兵隊「関東大震災ト救護警戒活動」（『論座』第一〇二号、二〇〇三年）は最近発見された憲兵隊の記録で、震災のみならず憲兵の日常活動の一端を知ることができる貴重なものである。同資料の歴史的価値については、同書および本書の松尾尊兊の論考を参照されたい。

震災時の新聞における流言報道について。琴秉洞《クムビョンドン》が手がけた資料集『関東大震災朝鮮人虐殺問題関係史料Ⅰ～Ⅳ』に続いて出版された、山田昭次編・解説『関東大震災朝鮮人虐殺問題関係史料Ⅴ　朝鮮人虐殺関連新聞報道史料』（第一～四、別巻、緑蔭書房、二〇〇四年）は、これまで注目されなかった記事を含め、読売新聞、東京日日新聞などをはじめとした主要紙、地方紙（日本にとどまらず、樺太、台湾も）を網羅的に収録した。また、別巻では朝鮮人虐殺事件の判決の一覧を示し、新聞・判決の解説と分析などを行っている。

　なおこの他にも、現在中国人虐殺に関する資料集の刊行準備が進んでいることを付言しておく。

4　震災八〇周年に向けた動き(2)——研究論文・研究書

　次に、七〇周年以後、現在までの研究の流れを概観する。

　前述したように、研究書では、震災八〇周年に出版された、姜徳相『[新版] 関東大震災——虐殺の記憶』、松尾章一『関東大震災と戒厳令』、山田昭次『関東大震災時の朝鮮人虐殺——その国家責任と民衆責任』が、最も体系的な記述である。右の著者たちは、戦後の早い段階から現在まで一貫して関東大震災史に取り組み、その実態の解明に大きな功績を残してきた。これらの著書は、その集大成というべきものであり、現在の研究水準とその方向性を示すものである。

　姜徳相の著作は、震災下の官憲の動きと各地域の朝鮮人虐殺の実態に焦点を絞ったもので、中公新書より一九七五年に出版された『関東大震災』の改訂版であるが、単なる語句の修正にとどまらず、その後の研究の進展をふまえて、習志野収容所における虐殺の問題をはじめとして多くの資料と記述が加えられた。かかる本書の改訂は、ここ三〇年の震災研究の進展を考える上で示唆に富む。それは姜徳相自身の多年にわたる研究の成果を示すと同時に、他の研究者による新しい資料の発掘や資料集の刊行による成果が反映されていることが読みとれるからである。

　松尾章一の著作も朝鮮人虐殺を対象としたものであるが、中国人と社会主義者を含めた震災下の虐殺と震災時に施行された戒厳令との関係を考察していることが特徴である。松尾は戒厳令の施行過程を問題とし、第一に、戒厳令が法的手続きが不十分なまま、充分な審議を経ないまま施行され、第二に、その条文が拡大解釈されて軍隊による人身の不当な勾留が可能となり、第三に、そのもとで下部組織として自警団が結成され、第四にその拘留の主要な対象となった人びとがそのまま虐殺の対象となったことを指摘する。したがって、松尾によれば、虐殺の発生は戒厳令施行地域であるか否かと大いに関連することとなる。このこととかかわって、戒厳令がそもそも自由民権運動への対応として一八八二年に作られたこと、日清戦争の際に施行された後は、国内における民衆の動きに対応して、これを弾圧するために施行されたと指摘する。また、自警団について、在郷軍人や右翼とのつながりを問題にしながらその形成を歴史的に描き、その組織化がその後のファシズムへの方向性と民衆動員の手がかりになったと結論している。いわば、松尾の著作は、日本近代史研究の立場から戒厳令の特質が如実に表現された典型例として関東大震災を描き出すと同時に、戦時期における民衆動員と組織化への転換点として関東大震災を位置づけるものということができよう。

山田昭次の著作は、右の二氏のものとは異なり、震災下の朝鮮人虐殺自体を主たる研究対象として扱ったものではない。本書は、山田自身が述べているように「日本の植民地支配責任をなんとか清算したいと思う日本人たちとの対話のための本」であり、その解決の方法として、虐殺の背景と国家および民衆責任とを究明することを主眼とするものである。具体的には、震災前の在日朝鮮人における民族運動とこれに対する弾圧の過程で、朝鮮人に対する恐怖が醸成されていくことを指摘する。第二に、その国家責任の中身について、流言の発生と伝播にかかわり、かつ軍隊を主体とした殺害を行ったという虐殺自体への責任と、その後その責任を隠蔽したという、二つの側面があると指摘し、とくに虐殺の隠蔽過程について、自警団の裁判資料などに依拠しながら詳細に論じる。第三に、日本人が建てた慰霊碑の碑文を検討し、その虐殺責任の主体が不明確であることから、民衆の虐殺責任についても克服されていないと述べる。しかし、他方で日本の知識人や社会主義者、朝鮮人による関東大震災後の活動について検討するなかで、朝鮮人虐殺を悼み、実態を究明する動きがあり、こうした活動を現在に至る地域における市民運動につながるものとして位置づけているように思われる。すなわち、民衆とは虐殺の主体的な責任を負うべき存在であると同時に、その責任を果たす唯一の可能性を持つ存在ともいえるのである。山田の問題意識は、実証的な研究に依拠しつつ、いまだ果たされていない国家責任を追求する、実践的な、運動論的な部分にあるといえよう。

以上のような三氏の著作は、震災研究の視角の多様性を象徴するものであろう。

次に、その他の研究について。神奈川県における朝鮮人虐殺と追悼活動については、宗田千絵『関東大震災と朝鮮人虐殺』（神奈川県関東大震災朝鮮人犠牲者追悼碑建立推進委員会発行、一九九六年）、「関東大震災と朝鮮人虐殺」（『神奈川のなかの朝鮮』同編集委員会、明石書店、一九九八年）が参考となる。横山正明『関東大震災　そのとき、西相模は』（松風書房、一九九六年）は、神奈川県西部における流言の伝播や朝鮮人の収容などについてまとめている。

山岸秀『関東大震災と朝鮮人虐殺――八〇年後の徹底検証』（早稲田出版、二〇〇二年）は、埼玉県の本庄における朝鮮人虐殺について検討したものである。

千葉県における関東大震災と朝鮮人犠牲者追悼調査実行委員会の活動については、会報『いしぶみ』（第一〜二九号）に詳しいが、本書にも報告を収録した、平形千恵子「関東大震災朝鮮人犠牲者の遺骨発掘と慰霊碑の建立」（『歴史地理教育』第六〇四号、二〇〇〇年）がその成果を紹介している。

中国人虐殺については、伊藤泉美「関東大震災と横浜華僑社会」（『横浜開港資料館紀要』第一五号、一九九七年）が、横浜在住の華僑における被害を検証し、華僑社会の再建過程について論じた。

一九八〇年代末から中国人虐殺問題に取り組んできた横田豊は、「大島町事件再考――関東大震災下の中国人・朝鮮人虐殺事件の真相を目指して」(『青山史学』第一六号、一九九八年)で、大島町事件における虐殺では、朝鮮人と中国人とは必ずしも区別されているわけではなく、事件の解明のためには両者をトータルに捉える視点が必要であるとする。川島真「関東大震災と中国外交――北京政府外交部の対応を中心に」(『現代中国研究』第四号、一九九九年)は、日中間の外交交渉でこの事件の本質的な解決が行われずに終わった過程とその原因について論じる。

日本人社会主義者の虐殺について。甘粕正彦により殺害された大杉栄と比較して、亀戸事件の犠牲者については相対的に研究が少なく、加藤文三『亀戸事件――隠された権力犯罪』(大月書店、一九九一年)が代表的なものであるが、その犠牲者の一人である平澤計七の生涯についての伝記的研究として、藤田富士男・大和田茂『評伝　平澤計七』(恒文社、一九九六年)が、また資料集として、同編『平澤計七作品集』(論創社、二〇〇三年)が出版された。

日本近代史における震災の歴史的意義という視角で、原田勝正・塩崎文雄編『東京・関東大震災前後』(日本経済評論社、一九九七年)は、都市史、生活史、経済史、文学史、など様々な分野の論考を収録し、いわゆる一五年戦争の土台となった総力戦体制などの起点として震災を捉える。土田宏成「関東大震災後の『市民総動員』問題について――大阪の事例を中心に」(『史学雑誌』第一〇六巻一二号、一九九七年)も同様の問題意識によるものである。また、本書にも執筆した、東海林次男「関東大震災後の復興小学校と御真影奉安庫」(『東京の歴史教育』第三二号、二〇〇三年)と、滝口正樹「関東大震災後の復興小学校に今も残る御真影奉安庫――奉掲所と防空壕を訪ねる」(『歴史地理教育』第六五七号、二〇〇三年)は、震災後の小学校の復興過程で御真影が広まっていく状況を描く。

歴史教育の分野では、狩野聖子「関東大震災朝鮮人虐殺事件をめぐる歴史教育界の動向――民衆の「意識」に焦点を当てて」（『探求』第十一号、愛知教育大学社会科教育学会、二〇〇〇年）が、主として雑誌『歴史地理教育』に発表された関東大震災史への取り組みを紹介しつつ、被害者であり同時に加害者でもあった民衆一人ひとりに焦点を当てること、また殺された人びとの想いや人権という視点から歴史を考える重要性を訴える。坂本昇「関東大震災史研究からみた歴史教育の課題」（『東京の歴史教育』第三二号、二〇〇三年）および「関東大震災史研究からみた歴史教育の課題」（『歴史地理教育』第六六三号、二〇〇三年）は、天皇制軍隊の権力犯罪、史実の隠蔽、ファシズムの萌芽期としての一九二〇年代、などを震災とかかわる論点として取り上げた上で、虐殺のみではなく朝鮮人を守った事例をも取り上げ、これを単なる美談ではなく国境の壁を超えたヒューマニズムの交流の史実ととらえ、平和・人権・連帯・民主主義の徹底に向けた動きとして生徒たちに認識させる重要性を指摘する（詳細については、本書所収の坂本昇論文を参照）。

5　関東大震災史研究の論点について

以上のように進められてきた震災研究では、いくつかの論点が浮かび上がるが、ここでは、民衆と国家における朝鮮人虐殺との関連について考えてみたい。

そもそも、なぜ流言・虐殺の対象が朝鮮人だったのか。山田昭次は、民衆の朝鮮人観について「日本人が朝鮮人が暴動を起こしたというデマに接すると、きわめて迅速に膨大な数の自警団ができたのはなぜか。官憲がデマに信憑性の保証をしたことをふまえても、なお説明しきれない。日本人民衆の中に、デマにすぐ引きずられる意識が植えつけられていたと考えざるを得ない。結論を先取りすれば、それは多数の日本人の人心にしみ込んでいた『独立の陰謀を謀る恐るべき不逞鮮人』という像だったと思われる」（前掲『関東大震災時の朝鮮人虐殺』一一七頁）として、朝鮮における三・一独立運動（一九一九年）とそれ以後の民族独立運動の高揚に対する「恐怖」がその背景にあったとする。

矢澤康祐「関東大震災時における在郷軍人および軍隊による朝鮮人虐殺について」（『人文科学年報』第二〇号、専修大学人文科学研究所、一九九〇年）は、民衆の個別の経験を問題とし「朝鮮民族に対する偏見・蔑視・差別・敵視などは一般的・抽象的あるいは観念的に存在しているだけではなく、個々の民衆の体験に媒介されて増振しているように思われる。その意味でそれぞれの地域における民衆のありようを地域社会のあり方、特徴との関連において考察することが必要である」と述べ、朝鮮人虐殺の事例を検討した上で、自警団の中心であった在郷軍人と軍隊の兵士における経験に注目し、朝鮮に配属された経験とシベリア干渉戦争において独立運動に携わる人びとを弾圧した経験とが、朝鮮人に対する敵視に結びついているのではないかと論じた。

これに対して姜徳相は「敵視・蔑視を任務としたものと、教化され差別感をもたされた一般市民とは、主導――受動の相違があり、質的に明確に区別されねばならない。……朝鮮人が日本権力を憎悪していることを誰よりも承知しているのは、ほかならぬ官憲であり、その警戒本能から流言が発した可能性はきわめて高い。少なくとも民衆次元よりはるかに確率は高いのである」（前掲『［新版］関東大震災』七一～七二頁）として、官憲における朝鮮人への憎悪や恐怖という側面を強調する。今後、個別の虐殺の事例について右の論点を引続き検討していく必要があろう。

なお、虐殺の直接的な要因であった流言については、福岡啓子「関東大震災時豊橋における朝鮮人暴動に関する流言報道」（『愛大史学』第六号、一九九七年）のような個別研究も出てきているが、震災の被害を直接受けた地域とそうでない地域との比較が今後必要となろう。また、筆者は流言発生後の情報統制について言及した（田中正敬「関東大震災はいかに伝えられたか」『歴史地理教育』第六五七号、二〇〇三年）。

では、どのような条件の下で朝鮮人が殺害されたのであろうか。松尾章一は「第一には戒厳令下に置かれ、軍隊が長期駐屯していたかどうかが決定的ではなかったかと考えている。第二は……右翼的な在郷軍人・青年団の思想的影響下にあり、都市貧民層（都市雑業層）の集中していた東京の江東地区や京浜工業地帯のような地域ではなくて、たとえば東京府下南多摩郡日野町、七生村（現在、東京都日野市）のような江戸時代以来の比較的豊かな米作農村地帯では虐殺は起きなかったのではないかと私は考えている」（前掲、『関東大震災と戒厳令』一五二頁）として、戒厳令とそのもとで活動した軍隊の果たした役割を重要視する。

これに対して、安江聖也「関東大震災における行政戒厳」（『軍事史学』第三七巻四号、二〇〇二年）は、「行政戒厳」という概念を提示し、その目的を「騒乱との関係を問わず地域全人民に対する命令強制権が戒厳司令官に付与され……治安維持に限らず、被災地の人民に対して自ら命令強制を行わしめることで、軍の実力を救護全般のためフルに頼りにしようとしていた」ことにあるとし、戒厳令そのものの妥当性と、治安維持から救護活動にわたる軍隊の役割を高く評価する。また、三・一運動の際には戒厳令が適用されなかったことを例に挙げ、朝鮮人対策という見解には否定的である。

一方、足立昌勝「関東大震災における警備体制と犯罪」（『刑法雑誌』第四二巻一号、二〇〇二年）は、「戒厳は戦時又は敵の存在を想定したものであ」り、「この『事変』に災害が含まれないことは明白」であり、また「戒厳令は、焼け野原となった東京でまだ暴動も起きていない段階において、治安が乱れるとの想定の下で施行された」ことから、戒厳令の性格はその治安の対象として朝鮮人を想定したものであることは明らかであるとし、制定・運用の妥当性に疑問を投げかける。

確かに安江が指摘するように、一面において「政府官僚以下、軍隊・警察の構成員が大震災という最悪の状況下において、最善の努力を重ねて罹災者救護に邁進していた」ことを否定するものではないが、であるとするならばなぜその軍隊や警察が朝鮮人虐殺を行ったのかが説明されねばならないし、事例から見て、たとえばこれを個々の兵士の「意識」や「行動」に矮小化することもできないであろう。戒厳令下のそれぞれの軍隊の動きと指令などについてのより詳細な資料の出現が望まれる。

6　新しい研究の視角から

次に、ここ十年間の新しい研究の動向について見ることとしたい。

外交史から震災を捉えた、波多野勝・飯森明子『関東大震災と日米外交』（草思社、一九九九年）は、震災時の海外からの援助を「震災外交」として捉え、これが第一次世界大戦後の日米関係の安定化に寄与したが、翌年の移民法の成立以後は日米関係が冷却に向かったとする。

千葉福田村事件真相調査会編・発行『福田村事件の真相』（第一〜三集、二〇〇一、二〇〇二、二〇〇三年）において日本人の民衆が虐殺された福田・田中村事件について本格的な究明がなされるようになったことも特筆される。事件の概要については本書にも収録されている。

絵画の資料的価値に注目した新井勝紘の「少年が見た朝鮮人追跡――『描かれた朝鮮人虐殺』序論」（『歴史科学と教育』第一六号、一九九七年）、同「『描かれた朝鮮人虐殺』論――一枚のスケッチからみえるもの」（『隣人』第一六号、二〇〇二年）は、虐殺場面を描いた絵画から、虐殺の経過やこれに加わった軍隊・警察・民衆の関係を読みとろうとするものである。

震災とその「記憶」について。成田龍一「関東大震災のメタヒストリーのために」（『思想』第八六六号、一九九六年）は、震災という事件がその体験者の手を離れて活字化されるとき、そこには一定の法則性が生まれると述べて、具体例として「哀話」と「美談」が取り上げられ、その一部に朝鮮人救助の問題が登場すると指摘する。すなわち、震災が「語られる」過程で一つには虐殺の実態が隠蔽されると同時に「朝鮮人を助けた」という美談が強調されて、それが人びとの間に一定の型のものとして共有されることを追求した研究である。

研究動向を記すという本章の目的からはややはずれるが、これと関連して筆者が想起するのは八〇周年の関東大震災の展示である。二〇〇三年の夏から秋にかけて、日本新聞博物館で関東大震災八〇周年として企画された「大震災と報道展」（二〇〇三年七月一五日～一〇月一九日）、高麗博物館の「関東大震災八〇年特別企画ミニパネル展示『描かれた朝鮮人虐殺』」（同年八月二〇日～九月二八日）、神奈川県立歴史博物館の特別展「八〇年目の記憶　関東大震災といま」（同年七月二六日～九月七日）、東京・京橋の東京国立近代美術館フィルムセンターで行われた第三回文化資源学フォーラム「関東大震災と記録映画～都市の死と再生」（同年八月三〇日）を挙げることができよう。筆者は前三者を見る機会を得たが、展示の内容やその「思想」は実に多様である。

日本新聞博物館の展示は、関東大震災に始まり阪神淡路大震災に至る震災史を新聞記事や報道のビデオなどにより振り返るものであり、流言の掲載などの「誤報」を含めた関東大震災のコーナーは、報道の歴史的展開の中に位置づけられる。高麗博物館の展示は、後述するような関東大震災の人災の側面を描いた画家たちの作品の展示に焦点を絞ったもので、生々しい虐殺の場面がこれを描く画家の目を通じて観覧者の目に飛び込んでくる。一方、神奈川県立歴史博物館の展示は、神奈川県の震災被害を網羅的に扱ったものであるが、多くの朝鮮人や中国人が亡くなった地域であるにもかかわらず、「人災」の側面はほとんど目にすることができない。筆者の主観的な印象からすれば、この展示については違和感を覚えざるを得なかった。単に「人災」の部分を強調すべきであると言いたいのではない。震災による被害の多様な側面、すなわち地震の直接的な被害、火事、救護、戒厳令に代表される国家の対応、民衆の動きや意識などと虐殺の問題とは独立して存在しているのではなく、密接不可分な関係にあると考えるためである。

李眞姫《リジンヒ》は「人権を考える窓口としての在日コリアンの歴史と空間——関東大震災の追悼碑、朝鮮学校、足立区を訪ねて」(『季刊 Sai』第四八号、二〇〇三年)の中で、東京・両国(被服廠跡)の横網町公園内に建つ東京都慰霊堂・復興記念館においては、「天災の発生に対して、人間がどのように対応し、解釈していたか、そして、その一連の過程において、どのような人災がともなって起こったかについて学ぶことはできな」い。しかし、こうして封印されたかに見える「記憶」は、これを新たに問い直そうとする「個人個人の力によって、また予想しえなかったところからの「過去」の発見によって」明らかにされると指摘する。

先の三つの展示は、関東大震災の記録のされ方の多様性、いいかえれば「八〇年目の記憶」なるものが、これを再構成する人間の目によって、いかようにも姿を変えてしまうことを表現している。虐殺の問題について、これを忘却の彼方に追いやるのではなく、いかに「記憶」するか、なぜそのことが必要なのかも含めて、私どもは常に考えていく必要があろう。

7　今後の展望に向けて

以上のような震災における虐殺の「記憶」は、李眞姫が指摘するように思わぬ事態により立ち現れる。その代表的な事例が一九九五年一月一七日の阪神・淡路大震災であろう。この震災が被災地域の在日朝鮮人に関東大震災時の虐殺事件を思い起こさせたことは周知の通りである。では、なぜ九五年の震災では、関東大震災のような事態が回避されたのか。まずは被災地域の在日外国人および日本人の主体的・相互的な取り組みを評価しなければならないが、斉藤豊治「阪神大震災と犯罪問題」(『刑法雑誌』第四二巻一号、二〇〇二年)は、その要因の一つとして、阪神・淡路大震災の際にも結成された自警団の性格の違いに着目する。阪神・淡路大震災における下からの自然発生的な、治安のみならず人命救助につながる要素を含んだ「自警」は、関東大震災における軍と自警団との関係とは異なっており、またデマを回避するために外国語を含めたＦＭ放送局を開局させる動きや、共生を意識的に追求する動き、「犯人を捕まえようといった積極的攻撃的活動は、危険であるとして回避される傾向にあった」という動きなどは、関東大震災の教訓を生かしたものとする。また、大震災が秩序の崩壊につながり、犯罪を引き起こすという図式は当てはまらず、むしろ外国人の脅威を強調することが社会的な連帯を阻害すると主張する。

社会的連帯を阻害するのが、震災により秩序の崩壊が引き起こされるという予断とこれに基づく治安出動の発想にあるとするならば、冒頭で記した石原東京都知事の発言に見られるような国家権力の発想は、厳に戒められなければならない。そしてこの認識を改めるためには、国家自身が関東大震災における虐殺事件を調査し、その被害者や遺族に対して責任を認めて謝罪と補償を行うことが必要不可欠である。この意味で日本弁護士連合会による『関東大震災事件調査報告・勧告書』が二〇〇三年八月二五日に小泉首相宛てに提出されたことは、それが被害者への真の救済へ向けた動きであるのみならず、国家が震災の教訓を生かすための取り組みを始める契機となり得るという点で意義を持つ。

近年、いわゆる「拉致問題」などとも関連して国家主義的なナショナリズムの論調が強まっている中にあって、かかる問題が人権問題として大きく報道されている時期であればこそ、私たちには日本人のみではなく、朝鮮人・中国人犠牲者の一人ひとりに想いを致す努力が求められているのではないか。歴史学においては、官憲や民衆による虐殺の実態の解明に力が注がれてきたが、これまでの研究を継承・発展させると同時に、何よりも被害者であった朝鮮人や中国人自身にとっての震災の意味について、在日朝鮮・華僑社会や本国における人々の意識や行動から研究を深めていく必要があろう。また、同様の見地からすれば、歴史教科書の在日外国人に関する記述は、残念ながらいまだ少ないと言わざるを得ない。関東大震災の背景やそこで在日外国人が置かれた状況を理解するためには、近代以後の在日外国人史を体系的に記す必要があろうし、そうした必要性は恐らくは震災のみに限られるものではない。関東大震災について考えることを通じて、私たちは日本が多民族の社会であるという、実はごく当たり前の事実が往々にしてふまえられていないことに気づかされるのである。

関東大震災における朝鮮人・中国人・日本人の虐殺は、日本の東アジアへの侵略や植民地支配下の在日外国人社会の形成と、そのもとで醸成されていった民衆の排外意識および国家による監視体制とを前提とし、国家による治安出動の過程で発生したものであった。現在、震災下の虐殺そのものについては、相対的には認められつつあると思われる。しかしながら、虐殺をもたらした「構造」について認識が深まらない限り、虐殺の「経験」や「記憶」を真に活かすことはできないであろう。震災下の諸事件は、単なる偶発的な「悲劇」などではありえないのである。

会則・役員・会員加盟団体

会則

第一条（名称）本会は関東大震災八〇周年記念行事実行委員会（以下本会）と称する。

第二条（目的）本会は、関東大震災八〇周年を迎えるにあたり、その災害やそれによって引き起こされた諸事件によって犠牲となった人々を追悼するとともに、この歴史的経緯について追究し学び合いながら、広くこれらの真実を交流し普及することを目的とする。

第三条（役員）本会は、次の役員を置く。
委員長　一名　　副委員長　若干名
事務局長　一名
運営委員　若干名　　会計監査　若干名
＊ほかに、財政・組織・渉外広報などを担当する事務局員を置く。

第四条（役員の選出及び任期）本会の役員は、総会で選出する。任期は記念行事等の終了後の解散総会の日までとする。総会（臨時を含む）で承認された場合、交代・補充を行うことがある。

第五条（会議）本会の会議は次の通りとする。
①総会／総会は、本会の発足時と解散時に開催し、役員選出・会則審議・活動計画審議・決算報告・会計監査報告等を行う。
総会は、委員長（または代行）が招集する。
また、運営委員会を構成する団体・個人の三分の二以上の要請があった場合は、臨時の総会を開催する。
②運営委員会／本会の役員は、運営委員会を開催する。運営委員会の出席団体・個人の三分の二以上の賛同があった場合、運営委員を補充または交代することができる。運営委員会は、本会の各種事業を推進するために、適宜開催する。
③事務局会／事務局会は、事務局長が招集し、本会役員及び事務局員をもって構成する。総会・運営委員会・各種事業を円滑に推進するために適宜開催する。

第六条（会議の原則）本会の会員・役員ともに対等・平等を原則とする。

第七条（会員）本会の会員は、会則に賛同し、会費を納入した個人・団体をもって構成する。会員名簿は別途作成し事務局が保管する。

第八条（会費）本会の会費は、次の通りとする。
個人会員／一口一、〇〇〇円（二口以上の納入をお願いする）
団体会員／一口五、〇〇〇円（二口以上の納入をお願いする）
また、団体会員の構成員が、個人会員となることも呼びかける。

第九条（会計）本会の会計収入は、会費及び各種事業のなかの若干の収益金、及び各種寄付金などをもってあてることにする。

第一〇条（事業）本会は、会則第二条の本会の目的にそって、次のような事業を行う。
①記念集会（二〇〇三年八月三〇日・三一日［土・日］を予定）
②記念集会に向けての事前学習会・小集会、史跡見学、情宣活動など
③出版事業（記念出版・集会報告集など）

第一一条（会則の変更）本会の会則の変更は、総会において出席者の二分の一以上の賛成を必要とする。

第一二条（施行）本会則は、二〇〇二年六月二二日の設立総会の日より施行する。

役員

委員長　松尾　章一（法政大学名誉教授）
副委員長　石橋　正夫（日朝協会東京都連合会）
小原うめ子（亀戸事件追悼会実行委員会）
加藤　文三（歴史家）
鈴木　定夫（日本中国友好協会東京都連合会）
吉川　清（千葉県における関東大震災と朝鮮人犠牲者追悼調査実行委員会）
事務局長　坂本　昇（都立駒場高校）
事務局　逢坂　英明（成蹊中学・高校、財政担当）
田中　正敬（専修大学、組織担当）
宮垣　光雄（日朝協会東京都連合会、渉外広報担当）
運営委員　新井　勝紘（専修大学）
井口　義郎（グループほうせんかの会）
池田　靖子（東京都歴史教育者協議会）
榎本久人（歴史学研究会）
尾河直太郎（日朝協会東京都連合会）
小川原浩之（日中友好協会東京都連合会）
佐藤　義弘（歴史教育者協議会）
鈴木　猛（日本国民救援会中央本部）
平形千恵子（千葉県における関東大震災と朝

鮮人犠牲者追悼調査実行委員会）
森脇　孝広（東京歴史科学研究会）
吉野　典子（東京都歴史教育者協議会）
会計監査　中橋　章子（歴史教育者協議会江東支部）
安達　洋子（東京都歴史教育者協議会）

記録集編集委員会

逢坂　英明
坂本　昇
田中　正敬
松尾　章一
宮垣　光雄
森脇　孝広
（以上、役員）
大高俊一郎
佐藤　美弥
山口　公一
（以上、東京歴史科学研究会）
辻　弘範（朝鮮史研究会）

会員加盟団体

亀戸事件追悼会実行委員会
関東大震災朝鮮人犠牲者追悼集会実行委員会
埼玉県歴史教育者協議会
秩父事件研究顕彰協議会
千葉県における関東大震災と朝鮮人犠牲者追悼
調査実行委員会
千葉県歴史教育者協議会
朝鮮史研究会
東京都不当解雇反対同盟
東京都歴史教育者協議会
東京都歴史教育者協議会江東支部
東京部落問題研究所
東京歴史科学研究会
日朝協会神奈川県連合会
日朝協会東京都連合会
日本中国友好協会東京都連合会
日本国民救援会
歴史学研究会
歴史科学協議会
歴史教育者協議会

あとがき

本書は関東大震災八〇周年記念集会およびその準備会の記録集として刊行されたものである。

記念集会の準備が始まったのは二〇〇一年の秋であったが、記念集会が多くの参加者を迎えて開催されるまで、集会および準備会における報告者や、実行委員・会員となって運営をサポートしてくださった方々、また集会にお越しになり質疑応答にも積極的に参加してくださった方々の御協力なしに、この集会を成功裡に終わらせることはできなかった。

また、八〇周年記念集会に実行委員や会員として加わった方々の中には、一九九三年の七〇周年記念集会の時にも御尽力くださった方が多く含まれている。こうした方々は、地域で地道に真相の解明に従事してこられ、その経験に基づいて今回の集会にあたっても具体的なアドバイスを含めた御支援をいただいた。事務局の一員として感謝申し上げたい。その中にあって、一貫して亀戸事件の真相究明に関わってこられ、また八〇周年記念集会の役員として副委員長を務められた小原うめ子さんが集会の開催を見ることなく逝去された。この場を借りてご冥福を祈りたい。

右のような経緯もあり、八〇周年記念集会の準備にあたり議論となったのは、今後、七〇周年記念集会の成果を私どもがいかに継承し発展させるか、ということであった。松尾章一実行委員長が問題提起し、坂本昇事務局長を中心に集会の枠組みが作られる中で結論として得られたのは、震災を記憶の彼方に風化させることなく、普遍的な、今なお起こりうる問題として位置づけること、震災下の虐殺の問題を日本の中のみで考えるのではなく、被害を受けた中国や朝鮮半島地域の研究者を含めた海外からの報告者・参加者にも議論に加わっていただきながら、ともに考え真の連帯の道を探ること、そして何よりも震災下の虐殺も含めた日本の侵略や植民地支配の責任が現在も果たされていない現実をふまえて、虐殺に対する国家と私たちの責任を問いつづけることであった。本書のタイトルを『世界史としての関東大震災――アジア・国家・民衆』としたのは、こうした理由による。

本書の編集に際しては、残念ながら紙幅の関係上、当初は収録する予定であった日本弁護士連合会人権擁護委員会による『勧告書』を収録することができず、また各執筆者に力作揃いの原稿を削るお願いをしなければならなかった点などの課題は残ったが、本書が少しでも右の課題の克服に寄与できればと願っている。

最後になるが、本書の編集は八〇周年よりこの会に参加された若い人びととともに行われた。今後の関東大震災史研究の発展にとっても大きな力となるであろう。また、この不況の折に本書の刊行を引き受けてくださり、編集の過程で時には鋭く厳しい指摘をされるとともに、暖かい支援をしてくださった日本経済評論社の栗原哲也社長と新井由紀子氏には大変お世話になった。感謝の意を表し結びとしたい。

『世界史としての関東大震災』編集委員会（文責：田中　正敬）

資料編

新聞報道に見る八〇周年の動き

坂本　昇

＊関東大震災時の朝鮮人虐殺／絵画資料集め展覧会／新宿の「高麗博物館」（八・二二、『朝日』）

……今回展示されるのは画家・萱原白洞が震災の年に描いた「東都大震災過眼録」のほか、漫画家が描いた「大震災画集」、当時小学生が描いた絵など約六〇点。／群衆の殺害や検問の場面を表現した絵のほとんどは震災後間もなく描かれたが、民家に所蔵されるなどして未発表だったものも多い。作品を収集した新井勝紘・専修大教授（59）は「文字による震災体験記よりも、リアルに虐殺の姿が伝わってくる」と話す。／……二三日午後二時からは、博物館近くの日本キリスト教団新宿西教会で新井教授の講演会がある。（以下略）

＊関東大震災の朝鮮人ら殺害／被害日本人だと実刑判決率高く／立教大学名誉教授調査（八・二三、『朝日』）

……関東大震災直後、各地の自警団が在日朝鮮人ら数千人を殺害した事件を巡り、埼玉県所沢市の山田昭次・立教大学名誉教授（73）＝日本近現代史＝が、事件の一審判決の結果を比較、朝鮮人を殺害した場合と比べ、日本人を殺害した場合の実刑判決率が極めて高かった、との調査結果をまとめた。山田氏は「当時の司法判断に、植民地支配に基づく二重基準があったのは明らかだ」と指摘している。（以下略）

＊「国の虚偽情報が誘発」／日弁連、謝罪を勧告（八・二五、『朝日』）

……日本弁護士連合会（本林徹会長）は二五日、関東大震災時に「暴動が起きた」などの「虚偽事実」を国が流したことが朝鮮人虐殺を誘発したとする調査結果をまとめ、日本政府がその責任を認めて謝罪するよう求める勧告書を小泉首相あてに提出した。大震災と集団虐殺事件から、来月一日で八〇年になる。勧告書は「根源にあった民族差別はいまだ日本社会に根深く存在している」と警告している。（以下略）

＊朝鮮人ら虐殺巡り各地で集会を予定（八・三〇『朝日』）

関東大震災後の混乱の中で多数の朝鮮人や中国人

らが殺害された事件から八〇年の九月一日、各地で追悼式や講演会、報告集会などが開かれる。／在日韓国・朝鮮人のキリスト教信者らでつくる実行委主催の「九・一集会」は、一日午後六時から、東京・御茶の水の在日本韓国YMCAアジア青少年センターである。李鐘元・立教大学教授や韓国生まれのハンセン病訴訟原告団事務局長、国本衛さんが講演する。／三〇日午前一一時から三一日夕にかけては東京・亀戸の亀戸文化センターで歴史学者らの実行委員会による記念集会。……／在日本朝鮮人総連合（朝鮮総連）などは一日午後一時から東京・両国の横網町公園で追悼式を開く。（『毎日』・『朝日』夕刊などでもこの前後に集会記事を掲載した）。

＊関東大震災から八〇年／朝鮮人など虐殺の国家責任明らかに／加害の歴史に向き合う時（八・三〇、『赤旗』）

……「再び繰り返してはならない」といわれ続けてきた大地震という天災の陰で繰り広げられた朝鮮人、中国人、社会主義者、労働運動家などへの虐殺の問題は、関東大震災から、八十年たった今でも、公には、なにも解決されていない（平形千惠子氏の署名論文。日弁連側の勧告、軍隊が事件を誘発したこと、千葉県での慰霊碑建立実現の経緯、本会集会の紹介などで構成されている）。

＊関東大震災直後の憲兵隊／朝鮮人収容所にスパイ潜入／社会主義者警戒の課を特設／内部資料を発見（八・三一、『朝日』）

……関東大震災発生直後の憲兵隊の動きや、二〇年代における憲兵の日常的活動を記録した内部資料四編が見つかった。憲兵隊ノンキャリアのトップ・憲兵曹長を務めた男性の遺族が保管していた。隊員を朝鮮人収容所にスパイとして潜入させたことや、社会主義運動を警戒して地震発生翌日に「高等課」を編成していたことなどの新事実が明らかになった。（松尾尊兊論文、本書二四六頁参照）。

＊追悼、歴史の真実学ぶ／関東大震災八〇周年で集会／虐殺の国家責任問う（八・三一、『赤旗』）

……関東大震災の犠牲者を追悼し、歴史の真実を世界史的視野で学ぼうと、「関東大震災八〇周年記念集会」が三〇日、東京・江東区の亀戸文化センターで開かれ、約三五〇人が参加しました。（「ほうせんか」合唱団のうたごえとソプラノ歌手李松子さんの独唱で開幕など一日目の集会の全容を詳細に報じた）。

座標軸

関東大震災から80周年

排外的傾向を懸念

関東大震災から一日で八十年を迎え、死者・行方不明者十四万人以上の惨事を振り返る行事や書籍発行がめじろ押しだ。特に注目を集めているのは、震災後に起きた朝鮮人虐殺。北朝鮮による日本人拉致事件を機に、在日朝鮮人への嫌がらせが相次ぐ現在と、当時を重ね合わせて見る専門家も多い。

「朝鮮人が放火や略奪を行っている」。震災直後の混乱の中、そんな流言が瞬く間に広まった。

松尾章一法政大名誉教授（日本近現代史）の新刊「関東大震災と戒厳令」によると、政府はデマを打ち消すどころかむしろ増幅させ、軍や警察、自警団による虐殺を招いた。犠牲者は朝鮮人六千人以上、中国人七百人以上といわれ、外国人と間違われて殺された日本人もいた。

「関東大震災時の朝鮮人虐殺」を出版したばかりの山田昭次立教大名誉教授（日本近現代史）によれば、政府は軍人や警察官の関与を隠ぺいし、自警団の人々だけを訴追した。それも、警察署襲撃や日本人殺害のケースを除けば、ほぼ執行猶予付きの軽い処罰にとどめた。

以来、自警団に加わった多数の日本人の間では、虐殺に触れることはタブーとされてきた。ようやく近年、歴史研究者や市民団体の調査で一部の事例が明らかになり、各地に追悼の碑が建てられている。だが、虐殺の主体を明らかにした碑文はほとんどない。

こうして国家も民衆も責任を問われず「恥の上塗りが八十年続いた」（山田名誉教授）。日弁連は八月、政府は虐殺の責任を認めて謝罪し、真相を調査するよう勧告したが、反応はない。

この間、石原慎太郎東京都知事は大災害時に外国人による「騒擾（そうじょう）事件」すら予想されるなどと発言。拉致や核開発問題で、世論も北朝鮮への反発を強めた。八月末に東京で開かれた関東大震災八十周年記念集会では、韓国や中国の研究者、在日の関係者から、日本の排外主義的傾向を懸念する声が次々に上がった。

集会で講演した山田名誉教授は「拉致された家族の思いは重い。しかし、関東大震災の虐殺やその後の強制連行で同じ思いをした朝鮮人がどれだけいたか。その遺族にも思いをはせていただきたい」と呼び掛けた。

朝鮮人らしい人々が虐待される様子を描いた画家、萱原白洞の絵巻「東都大震災過眼録」。東京・高麗博物館で10月14日まで公開している

『新潟日報』2003年9月8日付
共同通信社配信。新潟日報社提供。

＊朝鮮人殺害の事実報告／関東大震災八〇周年集会終わる（九・一、『赤旗』）

……（二日目の二つのシンポジウムを紹介）。

＊虐殺の歴史、繰り返さない／関東大震災犠牲者追悼（九・二、『赤旗』）

……犠牲者を追悼する集会が一日、朝鮮人犠牲者追悼碑がある東京・墨田区の横網町公園で開かれ、百五十人が参列しました。／主催は日朝協会東京都連などでつくる実行委員会。……／集会では吉田博徳実行委員長（日朝協会都連会長）があいさつし、震災の混乱に乗じて朝鮮人、中国人を虐殺した歴史を繰り返してはならないと強調……。

＊防災の日／台東区でも一〇〇〇〇人参加し訓練（九・二、『朝日』）

防災の日の一日、都と日野市の合同防災訓練があり、約二万八千人が参加した。化学テロを意識したＮＢＣ（核・生物・化学）災害の対策訓練もあり、二日に都庁である「アジア危機管理会議」に参加するアジア主要都市の代表者も見学した。／一方、台東区では、竹町、東上野両地区を対象にした防災訓練があった。町会のメンバーや区役所、警察、消防のほか、電気、ガスなどのライフライン関係機関から約千人が参加した……。

＊大震災から八〇年／犠牲者悼み法要／墨田の都慰霊堂（九・二、『朝日』）

……震災と四五年三月の東京空襲の犠牲者を悼む法要があり、秋篠宮ご夫妻や遺族ら約四〇〇人が参列した。／財団法人都慰霊協会の主催。協会の貫洞哲夫会長は式辞で「関東大震災以降も、最近では阪神大震災、直近の宮城県地方での地震など、災害により尊い人命や築き上げた財産が失われた。再びこのような惨事を繰り返さないよう願う」と述べた。／その後、僧侶が読経する中、参加者が次々に霊殿の前に立ち、焼香した。

＊日本の排外的傾向を懸念／関東大震災から八〇周年（九・八、『新潟日報』ほか）切り抜き参照。

（松尾章一・山田昭次両氏の発言、萱原白洞「東都大震災過眼録」を展示する東京・高麗博物館、日弁連の勧告、「記念集会では韓国や中国の研究者、在日の関係者から、日本の排外主義的傾向を懸念する声が次々に上がった。」などを紹介している）。なお、この記事は共同通信社からの配信を受けたもので、ほぼ同趣旨の記事が、九月六日の『徳島新聞』、九日の『秋田さきがけ』、『日本海新聞』（鳥取県）、一〇日の『山陽新聞』（岡山県）、一二日の『愛媛新聞』などに掲載された。また、日朝協会をはじめ各市民団体もそれぞれに特集記事を機関紙に掲載した。

軍隊 陸·海軍、憲兵	自警団【自】／在郷軍人会·青年団·婦人会【在】／ 国外事項【外】
	＊【自】あすから開く黒龍会の宿泊所［『東京日日』］
	＊【自】「警察は微力だ　自警団を組織せよ」と移牒を発した 香坂前内務部長の失態暴露［同上］

震·関東大震災の日』全２巻（大空社、1992年８月）から採録されたものである。山田昭次編・解説『朝
地で調査研究されることを期待したい。「鮮人」「支那人」などの差別的表現は当時の新聞報道のまま

新聞発行 月　日	国内事項 政府・戒厳令	朝鮮人・中国人 社会主義者
10月25日	＊戒厳縮小　勅令施行［『東京日日』］	
11月 2 日		
11月 4 日	＊故障の無い限り戒厳令撤廃　期日は来る 10日［同上］	
11月 8 日		
11月14日	＊戒厳令撤廃可決　14日の枢府本会議［同上］	

［付］この新聞報道の主な出典は、新聞資料ライブラリー監修・シリーズその日の新聞『関東大震災
鮮人虐殺関連新聞報道史料』全 4 巻・別巻（緑蔭書房、2004 年 1 月）等を併照し、さらに全国名
に記述した（松尾章一）。

軍隊 陸·海軍、憲兵	自警団【自】／在郷軍人会·青年団·婦人会【在】／ 国外事項【外】
	＊【外】鮮人の放火略奪　老婆を火中に投げ込む（京城特電）［『東京日日』］
	＊【自】巣鴨駅長も殺人罪で収監　各所の暴行自警団員続々検挙さる［『東京日日』］
	＊【自】今頃になって検挙とは何事ぞ　関東自警同盟から内相法相に詰問状［『東京日日』］
	＊【自】暴行自警団員に執行猶予の恩典　きのう高崎で判決［同上］

新聞発行 月 日	国内事項 政府・戒厳令	朝鮮人・中国人 社会主義者
10月12日		*亀戸事件の疑惑を解くため司法権の発動を望む 東大法学部教授某博士談［『東京日日』］
10月13日	*警官2500名増員 大部分郡部へ 10日位に全部配置 戒厳令撤廃の前提か［『東京日日』］	*死体を引取りに来いと不思議なお達し 兎も角も今日推参する 亀戸署で殺された自警団員の遺族［同上］ *群馬県下に於ける主義者陰謀事件 首魁は岩鼻火薬庫の技手 しかし嫌疑は晴れ単に出版法違反か［同上］
10月15日	*普選断行の場合は罰則規定を厳重にする 政府首脳部の意見［同上］	
10月16日	*戒厳令は近く撤廃されやう 憲兵警官の増員で 警備力は既に充分［同上］	
10月17日	*政府の普選態度根本方針確立 出来るだけ速かに実現 第1回五大臣委員会［同上］	
10月18日	*二個師団と憲兵3000名で衛戍地域特別警備 戒厳令撤廃の代案［同上］	*亀戸事件から全国労働者動く 早くも関西方面では実際運動に着手［同上］
10月20日	*戒厳令を撤廃し衛戍総督制を復活 今後政府の政策に変更なくば今月末から実行されやう［同上］	
10月21日	*思想善導の一方法として教育方針の改善 首相より専門家の意見聴取［同上］	
10月23日	*戒厳地縮小 25日より千葉・埼玉両県削除［同上］	
10月24日	*戒厳令撤廃後の警察網完備 警部補以下派出所・駐在所の大増員を断行す［同上］	

軍隊 陸·海軍、憲兵	自警団【自】／在郷軍人会·青年団·婦人会【在】／ 国外事項【外】
	秘密青年団員も共に［『東京日日』］
＊甘粕事件の傍聴者は90人と限る　8日午前9時開廷［『東京日日』］	＊【自】迷惑な人は自警団に入るな　存立を希望するは神経過敏　湯浅警視総監談［同上］ ＊【外】戦争には成るまい　要は直隷派の出方一つ［同上］ ＊【外】大地震を機会に戦慄すべき陰謀　上海不逞鮮人の取調べ終わる［『東京日日』夕刊］
＊憲兵隊の大増設で水も盛らさぬ配置　要所々々に分隊や分遣所　これで市民も安心［『東京日日』］	
	＊【自】巡査に斬付けた自警団が4人　少尉の命令で殺害　中に床屋と弁護士もいた［『東京日日』］

新聞発行 月　日	国内事項 政府·戒厳令	朝鮮人·中国人 社会主義者
		美しい情誼　男も女も落ち付いて自活の途に［『東京日日』夕刊］
10月5日	＊政府、普選案 審議会の審議を継続せしめる［『東京日日』］	＊体には合わぬが著物の寄贈　習志野の鮮人収容所訪問記［『東京日日』］
10月6日	＊普選態度不変　平素の主張は貫徹する　犬養逓相談［同上］ ＊震災後の野天生活から塹壕性狂人の発生　欧州戦乱にも同じ現象　震災と精神病患者の傾向［『東京日日』夕刊］	
10月8日		
10月9日	＊軍隊警備費 更に約100万円　戒厳令撤廃は憲兵・警官配備完成後［『東京日日』］ ＊普選案に制限は無意味　一定年齢に達した男子に広く与えねば徹底しない　政府某高官談［同上］	
10月10日	＊戒厳撤廃期 陸軍側は急ぐが必要上多少遅れん［同上］	
10月11日		＊亀戸署に検束中の14人銃剱で殺さる　其中に暴行自警団が4名　9月5日の払暁　あの場合に已むを得ぬ　留置者の凶暴の状を古森署長語る　衛戍勤務規定で殺したのだ　制しきれぬ労働者と自警団　正力官房主事語る　自ら額を指してここを突け　従容死に就いた平澤計七［『東京日日』］

軍隊 陸・海軍、憲兵	自警団【自】／在郷軍人会・青年団・婦人会【在】／ 国外事項【外】
監房で語る 「一大信念で決行した自分が全責任を負う」 仏書を読みふけるこの頃［『報知』］ ＊一部落民が大挙発電所を襲う 戒厳司令部の技師を半殺し 全員傷害罪で訴えられる（山梨県都留郡壬生村）［同上］	＊【外】鮮支労働者の大争闘 双方から負傷者多数を出す（朝鮮黄海道鉄原水利工事従業中）［『東京日日』夕刊］ ＊【外】支那巡警の暴行 邦人を傷け 警官駐在所を襲う（撫順）［同上］
＊甘粕事件の公判は断然公開と陸軍法務部は決めたそうな。途中で傍聴禁止はやるまい（コラム）［『東京日日』夕刊］	＊【在】自治の誇りに輝く上野村［『東京日日』］
＊甘粕大尉助命運動（在郷軍人関係）［『東京日日』］	＊【自】自警団また暴行 2学生を半殺し 直に憲兵隊に逮捕［同上］ ＊【自】不良自警団へ愈々検挙の手 警視庁一斉に大活躍［同上］
	＊【自】自警団を止めて業務を励め 郡部はすでに警官増員 後藤警保局長談［同上］ ＊【自】自警団が放火 恨みある家に［同上］
	＊【外】上海で押収した爆弾50個 不逞鮮人検挙の誤報［『東京日日』夕刊］ ＊【外】熈川郡（平安北道）を襲撃した不逞鮮人首魁捕わる

新聞発行 月 日	国内事項 政府・戒厳令	朝鮮人・中国人 社会主義者
	＊焦土の帝都 皇后宮の巡啓 今日上野御着［『東京日日』夕刊］	
10月1日	＊お膳立てに没頭して緩急序を誤る 復興院の成果疑問視さる［『報知』夕刊］ ＊帝都の復興と産業・軍備の施設 来年度予算編成の眼目(大なる節約)［同上］ ＊斯ういう風にしたい 新東京の建設 永田市長私案［『東京日日』夕刊］ ＊来るべき通常議会に普選は何うなるか 犬養逓相の希望に対する閣僚の出処が見もの［同上］	＊内鮮融和の実を挙げたい 斎藤総督談(非常突然の天災により人心平静を失った場合には動もすれば群集の間に常軌を逸した行動が起こりがちなもの［『東京日日』］
10月2日	＊畏し 震災救恤の為 皇室の御収入絶ゆ 御下賜金は御所有の株券・公債を売却されて 新事業は中止 宮苑も仮修理［『東京日日』］	
10月3日	＊吉原遊廓の復興に区会があと押し来月半ばには開業 浅草の私娼窟も軒を並べる［同上］ ＊帝都復興か 地方振興か この侭いけば帝都の震災が地方に転嫁される 政友会某領袖の談［『東京日日』夕刊］ ＊地震内閣の名に副う方針 併しこの声明が何処まで実現するか(この内閣はじめての徹底緊縮主義で)［『東京日日』］	＊手厚い保護に感泣した男 習志野の支鮮人収容所訪問記(第1収容所に支那人627人、鮮人1247人、第2収容所に支那人639人、鮮人1624人、合計4137人。このうち支那人は2日に600人9日に残部の全員を帰国させる)［『東京日日』夕刊］
10月4日	＊復興の標語は 転禍為福 後藤総裁訓示［同上］	＊彼等を支配する盛んな食欲 習志野の鮮人 収容所訪問記［『東京日日』］ ＊日鮮融合の一大部落 神宮外苑に見る

軍隊 陸・海軍、憲兵	自警団【自】／在郷軍人会・青年団・婦人会【在】／ 国外事項【外】
＊横浜を荒した略奪団は山口正憲一派300名　首魁正憲遂に逮捕さる［『報知』］ ＊甘粕事件の裁判官［『東京日日』］	
＊名古屋へ憲兵派遣内命下る（全国に大増員を行い秩序維持）［同上］ ＊３連隊愈々移転か　バラックの侭では過ごされぬ　有力候補地は浦和［『東京日日』夕刊］	＊【自】下谷の自警団員10名暴行で起訴　法学士宅で乱暴［『報知』］ ＊【自】自警団が強奪　身体検査と称し［同上］
＊震災地では除隊が早い　死亡や行方不明で壮丁が不足［『報知』］ ＊軍隊はこれから警備だけを受持つ　田中陸相談（今月かぎり）［『東京日日』夕刊］ ＊罹災壮丁と　その家庭へ注意　届出を怠らぬやう　入営者　不足は第一乙から［『東京日日』］	＊【自】町会議員（米穀商）通行人を射撃　自警に加って［『東京日日』］
＊軍隊の常備を横浜と八王子から陸軍当局へ陳情す［『報知』］ ＊「老母の事が心配だ」と甘粕大尉	＊【自】迷惑な自警団（自警団組織の相談会だと行くと、少数の家持ち・もの持ち等のお先棒によって既に決定されていた）（コラム・投書）［同上］

新聞発行 月 日	国内事項 政府・戒厳令	朝鮮人・中国人 社会主義者
	[『報知』] ＊内容を緩和して支払猶予令を延長 施行地域も拡張して 更に緊急勅令公布 [『東京日日』夕刊] ＊与えて食わすのは何時まで続く 社会の不安は茲だ 山梨戒厳司令官談 [同上』]	大いに働く意気込み [『報知』] ＊在京鮮人の妄動説は朝鮮に影響していない 斎藤朝鮮総督談（排日派の一部鮮人が裏面において今回の出来事を利用して これをおのれ等の宣伝に資すべく針小棒大に吹聴しているものもないではない）[『東京日日』夕刊] ＊鮮人バラックを危惧して 四谷・赤坂両区の陳情（自警団等との衝突を恐れ）[同上]
9月28日	＊浴場・旅館・劇場等の取締り方針きまる 本日中に庁令を発し 向う5年間適用 [『報知』] ＊府県議選挙結果（茨城県等）[『東京日日』] ＊警保局長更迭 後任は岡田忠彦氏（後藤に代わり）[同上] ＊戒厳令撤廃期は10月10日前後か 憲兵を増員して警戒 [同上] ＊復興院存続期10カ年間 但し後半の5カ年間には次第に縮小する [同上] ＊一汁一菜と両陛下の仰出で 罹災民に同情されて 四大臣（後藤内相ら）感泣す [同上]	＊山口正憲等に強盗殺人の疑い 震災の混乱に乗じて税関と民家を襲ふ [『東京日日』]
9月29日		＊司令官（山梨）閣下を感心させた鮮人 知らぬ人から預った赤ん坊を育てる [同上]
9月30日	＊これ迄の戒厳費 210余万円 罹災民の困窮に鑑みて 規定の戦時給与も差し控える [同上]	

軍隊 陸·海軍、憲兵	自警団【自】／在郷軍人会·青年団·婦人会【在】／ 国外事項【外】
見事に完成［『報知』］ ＊配給業務は陸軍の手を離れる　今後は一切救護協会へ［『東京日日』］	＊【外】米国の義捐金４千万円　既にその大半は集まった［『東京日日』］
＊甘粕大尉の収監は大杉栄等惨殺のため　凶行は16日の夜　昨日公判に移さる　国家の禍根としてこの凶行を演じた　第一師団軍法会議検察官団［『報知』１面］ ＊甘粕大尉を惜しむ陸軍　模範的将校だったと岩佐憲兵副官は語る［同上］ ＊食糧輸送陸海軍の手を離る　今後は民間嘱託団で（三井・三菱・久原・内国通運・日本郵船・大阪商船・鈴木商店等）［『東京日日』］ ＊甘粕事件の真相　大杉栄他２名殺害　第一師団軍法会議検察官談［同上］ ＊甘粕大尉事件　判士長以下決定［同上］	＊【在】海軍在郷軍人就職斡旋［『報知』］ ＊【自】救護の警官を素裸にし　巣鴨自警団の狼藉張本人の西山町議検挙　忠実な自警団を誤るこの種犯行［同上］ ＊【外】日本の募債に対し　寛大な条件で応じたい　ニューヨーク新聞の論調［『報知』夕刊］ ＊【在】愛国婦人会の活躍ぶりは、驚嘆にあたいする。下田会長以下、お芝居がかりで乗り込んで、少しばかりの見舞品を出し、もらえぬものをおこらせるのだ［『東京日日』夕刊］ ＊【自】雑司ケ谷の自警団50名大挙して暴行　混乱に乗じ強盗傷害をなし　巣鴨署が検挙開始［『報知』夕刊］ ＊【外】木材及び鉄材　米国へ注文着手　輸入に関する細目決定［『報知』］ ＊【外】不平鮮人と警官隊交戦　死傷者30余名を出す　駐在所等20戸焼かる　朝鮮国境の明軍洞にて［『報知』夕刊］ ＊【在】戸山在郷軍人の活動　衣類を罹災民へ［『東京日日』夕刊］
＊甘粕憲兵大尉の刑は軽かろう　国家的観念の犯罪だ　塚越弁護士は語る［『報知』］ ＊今日から憲兵増員約１千名［同上］ ＊殊勲の憲兵36名表彰さる　東京憲兵隊から陸軍大臣へ表彰方申請［『東京日日』］ ＊死に致された　大杉氏の反面　世話女房としての野枝女［同上］	＊【外】日清汽船宜陽丸に武器密輸の罪がある　100万元は１文もまけない　第１師長傲語［『東京日日』夕刊］
＊甘粕憲兵大尉の裁判は公開［『報知』］	

新聞発行 月　日	国内事項 政府・戒厳令	朝鮮人・中国人 社会主義者
9月25日	＊数千の警官を増員し治安維持確保　郡部の警察は一層充実（後藤警保局長談）［『報知』夕刊］ ＊大震災善後会の善後具体案愈々決定　保険金の支払は会社から1割見当　政府から2割を会社に融通させる［同上］ ＊復興院官制　樞密院御諮詢　官制発表は26日［『報知』］ ＊地震にも火事にも耐える理想的な都市建築　英国技術界の権威モーア氏の意見［『東京日日』夕刊］ ＊新都市計画も従来と余り変るまい　既設路面も無駄にならぬ［同上］ ＊大学を郊外に［『東京日日』社説］ ＊臨時議会召集 政府の肚は決まっている　期日は10月中旬か［同上］ ＊帝都復興法制定　現行都市計画実施地から東京と横浜を切り離して［同上］ ＊復興院総裁 後藤内相が兼任［同上］ ＊災害復興策大綱審議　震災善後会［同上］	＊鮮人収容　横須賀鎮守府が（華山丸に収容の300名）［『東京日日』］
9月26日	＊公正を以て綱紀粛正　平沼法相談（近来思想界混乱して質実剛健の気風が退廃して来た傾向があったが今回の震災はこの退廃した思想を一掃）［『報知』］ ＊人心を安定さすために警察官の配置を完全に　きのう各警察署長が打合せ［『東京日日』夕刊］ ＊罹災民を気遣い2回の総動員　昨夜警視庁が雨中の活動［同上］	
9月27日	＊震災の治安に費した1千万円　戒厳令施行にざっと要した今日までの金高	＊社会の同情に鮮人の嬉し涙　一部不逞の仲間から誤解されたのを遺憾として

軍隊 陸·海軍、憲兵	自警団【自】／在郷軍人会·青年団·婦人会【在】／ 国外事項【外】
解けてから軍隊に準じて行う［『東京日日』］	
＊鎌田前文相　軍隊を冷遇　邸内に宿営した兵士に斧を弁償させる［『報知』夕刊］	＊【在】自治制を布き　意気の新日比谷町　東西北仲町を四つにわけて学校もある文化街［『報知』］ ＊【外】露国厳重抗議　レーニン号退去に関し［同上］ ＊【外】レーニン号追放祟る　義捐金募集中止［同上］ ＊【外】石頭城子で支那兵狼藉　在留邦人を略奪捕縛［『東京日日』］ ＊【外】厦門形勢不穏　我が陸船隊上陸　台湾籍民と支那人の争闘［同上］ ＊【外】露船レーニン号が追い返されたのは自ら招いた罪　救恤品を沢山積んでは来たが代表が不謹慎な言［同上］
＊「分散」から「集結」へ　軍隊の配置次第に変る［『報知』］ ＊代々木練兵場を大飛行場に　陸軍当局が希望　将来具体化されよう［同上］ ＊全国の工兵が必死の奮闘ぶり　17大隊の兵卒が不眠不休　難工事を	＊【自】銃器を盗んだ（慶応義塾大学武器庫）自警団逮捕　連類者数十名　地方に売飛ばす計画［『報知』夕刊］ ＊【外】対支警告　宜陽丸事件（襲撃し船長と乗客1名射殺）［『東京日日』夕刊］ ＊【自】自警団また暴行を働く　通行人を殴打［『東京日日』］ ＊【外】露国で義捐金募集を中止　レーニン号追放から［同上］

新聞発行 月　日	国内事項 政府・戒厳令	朝鮮人・中国人 社会主義者
	公布［『報知』］ ＊物資供給資源 約1億5千万円　内地になきものは外国から輸入する［同上］ ＊激減した皇室の収入　摂政宮畏くもよろづ御手軽の御生活（損害2千万円に下賜された御内帑金2千万円の支出に苦しむ）［同上］ ＊赤坂離宮が東宮仮御所　本日省議決定して御裁許を仰ぐ事となる［『東京日日』］ ＊地方からの郵便　25日ごろから復活　今日各逓信局に内示［同上］ ＊帝都復興審議会　首相官邸初顔合　物資供給令可決［『東京日日』夕刊］ ＊府県選挙開始　政府も政党も手を出せぬ　夫れが多大の興味を惹く（震災善後に忙殺の政府、本部と地方の連絡途絶の政党）［同上］	
9月23日	＊仮建築に関する警視庁令を発布　衛生防火等に留意して　旅館・劇場は特別令で［『報知』夕刊］	
9月24日	＊某重大事件予審結す　一両日中に発表［『報知』］ ＊臨時物資供給令並に特別会計令公布　本日より施行［『東京日日』夕刊］	＊鮮人のためにバラック　志賀博士（北里研究所）が独力で治療［『東京日日』］

軍隊 陸·海軍、憲兵	自警団【自】／在郷軍人会·青年団·婦人会【在】／ 国外事項【外】
＊連合艦隊司令部撤去（21日限り）［『報知』夕刊］ ＊憲兵司令官、隊長停職処分に遇う　甘粕大尉の不法行為が因　陸軍当局談［『報知』］ ＊甘粕大尉は評判の人格者　1日以来帰ってない［同上］ ＊司令官更迭理由　田中陸相談（小泉憲兵司令官と小山憲兵隊長　職務上の不法行為で20日停職の命）［同上］ ＊非常号砲を聞き家を見捨てて駆け付けた兵隊さん　悲壮勇敢な行動　陛下に言上［『東京日日』］ ＊小泉憲兵司令官　小山東京憲兵隊長20日突如停職　甘粕憲兵大尉違法事件　戒厳司令官更迭　山梨半造大将親補　憲兵司令官後任　戒厳憲兵司令官柴山重一、東京憲兵隊長三宅篤夫［同上］	＊【自】自警団（資産階級の走狗·番犬）［『報知』投書］ ＊【在】淀橋で捕わる　竹槍も着衣も血染め（自警団警戒中）［『報知』］ ＊【外】米国義金800万ドル突破［同上］ ＊【外】在留外国人の罹災状況　英仏の総領事死亡　各大使館発表（英72、米76、仏20、伊1、露6、判明死者）［同上］ ＊【在】殺到する失業者の群れ　求職者日に8千人　更に紹介所を増設［『東京日日』夕刊］ ＊【外】赤露の宣伝は御免　救護だけは受けたい　トムスク号近く横浜入港［同上］ ＊【自】自警団編成は警察の許可を要す　明日から実施　関東戒厳司令部発表（20日命令第5号）［『報知』夕刊］ ＊【自】面白半分に自警団の放火　きのう収監さる（米商長男）［同上］ ＊【外】朝鮮の義捐金83万余円［『東京日日』夕刊］
＊政府部内不統一の暴露　福田戒厳司令官辞表叩きつける（殊にレーニン号事件と憲兵隊部内責任事件）［『報知』夕刊］ ＊横須賀市の復興策　海軍の力で復興をすすめる［『報知』］ ＊兵力を集めて持久策をとる　漸次改める警備方法（戒厳令をいつまで続けられるか。13日以来集結方針にした）［同上］ ＊軍法会議に付せられた甘粕憲兵大尉［『東京日日』］ ＊論功行賞は警官にも及ぶ　戒厳が	＊【自】物騒な自警団　自分で物置に放火し鮮人の所業だといいふらす（米穀商長男19）［『東京日日』］ ＊【在】大わらわの婦人団　育児や着物の供給に奔走（下田歌子会長の愛国婦人会等）［同上］ ＊【外】英紙賛歎　大震災に対する日本人の勇気［『報知』］ ＊【自】憲政会支部の書記を自警団が突き殺す（在郷軍人風の男が日本刀で）［『東京日日』］ ＊【外】長沙は兵乱の巷　日英両艦の陸戦隊上陸　英国砲艦砲火を交換す［『報知』］ ＊【外】活動を始めた米国の救護団　一昨日多くの物資を芝浦に［『東京日日』］ ＊【自】30人の巡査が夜警を撲り殺す　刑事を誰何したのを怒って［同上］

新聞発行 月　日	国内事項 政府・戒厳令	朝鮮人・中国人 社会主義者
9月21日	*治鮮方針変わらず　斎藤朝鮮総督談(今日の処では証跡歴然たるものがなく　僅かに鮮人の被害としては2名を知る　現在帝都及び付近に鮮人約3千名、学生其の他を加えると5千名位)[『報知』夕刊] *帝都復興の市の根本方針成る　完成は十数年後　全経費20億の予想[『報知』] *官省の霞が関集中は万一の場合一番危険　国防上から見た参謀本部の帝都復興意見[同上] *東海道線全通　馬要入は渡船、山北は徒歩連絡　各線次第に復旧[『報知』夕刊] *戒厳令は未だ撤廃しない　兵数は減少しても(今後2カ月内はあるまい)[『東京日日』夕刊] *市当局の計画大綱　折衷案で漸くまとまる　経費は15億乃至20億[同上] *復興資金は内外債50億　それより以上は要らぬ　内田台湾総督[同上] *結局外債募集か　復興資金の調達[同上]	*鮮人保護 総督府の諭告(目下習志野に3075名収容。ご安心なさい)[『報知』夕刊] *地震から主義者検挙60余名(8日までに警視庁官房特別高等課で)[『東京日日』] *奇特な鮮人坑夫　義捐金を集め労力を提供(福島県盤城炭坑)[同上] *猛火の中から主家の子を救い出した鮮人　それをすぐさま解雇した恩知らずの主人の振舞い[『東京日日』夕刊]
9月22日	*帝都復興審議会　今日いよいよ初会合　山本総裁開催挨拶(帝都の面目一新)[『報知』夕刊] *節約令を公布せよ　禁酒令も布くがよい　藤村義朗男談(今次の大天災は弛緩退廃せる人心を一新し　緊張するに絶好の機会であると共に反国家的思想を撲滅すべく為政者の努力すべき時)[『報知』] *後藤内相から厳正選挙訓令　府県選挙に関し(21日から10月上旬まで)[同上] *臨時物資供給令 及び特別会計令　21日樞府会議に諮問した上　勅裁を経て	

軍隊 陸·海軍、憲兵	自警団【自】／在郷軍人会·青年団·婦人会【在】／ 国外事項【外】
＊朝鮮師団（第19・20）在営延期決定［『報知』］ ＊大杉栄夫妻初め百余名を検束　憲兵隊の主義者検挙［同上］ ＊身命と家族を忘れ猛火の中から御真影を　取り出した吉武校長　市川で初めて軍隊に助けらる［『東京日日』］	＊【自】自警団同士の殺人［『報知』］ ＊【在】在郷軍人団の活動　川村元帥の指揮（全国6400余名）。田中陸相「全く社会奉仕だ」と嘆賞）［同上］ ＊【自】昂奮し過ぎて自警団員の殺人　収監された者多数［『東京日日』］
＊小田原方面で軍用電線切断　不埒な下駄屋［同上］	＊【在】青年会（キリスト教）大活動　全力を挙げて罹災者を救う［『報知』］
＊混乱に乗じて巣鴨の殺人　憲兵隊が大活動［『報知』］ ＊御真影を抱き校長圧死　19日校舎を発掘して発見［『東京日日』］ ＊『飛行少年』『少女の花』近日発刊予告　懸賞募集（震災の経験・感想実話）［『東京日日』広告欄］	＊【自】自警団の剣客　被難民２名惨殺　麹町署で探知　直ちに検事局送り［同上］ ＊【在】人が嫌う仕事に進んで当る国粋会　死体取方付けが略ぼ済んで　今度は糞尿処理［『東京日日』］ ＊【外】極東露人　対日反感しきりに虚説を宣伝（レーニン号事件）［『報知』］ ＊【自】二等主計（陸軍）を袋叩き これも自警団［同上］ ＊【外】米国赤十字の義金800万ドル　慰問袋数万個を発送［『東京日日』夕刊］ ＊【在】矢鱈に奉仕づらして地方の青年団などが実は見物旁々無償で労働などをやりに隊伍を組み上京してくるのも困ったものだ。学校にも山形青年団とやらがやってきた。そして学生本部から「君等が無償で労働してくれるのは有難いが、構内の避難者の労働を奪って彼等を失業させることになるから」とあっさり断られてぐうとも云わずに引き退った。これも青年団の話。上野の山のことだ。愛国青年団とやら厳めしい名前をつけた青年団の団長君、常に救護品は少なくて宣伝ビラをうんと持ってくる。そして某君にやじられると「いや避難民は紙が足りなくって困っているから」と吐いたとは苦しい［『帝国大学新聞』号外］ ＊【在】帝大救護団　学生本部に於ける末弘先生の活動は真に眼覚ましい［『東京日日』］

新聞発行 月　日	国内事項 政府・戒厳令	朝鮮人・中国人 社会主義者
9月18日		＊女の主義者(立憲労働党山口の妻若葉)拘留　不穏の宣伝で［『報知』］
9月19日	＊震災の救護に軍隊の功績　畏きあたりの思召できのう侍従御差遣［『報知』］ ＊お巡りさん大増員　監察官も5名に増員　警視庁の新陣容［『東京日日』］	
9月20日	＊平和的精神を発揮し帝国外交一新の機　これ国民的大災厄を救うの道　伊集院外務大臣談（排日運動を戒め）［『報知』］ ＊復興審議会 いよいよ21日開会　大体方針を協議［同上］ ＊御成婚は明春御挙行　1月下旬から2月上旬の間［『東京日日』］	＊高津正道銃殺の噂　震災の際主義の宣伝をやって（極東共産主義陰謀事件。仲間から実家の妻へ）［『東京日日』夕刊］

軍隊 陸·海軍、憲兵	自警団【自】／在郷軍人会·青年団·婦人会【在】／ 国外事項【外】
	＊【在】労働総同盟が奉仕団組織　協調会と提携して失業者救済に努む［『東京日日』］
＊陸軍の手で救護４万人　12日迄に［『中外商業新報』］ ＊陸軍省で震災救護委員会新設（委員長白川中将）［同上］ ＊戒厳の兵数約６個師団（大正10年の関東平野特別大演習に相当）［同上］	＊【在】当局が世話して永久的な自警団組織の協議すすむ（近衛・第１師団司令部・戒厳司令部・内務省・警視庁等ドイツ流にならって在郷軍人を中心に青年会員・消防手、その他18歳以上の男子を団員。町内の警戒ばかりでなく衛生・風紀取締等を行わしめる）［同上］ ＊【外】戒厳司令官から露船（レーニン号）に退去命令　救援を名に悪宣伝が目的［『中外商業新報』］ ＊【外】災害につけこんで来た露船レーニン号追い返えさる　救護は嘘、実は過激宣伝［『東京日日』］ ＊【在】在露鮮人追放　日本に引揚げ（800名）［同上］
	＊【自】自警団に乱入し　５名を殺傷す　芝浦日の出町で（俺は朝鮮人だと連呼して）［『報知』］ ＊【在】埼玉愛国婦人会の活動　岩槻青年会も［『東京日日』］
＊不穏文散布　弁護士等（ブリキ・袴商）共謀し３名を憲兵の手で逮捕［『報知』］ ＊新兵の入営は例年のとおりに　関東の戒厳地域だけは今年の点呼を中止［同上］	

新聞発行 月 日	国内事項 政府·戒厳令	朝鮮人·中国人 社会主義者
	*警視庁大増員（警視５名·警部20名）［『国民』］ *大詔の御趣旨を奉体して復興機関設置決定　同時に首相は告諭か訓示を発表　13日の閣議［同上］ *府県議選挙延期　12日勅令公布［同上］	
9月15日	*関東の被害程度詳報　戒厳司令部調査［『中外商業新報』］ *急施を要する震前後事項　市会委員会の決定［『東京日日』］ *復旧以上に面目を新たにしたい　後藤内相語る［同上］	
9月16日	*最高機関の名称は帝都復興審議会　顔ぶれも大体内定　官制は本日公布されん［同上］ *臨時帝都復興院　組織の大要と使命　官制発表は多少遅れん［同上］	*震災の大混乱中に社会主義者の大検束　危険性を帯びた者60余名［『報知』］ *各所に収容中の鮮人５千余　不逞の徒は極く一部　流言の起こりは横浜（刑務所騒ぎから）［同上］
9月17日	*人心は安定し　商業も始った　警視庁公表［『報知』］ *市長（永田）告諭［『東京日日』］ *治鮮方針声明　斎藤総督帰任に（内地在住の鮮人にして朝鮮にのがれたものに盛んに流言を放つものあるため一層不安の念を増した模様）［同上］ *帝都復興審議会官制　顔触れ［同上］ *戒厳令はなお続けられたい　震災善後会の決議［同上］	*鮮人は習志野に40名を保護中　憲兵隊でも主義者狩り［同上］

軍隊 陸･海軍、憲兵	自警団【自】／在郷軍人会･青年団･婦人会【在】／ 国外事項【外】
	＊【自】自警隊を組織して軍隊・警察隊の活動と相まって此等の不逞の徒に備える［『萬朝報』］
＊銀行開店と警戒　憲兵を付ける［『読売』］	＊【在】目覚しい在郷軍人の活動［『読売』］ ＊【在】近県青年や女学生連の大活躍（特に群馬県）［同上］ ＊【在】在郷軍人会大活動　人事相談所も各地に設けて（安寧秩序維持）［『報知』夕刊］
＊東京付近に集まる６個師団の兵力　戦時以上の活動［『報知』夕刊］ ＊歩哨、班長を銃殺　部下の勤務ぶりを試さんとワザと駆出したため発砲される［『東京日日』］	＊【在】神奈川県の人夫賃金　死体処理は10円（普通人夫　１日３円　米１升　青年団員　１日２円50銭）［『東京日日』］
	＊【在】在郷軍人分会員配給米を盗む　赤坂憲兵隊に捕われる［同上］

新聞発行 月　日	国内事項 政府·戒厳令	朝鮮人·中国人 社会主義者
	真に挙国一致が必要　第2師団参謀長星野大佐談［『小樽新聞』号外］ ＊大東京復興運動［『東京朝日』号外］	関東戒厳司令部報告　外務省発表（実際不都合な鮮人がないでもなかった）［『読売』号外］ ＊鮮人と支那人　3千名を習志野に収容（戒厳司令部10日発表。鮮人1850名、支那人1100名）［同上］
9月11日	＊山本首相　研究会（貴族院内最大会派）代表に語る［『時事新報』］ ＊帝都復興省を設け　専任大臣任命されん　50億ないし80億の経費を支出［『報知』］ ＊この天譴を胆に銘じ大東京の再造に着手せよ（渋沢栄一談、再造の武門政治的でなく商業本位、実業界に便利）［『報知』夕刊］ ＊東京復活のため大震災救護会（貴衆両院議員実業家50名発起）［同上］	＊鮮人団相愛会が無償で道路工事　誤解をとく為に奉仕［『東京日日』］ ＊鮮人団奉仕（南千住の相愛会、会長李起東、副会長朴春琴ら100余名）［『萬朝報』］ ＊鮮人の誠意　焼跡工事に働く　内務省に申し出て（相愛会）［同上］
9月12日	＊帝都復興資金5億円を政府から　東京市会の希望［『読売』］ ＊大震災善後会成立（徳川家達貴族院委員長）［『報知』夕刊］ ＊東京市会に付議された東京市復興決議案［『報知』］ ＊木綿物の需要が激増する見込み　八王子の機業家が準備［同上］	＊小言（朝鮮人に対するあらぬ流言が自由流布されたのも、半ば新聞紙が全滅し正確な報道が行われなかった結果）［『東京朝日』］
9月13日	＊大詔煥発（12日）［『東京日日』］ ＊後藤内相の東京市復興私案　市はただ意見提出に止める　馬渡助役語る［同上］ ＊治鮮方針一転化　総督首相協議［同上］ ＊日露戦争より多い震火災の死者　その損害額も幾層倍［『東京日日』］	＊日鮮人共謀の賊団捕縛わる　横浜市内で［『東京日日』］ ＊鮮人に救われた老婆　行方も分からぬ命の親（本所）［同上］ ＊焼跡に働く鮮人団に市民の感謝［同上］ ＊鶏林荘の活動　鮮人の保護と人夫の供給［『東京朝日』］
9月14日	＊帝都復興の基礎計画 大東京市案決す［『国民』］	＊流言で捕われた男2人（皇道宣布会長九鬼隆盛外）［同上］

軍隊 陸・海軍、憲兵	自警団【自】／在郷軍人会・青年団・婦人会【在】／ 国外事項【外】
＊参謀本部の一部　大阪へ移る［『東京日日』］	＊【在】不便を忍びつつ在郷軍人活動（宇都宮400名、佐倉3日間交替で200名ずつ）［『東京日日』］ ＊【外】支那留学生救済事業開始［『報知』］
＊軍艦は千人ずつ（8日から毎日芝浦・清水間）［『報知』］ ＊連合艦隊を出動せしめて糧食大輸送の計画　海軍省全力を注ぐ［『東京日日』］ ＊罹災民の軍艦輸送　芝浦・清水港間［同上］	
＊横浜に騎兵（習志野）と陸戦隊2個小隊上陸［『東京朝日』号外］ ＊看護卒本月の30日帰休を当分在営延期［同上］	

新聞発行 月 日	国内事項 政府・戒厳令	朝鮮人・中国人 社会主義者
	*治安妨害厳罰 煽動と流言を取締（10年以下の懲役もしくは禁固または3千円以下の罰金）［『読売』号外］	
9月8日	*流言蜚語に迷わされるな 戒厳司令部当局談［『都新聞』］ *夜間通行は自由（市民の夜間通行禁止されたと宣伝する者があるが）［同上］ *各学校の御真影 宮内省へ奉還（東京府・市、神奈川県、埼玉県下の倒壊・焼失校）［『東京日日』］ *三大緊急勅令（治安維持令・暴利取締令・支払延期令）公布 金銭支払1ケ月間延期 暴利を貪れば懲役2年 秩序紊乱は10年［同上］ *証明さえあれば夜間通行は自由［同上］	*不逞の徒発見の際は直ぐ官憲へ引渡せ 任意の制裁不可［『小樽新聞』号外］ *鮮人の爆弾実は林檎 呆れた流言蜚語 湯浅警視総監語る［『東京日日』］
9月9日	*福田戒厳司令官告示（虚言流言に関し直接の取締りは地方警察官にある）［『福岡日々』号外］ *戒厳令は当分続く 鮮人の断罪には間があろう（田中陸相副官談「一部の鮮人や主義者が治安を害したことは事実」）［『読売』号外］ *不審の徒の行動 関東戒厳司令官の声明（風説は事実無根 扇動者が秩序を紊乱せんとして流布 各団体は冷静慎重に挙動不審の徒を発見したときは軍隊警官に引き渡す）［『九州日報』号外］ *全機関全く回復して大活躍を開始 流言に対する御注意［『報知』］ *理想的帝都の再建 市当局既に計画に着手［『東京日日』］	
9月10日	*事変と日鮮同化の内閣告示［『福岡日々』］ *日露役犠牲者（死傷者20万）の3倍以上の死傷者 損害も戦費16億の倍以上	*鮮人「只ではたらく」相愛会100余人（義勇団組織、正力警視庁官房主事に9日）［『東京朝日』号外］ *鮮人の真相 不逞の徒は狩つくした

軍隊 陸･海軍、憲兵	自警団【自】／在郷軍人会･青年団･婦人会【在】／ 国外事項【外】
＊鮮人山北（横浜を逃げ）に殺到　軍隊（静岡･豊橋連隊）防衛に急行［『静岡国民新聞』］ ＊高崎に多数鮮人　爆弾数個所持す［同上］	＊【在】大阪府の各青年団　労力救援を申出［『大阪毎日』］ ＊【在】決死青年団　鮮人を撲殺（鮮人暴徒と化して随所に蜂起し暴威を振るう）［『小樽新聞』］ ＊【在】不逞鮮人等石油で放火す　各青年団大活躍［『信濃毎日』］ ＊【在】震災地へ贈る各学校の慰問袋　市連合婦人会の活躍　義捐金と衣類募集［『大阪時事新報』］ ＊【在】中学生・女学生の慰問袋を積んで神威丸今朝大阪を出発［同上］
＊船橋無線電信所　陸軍又は海軍陸戦隊の急派を求む　目下騎兵20騎警護に当る［『大阪時事新報』］ ＊陸軍士官学校の活動　全力を挙げて皇族邸御警護［『東京日日』］	＊【在】銃剣や竹槍が暗の中からヌッと出る　戒厳令下の東京の夜（「国粋会」などと書いた提灯）（特派員前田三男）［『大阪毎日』］ ＊【外】青島でも義金募集［『大阪朝日』］ ＊【外】台湾の官民が20万円の物資を急送［『東京日日』］ ＊【外】朝鮮米１万石来る［同上］ ＊【在】愛国婦人会福岡支部　門司港寄港の駆逐艦に包帯等衛生材料を発送［『大阪時事』］ ＊【在】東北大学から救護団上京（91名） ＊【在】群馬県は在郷軍人等２千名［『東京日日』］ ＊【在】棍棒振るう中を鉢巻きをして強行す　鮮人と間違えられぬように（棍棒を振っている青年団が殺気立って血眼で鮮人を探し歩いていました）［『信濃毎日』夕刊］
＊全国交通兵総動員（交通通信復活）［『福岡日々』号外］	＊【自】誰何検問に注意　自警団への命令［『東京日日』］

新聞発行 月　日	国内事項 政府・戒厳令	朝鮮人・中国人 社会主義者
	＊憲兵隊の発表　凶器携行者は即時厳罰に処す［『大阪毎日』］ ＊中央線開通　電線は八王子まで通る（２日名古屋―八王子）［『静岡国民新聞』］	危険器具携行者30名厳重取調べ中［『大阪毎日』］ ＊不逞鮮人銃殺（東京駅前にて６名）［『小樽新聞』］ ＊不逞鮮人続々銃殺　数百名に及ぶ［同上］ ＊爆弾携帯の不逞鮮人400名逮捕［同上］ ＊鮮人と支那人暴動化す　高位高官に爆弾を投げつけんと企つ［同上］ ＊恐るべき鮮人の残虐　婦女子を強姦して火中に投げ殺す（横浜）［『静岡国民新聞』］
9月6日	＊山本首相 挙国一致を力説　内閣告諭第１号［『信濃毎日』夕刊］ ＊中央線は新宿迄開通［『大阪時事新報』］ ＊摂政宮の仰せで御成婚延期　『東京日日』５日より発行 ＊巡査１千名行方不明　横浜の惨害益々猛烈［『東京日日』］ ＊銀行は２週間支払い停止　その間は債権債務すべて現状のまま延期［同上］ ＊身を火中に投ずる覚悟で大任を引受けた　湯浅倉平新警視総監談［同上］ ＊山本新内閣成立（２日）［同上］	
9月7日	＊宮中信任式 平沼法相・横田大審院長・内田台湾総督［同上］ ＊暴利者は処罰する 暴利取締令を励行して［同上］ ＊夜間通行を禁止 午後９時より絶対に［同上］ ＊震災義金募集（東京日日と大阪毎日両社）［同上］ ＊一般民衆の警戒無用　６日警視庁発表［同上］	＊可あいそうな鮮人を習志野へ送って当局は保護する　［『東京日日』］ ＊驚くな　慌てるな　鮮人を迫害するな　山本首相告諭（５日）［同上］ ＊流言を放った男青山で警官に捕わる［同上］ ＊鮮人に関する流言は無根（はなはだしき例　４日船橋に300上陸）今後流言を言い振らす者は厳重処分（戒厳司令官談）［『国民新聞』号外］

軍隊 陸·海軍、憲兵	自警団【自】／在郷軍人会·青年団·婦人会【在】／ 国外事項【外】
＊各師団（宇都宮・高崎・佐倉）から東上した松本歩兵第50連隊も［『大阪毎日』号外］ ＊八王子・横浜にも重大事件起きる　第13師団（高田）近く出動（金沢無電所感受）［『京都日出』］ ＊破獄○○囚徒300名強盗強姦を敢て為す　軍隊（静岡第34連隊）出動逮捕に勉む［同上］ ＊戦時同様総動員　各務原大隊の活動（第3師団の命令　東西の連絡任務の第一・第二飛行隊）［『大阪毎日』］	＊【在】司令部を急設　隣接5県の在郷軍人招集　秩序維持食料分配に力む（3日福田戒厳令司令官）［『大阪毎日』号外］ ＊【在】爆弾携帯の鮮人（山形駅沿線の青年団ら出動準備）［『京都日出』］ ＊【在】市（京都市）青年団活動す　罹災者の救恤に［同上］ ＊【在】東京の大震害を婦人の手で救護すべく大阪にある婦人団体（愛国婦人会等）［『大阪時事』］ ＊【在】在郷軍人団総動員（3日・戒厳令区内の秩序維持と飲料水糧食配給）［『大阪毎日』］
＊追浜航空隊全滅　飛行機10数台の所在不明［『小樽新聞』号外］ ＊立川航空隊倒壊（死傷者60名以上）［『大阪朝日』］ ＊連合艦隊三手に別れ主力は呉から大阪へ他も二手に別れ救援任務［同上］ ＊八王子方面へ甲府連隊出動　戒厳勤務に就く［同上］ ＊武装姿厳しく高田師団（歩兵第26旅団）東上　全員3500名［同上］	＊【自】爆弾携帯の鮮人逮捕 国粋会員怒る（本県移動警察某氏の談）［『信濃毎日』］ ＊【在】青森県下青年団の出願（津軽郡大野村100名食料携帯上京して10日間取片付けに従事を）［『小樽新聞』号外］ ＊【外】朝鮮から米1万石を東京へ送る［『京都日出』］ ＊【自】市民も武装［『静岡国民新聞』］ ＊【在】青年団は労力を　不眠不休で梅干蒐集［『大阪朝日』］ ＊【外】支那から食糧提供　張作霖氏から政府へ申し出［同上］ ＊【外】朝鮮の物価はね上る　厳重な暴利取締に着手［同上］ ＊【在】司令部を急設　隣接5県の在郷軍人招集　秩序維持食料分配に力む［『大阪毎日』］

新聞発行 月 日	国内事項 政府・戒厳令	朝鮮人・中国人 社会主義者
	も御内帑金を下賜国民に御沙汰を賜う 拝聞するだに御悼ましき四宮殿下の薨去［『京都日出』］ ＊東京府・神奈川県全部に戒厳令区域を拡張［『大阪毎日』号外］ ＊警保局長命令 下関で厳重に取締れ（帝都に於ては○○○○等横行し不穏の計画をなす噂もあり 関釜連絡船から下関に上陸する○○に対して厳重取締まるよう警保局長から山口県警察部宛通牒）［『福岡日々』号外］ ＊聖上陛下京都移御 摂政宮殿下御避難 警視俄然大活動 不逞奸の引致多数［『軍港新聞』号外・佐世保］	＊碓氷峠の上から列車爆破を企つ 松井田駅で逮捕された不逞鮮人の自白［『名古屋新聞』号外］ ＊鮮人一部の暴挙は既に完全に取締を遂行した 警視庁の急告通達（3日付）［『大阪毎日』号外］ ＊不逞鮮人益々不穏（4日午後11時）［『荘内新報』号外］ ＊東海道に不逞鮮人（3千余名）［同上］ ＊爆弾携帯の鮮人（山形駅到着列車に3名）［同上］ ＊400の不逞団 捕縛されて爆弾其の他押収［『九州日報』号外］ ＊徹底的取締を要する7千の暴行団（国友朝鮮総督府警務課長談）［『福岡日々』号外］ ＊暴漢・不逞鮮人等漸次屏熄す 暴行迫害なき様注意す［『軍港新聞』号外・佐世保］ ＊暴人惨殺を行う 許し難き○○の凶悪振り（横浜の監獄から○○○○2300名脱獄し付近の○○○○と合致）［『福岡日々』号外］ ＊進行中の列車に爆弾 宛然悪鬼野獣の如き暴行（○○○○の一隊）［同上］
9月5日	＊余燼は烈しいが危険は脱した 警視庁第1回発表（亀戸署内死体発見49）［『大阪今日新聞』］ ＊流言蜚語に迷わされるな【其後の報道について】加藤直士「災禍当時でも東京市は決して無警察無秩序ではなかった まして戒厳令施行後の今日の暴動的形勢は起り得べくもない」［『大阪毎日』］ ＊安心せよ風説に惑うな 警視庁が東京市民に与えた通告（不逞鮮人の暴動 強震の再来等）［同上］	＊不逞鮮人の威圧に飛行機 被難民に武器の携帯を許さる（東京市、八王子、多摩川、立川飛行場に不逞朝鮮人襲来 万一危険を企てる場合斬捨ててよい）［『小樽新聞』号外］ ＊毒薬を投じた水を売り歩く女朝鮮人 大陰謀暴露は毒薬を井戸に投じたことから［同上］ ＊東北方面に不逞朝鮮人潜入の形跡［同上］ ＊鮮人一部の暴挙は既に完全に取締を遂行した警視庁の急告通達（3日付）

文中の「〇〇」は記事中の伏せ字を示す。[　] は掲載紙。

軍隊 陸・海軍、憲兵	自警団【自】／在郷軍人会・青年団・婦人会【在】／ 国外事項【外】
＊此の世からなる焦熱地獄　近衛第一両師団出動　市民の救護に努む［『小樽新聞』号外］	
＊警戒の軍隊暴徒を発見発砲［『下越新報』付録］ ＊静岡歩兵第34連隊出動［同上］ ＊静岡連隊の出動［『荘内新報』号外］ ＊1日午後5時大森方面より約400名の不逞〇〇横浜に現れ　東京方面に向ひ　歩兵隊と戦闘開始　更に増援隊派遣［『福岡日々』号外］ ＊連合艦隊巡行中止命令　直ちに横須賀大阪呉に配置救難移送［『新愛知』号外］ ＊砲兵工廠全滅［同上］	
＊不逞鮮人1千名と横浜で戦闘開始　歩兵1個小隊全滅か［同上］ ＊各師団に出動命令（不逞鮮人の暴動益々激しく宇都宮市の水道に毒を流し碓氷峠破壊の計画を為したるを以て）（4日午後3時20分着）［『荘内新報』号外］	＊【在】市青年団の労力提供申し出　難波青年団長陸路上京［『大阪朝日』］ ＊【在】4郡（札幌他）連合青年団大会（義捐の資拠出と同胞の救済）［『小樽新聞』］ ＊【在】鮮人浦和・高崎等の火薬庫に放火　高崎にて10余名捕わる　高崎青年団、憲兵隊と協力［『荘内新報』号外］

関東大震災と新聞報道［1923(大正12)年］

新聞発行 月　日	国内事項 政府・戒厳令	朝鮮人・中国人 社会主義者
9月1日	＊午前11時58分、関東地方南部に大地震発生 M7・9	
9月2日	＊戒厳令布かれ（2日午前8時東京市）食料携帯者以外は入京を禁止［『小樽新聞』号外］ ＊山本首相暗殺？　主義者の暴動「不逞鮮人主義者一派は混乱に乗じて暴動を起こし赤羽火薬庫砲兵工廠を襲い爆発せしめた」（2日午後特報）［『荘内新報』号外］	＊大東京市の約3分の2焦土と化し死傷者の山　不逞鮮人横行［『小樽新聞』号外］ ＊不逞鮮人益々拡大　王子・横浜方面に於て軍隊と衝突（3日午後5時特報）［『荘内新報』］
9月3日	＊不逞鮮人益々拡大 王子横浜方面に於て軍隊と衝突（3日午後5時特報）［同上］ ＊戒厳司令官は福田大将　14（宇都宮）・13(高田)師団入京［『福岡日々』号外］ ＊畏くも宮城を解放被難民を救助収容［『新愛知』号外］ ＊横浜市にも戒厳令［『九州日報』号外］ ＊各地でも警戒されたし　警保局から各所へ無電（朝鮮総督府・呉・佐世保両鎮守府・舞鶴要塞司令官宛に不逞鮮人の一派随所に蜂起せんとする模様爆弾を持ち）［『大阪朝日』］	＊主義者と鮮人一味　上水道に毒を散布（埼玉県川口）［同上］ ＊囚人300名脱獄　鮮人と共に大暴動　強姦略奪殺人（横浜山下町）［同上］ ＊不逞鮮人400名逮捕　爆弾も押収［同上］ ＊横浜監獄を脱出せる暴行○○の一隊　百鬼夜行の態にて西進［『荘内新報』号外］ ＊○○○○2千の群発電所襲撃の暴挙　井中用水路に毒薬を投じ群集に爆弾　各所に放火し不逞鮮人支那人盛んに跳梁［『福岡日々』号外］ ＊鮮人暴動発生？　放火するのを見た者あり［『新愛知』号外］
9月4日	＊市ケ谷刑務所危険にて全部の囚人を解放す　大火災の為めに延焼の虞あり　例の共産党事件の一味も出獄（堺利彦等）［『大阪時事』］ ＊挙国一致の秋　山本内閣に望む［『大阪毎日』社説］ ＊未曽有の国難に両陛下の御軫念　畏く	＊不逞鮮人水道に毒薬を投ず［『小樽新聞』号外］ ＊鮮人の陰謀　震害に乗じて放火　東京に3千名蠢く　逮捕は頗る困難［『新愛知』号外］ ＊発電所を襲う鮮人団2千人　戸塚・大船・藤沢・当麻・橋本・道志［同上］

［執筆者紹介］（執筆順）

松尾 章一（まつお しょういち）
1930年生まれ。法政大学名誉教授

山田 昭次（やまだ しょうじ）
1930年生まれ。立教大学名誉教授

金　廣烈（ギム グァンヨル）
1958年生まれ。韓国・ソウル市、光云大学校

李　修京（イ スゥギョン）
1966年生まれ。山口県立大学

楊　彪（ヤン ピャオ）
1963年生まれ。中国・上海市、華東師範大学

山口 公一（やまぐち こういち）
1971年生まれ。一橋大学大学院社会学研究科博士課程

石井 雍大（いしい ようだい）
1933年生まれ。香川県歴史教育者協議会

平形 千恵子（ひらかた ちえこ）
1941年生まれ。千葉県における関東大震災と朝鮮人犠牲者追悼調査実行委員会

鄭　宗碩（チョン ジョンソク）
1942年生まれ。韓国・朝鮮・在日と日本の歴史と文化を知る会

河　正雄（ハ ジョンウン）
1939年生まれ。光州市立美術館名誉館長
韓国朝鮮大学校名誉美術学博士

佐藤 義弘（さとう よしひろ）
1962年生まれ。歴史教育者協議会
東京都立大学付属高等学校

東海林 次男（とうかいりん　つぐお）
1951年生まれ。大田区立貝塚中学校

奥村　弘（おくむら ひろし）
1960年生まれ。神戸大学，歴史資料ネットワーク

米倉　勉（よねくら つとむ）
1957年生まれ。東京弁護士会

榎本 久人（えのもと ひさと）
1960年生まれ。東京都立紅葉川高等学校、歴史学研究会

逢坂 英明（おおさか ひであき）
1953年生まれ。東京都歴史教育者協議会江東支部　成蹊中学・高等学校

坂本　昇（さかもと のぼる）
1956年生まれ。東京都立駒場高等学校

鈴木 定夫（すずき さだお）
1919年生まれ。日中友好協会東京都連合会

新井 勝紘（あらい かつひろ）
1944年生まれ。専修大学

池上 洋通（いけがみ ひろみち）
1941年生まれ。自治体問題研究所

藤田 富士男（ふじた ふじお）
1949年生まれ。埼玉短期大学

大和田 茂（おおわだ しげる）
1950年生まれ。東京都立工芸高等学校

仁木 ふみ子（にき ふみこ）
1926年生まれ。中国山地教育を支援する会

松尾 尊兊（まつお たかよし）
1929年生まれ。京都大学・京都橘女子大学名誉教授

田中 正敬（たなか まさたか）
1965年生まれ。専修大学、朝鮮史研究会

世界史としての関東大震災
——アジア・国家・民衆——

2004年9月1日　第1刷発行　定価（本体2800円＋税）

編　者　関東大震災80周年記念
　　　　行事実行委員会
発行者　栗　原　哲　也

発行所　株式会社　日本経済評論社
〒101-0051　東京都千代田区神田神保町3-2
電話　03-3230-1661　FAX　03-3265-2993
E-mail : nikkeihy@js7.so-net.ne.jp
URL : http://www.nikkeihyo.co.jp
印刷＊文昇堂／製本＊美行製本
装幀＊渡辺美知子

落丁乱丁はお取替えいたします。　Printed in Japan

ISBN4-8188-1704-X